O pensamento do Extremo Oriente: uma introdução filosófica

O selo DIALÓGICA da Editora InterSaberes faz referência às publicações que privilegiam uma linguagem na qual o autor dialoga com o leitor por meio de recursos textuais e visuais, o que torna o conteúdo muito mais dinâmico. São livros que criam um ambiente de interação com o leitor – seu universo cultural, social e de elaboração de conhecimentos –, possibilitando um real processo de interlocução para que a comunicação se efetive.

O pensamento do Extremo Oriente: uma introdução filosófica

EDITORA
intersaberes

Gustavo Fontes

EDITORA intersaberes

Rua Clara Vendramin, 58 . Mossunguê
CEP 81200-170 . Curitiba . PR . Brasil
Fone: (41) 2106-4170
www.intersaberes.com
editora@editoraintersaberes.com.br

Conselho editorial
Dr. Ivo José Both (presidente)
Dr.ª Elena Godoy
Dr. Neri dos Santos
Dr. Ulf Gregor Baranow

Editora-chefe
Lindsay Azambuja

Supervisora editorial
Ariadne Nunes Wenger

Analista editorial
Ariel Martins

Preparação de originais
Fabrícia E. de Souza

Edição de texto
Arte e Texto Edição e Revisão de Textos
Osny Tavares

Capa
Mayra Yoshizawa (*design*)
Olga_C, abu_zeina, tristan tan/Shutterstock (imagem)

Projeto gráfico
Bruno Palma e Silva (*design*)
Sílvio Gabriel Spannenberg (adaptação do projeto)
Munimara/Shutterstock (imagem)

Diagramação
Andreia Rasmussen

Equipe de design
Luana Machado Amaro
Mayra Yoshizawa

Iconografia
Celia Kikue Suzuki
Regina Claudia Cruz Prestes

Dados Internacionais de Catalogação na Publicação (CIP)
(Câmara Brasileira do Livro, SP, Brasil)

Fontes, Gustavo
  O pensamento do extremo oriente: uma introdução filosófica/ Gustavo Fontes. Curitiba: InterSaberes, 2019. (Série Estudos de Filosofia)

  Bibliografia.
  ISBN 978-85-227-0090-5

  1. Filosofia – Aspectos religiosos 2. Filosofia – Estudo e ensino I. Título. II. Série.

19-27275   CDD-100

Índices para catálogo sistemático:
1. Pensamento: Filosofia   100

Iolanda Rodrigues Biode – Bibliotecária – CRB-8/10014

1ª edição, 2019.
Foi feito o depósito legal.

Informamos que é de inteira responsabilidade do autor a emissão de conceitos.

Nenhuma parte desta publicação poderá ser reproduzida por qualquer meio ou forma sem a prévia autorização da Editora InterSaberes.

A violação dos direitos autorais é crime estabelecido na Lei n. 9.610/1998 e punido pelo art. 184 do Código Penal.

sumário

apresentação, 13
organização didático-pedagógica, 19

1 Linhas imaginárias: onde começa o Oriente, onde termina o Ocidente, 24
1.1 Uma referência segura: a laicização, 28
1.2 Coordenadas hegelianas: liberdade do espírito e razão universal, 31
1.3 Mística grega e Oriente, 35
1.4 Psicologia: introversão × extroversão, 47
1.5 Orientalismo segundo Edward Said, 50

2 Zaratustra: o profeta do Irã, 62
2.1 Origens arianas e iranianas, 67
2.2 Religião iraniana original, 71
2.3 A reforma: o monoteísmo de Ahura Mazda, 76
2.4 Salvação individual, escatologia e apocalipse, 91

3 Civilização do Vale do Indo, 102
3.1 Primórdios: a civilização harappiana, 105
3.2 Arianos na Índia, 108
3.3 As três expressões do absoluto e suas três energias, 127

3.4 As principais escolas filosóficas do hinduísmo, 129
3.5 Os quatro estágios clássicos da vida segundo o hinduísmo, 137
3.6 Alguns conceitos fundamentais da cultura hindu, 139
3.7 The International Society for Krishna Consciousness (ISKCON), Sri Chaitanya e Movimento Hare Krishna, 142

4 Budismo e jainismo, 152
4.1 Budismo, 154
4.2 Jainismo, 193

5 China: raízes históricas, culturais e filosóficas, 212
5.1 História geral da China, 215
5.2 Filosofia chinesa, 224
5.3 Yin-Yang, 226
5.4 *I-Ching* (Livro das mutações), 230
5.5 Taoísmo, 231

6 Lao-Tsé e Confúcio, 244
6.1 Lao-Tsé (ou Lao-Tzu), 246
6.2 O encontro: Lao-Tzu e Confúcio, 256
6.3 Confúcio (ou K'ung-Fu-Tzu), 261

considerações finais, 275
referências, 279
bibliografia comentada, 285
apêndices, 289
respostas, 313
sobre o autor, 317

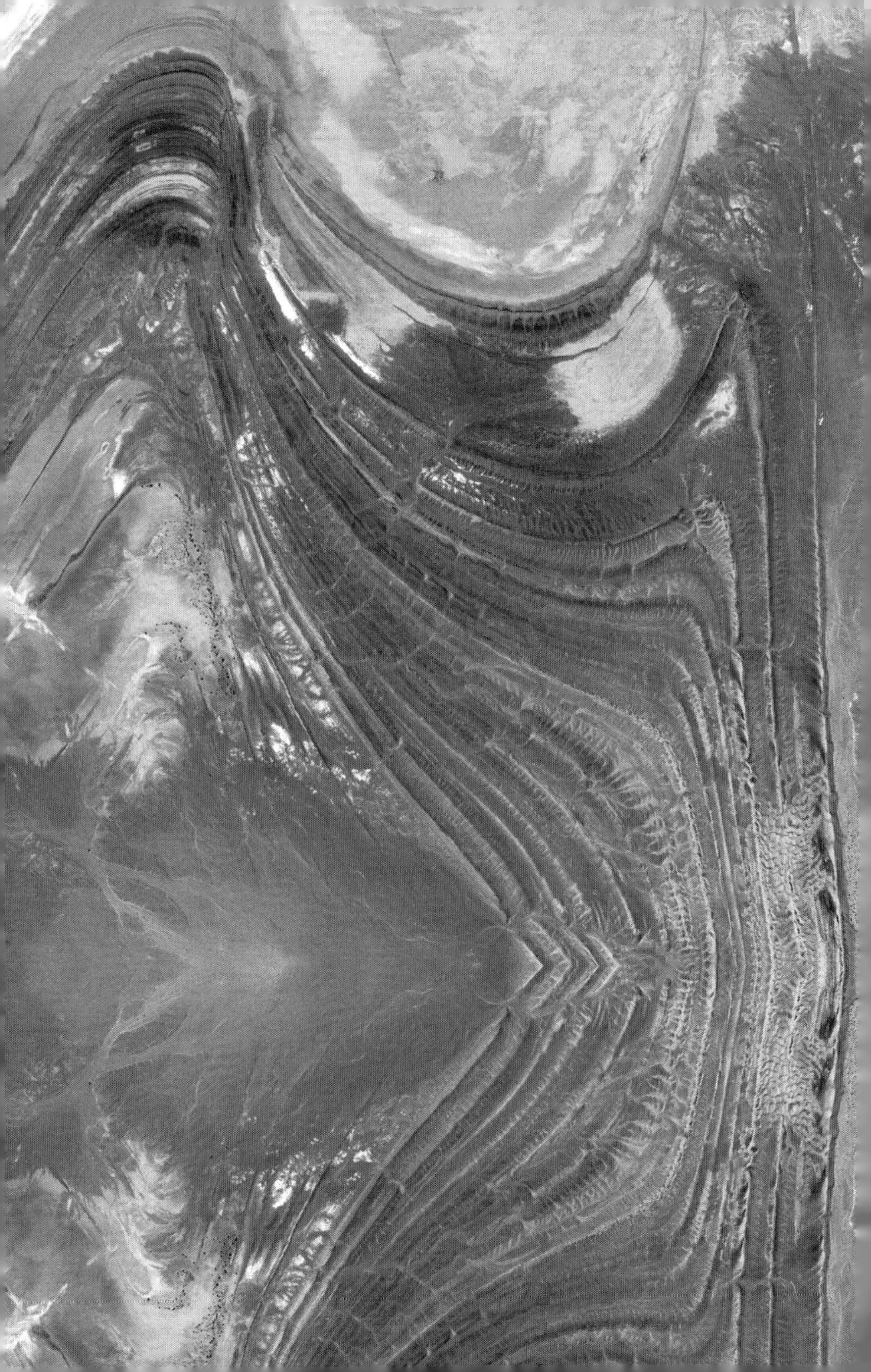

dedicatória

Dedico esta obra a todos aqueles que se dispõem a pensar a filosofia para além do eixo do eurocentrismo e a percebem como uma aventura do pensamento humano presente em todas as culturas.

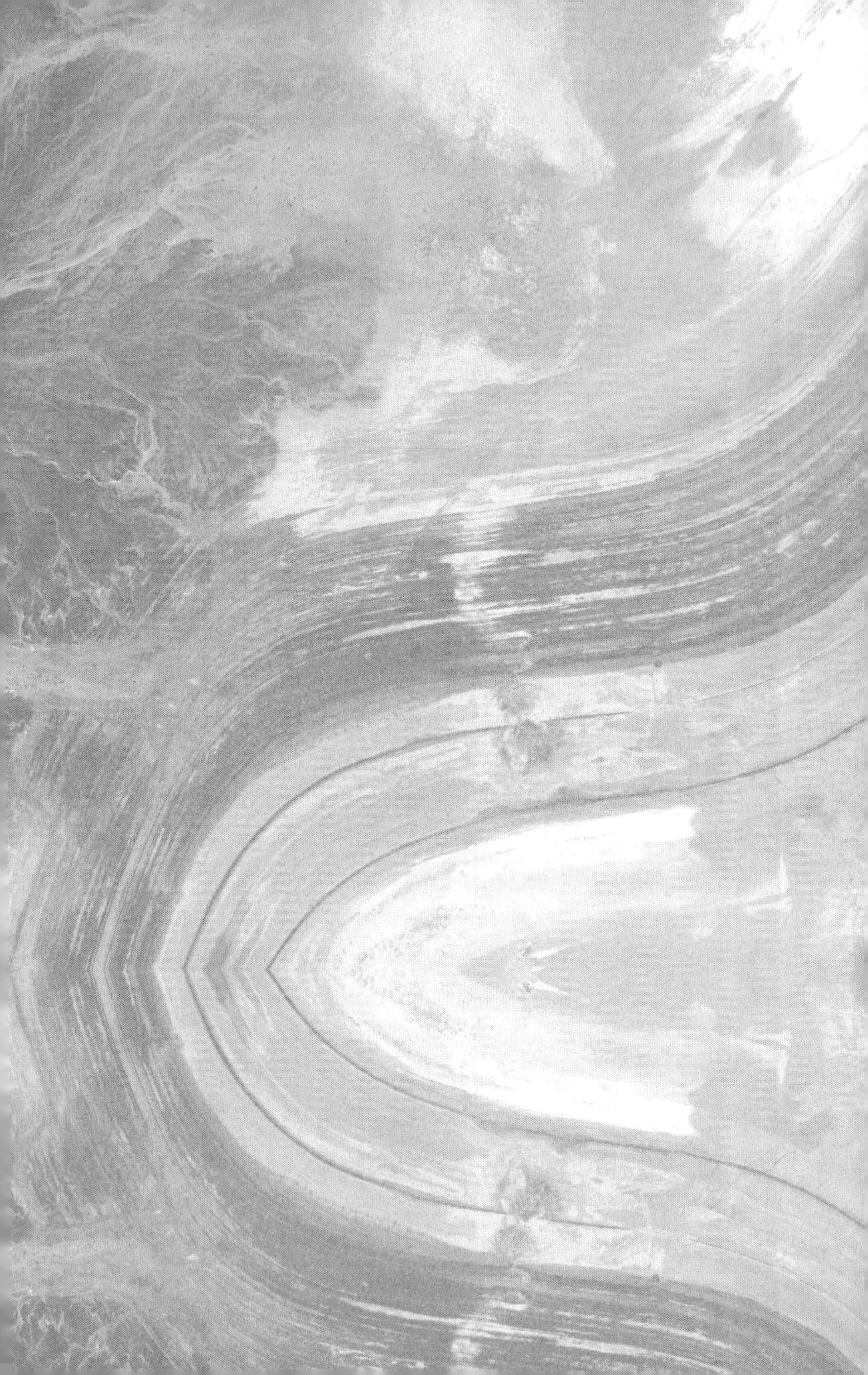

agradecimentos

Agradeço ao Prof. Dr. Luis Fernando Lopes, por ter me confiado este projeto, o qual aceitei sem me dar conta do tamanho da responsabilidade e da grandeza da empreitada. Devo confessar que, apesar de trabalhar com filosofia há muitos anos e de, nesse percurso, ter construído rotas alternativas com relação ao eurocentrismo preponderante na Academia, não sou um especialista no pensamento oriental, apenas um leitor que já há alguns anos exercita a exegese de alguns dos textos sagrados dessa cultura (em especial, *Bhagavad-Gita* e *Tao-Te King*).

Agradeço também aos amigos Leon Adam e Mariana Scarpa, pela leitura atenta dos capítulos relativos ao hinduísmo e ao budismo, respectivamente – suas contribuições trouxeram maior clareza e precisão ao texto; aos pareceristas, pelos seus apontamentos valiosos e pontuais; aos colegas do doutorado em Filosofia da Universidade Federal do Paraná (UFPR), Marcos Antônio de França e Murilo Luiz Milek, que se dispuseram a contribuir com este livro na produção do material dos apêndices, os quais versam respectivamente sobre a filosofia árabe e a Escola de Kyoto. E, sobretudo, agradeço a minha companheira, Bárbara Canto, que me permitiu mergulhar neste projeto com toda a cumplicidade possível de quem compartilha, além das benesses e agruras da profissão, uma casa e dois filhos.

apresentação

O principal objetivo da obra que você, leitor, tem em mãos é servir como um guia temático ao grande universo que costumamos chamar de *pensamento oriental*. Uma concepção que, por si só, nos convida às primeiras problematizações. Afinal, a própria divisão do globo terrestre em hemisfério ocidental e oriental não é nada isenta, como apontamos já no Capítulo 1. Este é, portanto, um texto de divulgação que pretende ir além da superficialidade e do exotismo que costumam cercar o tema. Realizamos um intenso trabalho de pesquisa em fontes históricas e filosóficas, sempre comprometido com o rigor conceitual dessas tradições de pensamento (cujos conteúdos mesclam religião e filosofia). Faremos, portanto, um esforço para contextualizar historicamente o processo de formação e desenvolvimento dos principais pensadores e ideias que os fundamentam.

Cada tema, escola de pensamento e cultura trabalhado mereceria um livro específico. Mas, para que isso ocorra, é necessário antes preparar o aluno para avançar. Esperamos que um estudo introdutório sério, capaz de orientar o pesquisador iniciante, desperte seu interesse e respeito pela temática.

Por isso esta obra foca autores ditos "históricos". A amplitude do tema nos força a excluir, ao menos por enquanto, os trabalhos de pensadores contemporâneos nacionais e estrangeiros, responsáveis por manter a filosofia oriental viva e vibrante. Acreditamos, entretanto, que entrar no debate contemporâneo seja um segundo passo natural para aqueles que se interessam pelo tema e pretendem se especializar na área. Se tal vocação for despertada, teremos a convicção de que nosso empreendimento não foi em vão.

É óbvio que não esgotaremos todas as escolas de pensamento presentes no Oriente. Selecionamos algumas das mais influentes, de modo a fornecer ao leitor uma visão geral das diferenças de concepção relativas ao ser, à divindade, ao homem e à natureza presentes no hemisfério oriental, responsáveis por construir um panorama geral da riqueza e da diversidade das experiências humanas a partir de algumas das suas formulações mais complexas.

No **primeiro capítulo**, você realizará um percurso que se inicia na problematização das coordenadas histórico-culturais que separam o Ocidente do Oriente. A base teórica é o pensamento de renomados filósofos, historiadores da filosofia e pensadores da cultura. Demos especial ênfase às colocações de G. W. Hegel presentes em sua influente obra *História da filosofia*. H. Bergson nos permitiu especular sobre essa diferença do ponto de vista do misticismo com sua obra de referência *As duas fontes da moral e da religião*. Abordaremos neste início o pensamento do psicólogo e psicanalista Carl Jung, que tematiza aspectos psicológicos dessa diferença cultural na obra *Psicologia e religião oriental*. E, por último, estudaremos o intelectual palestino Edward Said, cujo clássico *Orientalismo* oferece uma valiosa problematização dos componentes culturais, históricos e políticos que compõem a demarcação dessas coordenadas e fronteiras.

No **segundo capítulo**, iniciaremos nossa jornada pelo pensamento oriental propriamente dito, com a investigação do pioneirismo presente no messianismo de base ética de Zaratustra. Nesse capítulo, analisaremos aquilo que foi chamado de *religião iraniana primitiva ou tradicional*, apresentando os fundamentos e o conteúdo da reforma teológica, política e filosófica proposta por Zaratustra. Por esse motivo, um estudo histórico acerca da formação cultural dos arianos se faz incontornável, assim como a relação que o mazdeísmo veio estabelecer com o pujante Império Persa.

O **terceiro capítulo** tratará daquela que é conhecida como uma das civilizações mais complexas e ricas da Antiguidade: a Índia. Formada entre as margens dos rios Ganges e Indo, foi o berço do hinduísmo. É um dos capítulos mais extensos, abordando uma temática tão vasta quanto complexa: a formação histórica do hinduísmo, seus textos tradicionais (*Vedas*, *Mahabharata* etc.) e o seu desdobramento em pelo menos seis escolas principais. Soma-se a isso uma apresentação mais analítica de alguns dos principais conceitos que embasam essa tradição de pensamento.

Essa temática nos remete naturalmente às críticas filosóficas e religiosas sobre a formação cultural do hinduísmo. No **quarto capítulo**, estudaremos de forma mais atenta a formalização dessas críticas no budismo e no jainismo. Também procuraremos mesclar uma introdução histórica da formação cultural de cada uma dessas escolas, destacando parte da biografia dos fundadores. Mas, para melhor entendermos as implicações filosóficas desses pensadores, executaremos uma análise mais rigorosa dos conceitos formulados por eles.

No **quinto e sexto capítulos**, faremos um estudo relativo à formação histórica e cultural de uma imensa e populosa região do globo que hoje se constitui como China. O tema, de tão vasto, foi subdividido em dois capítulos: o primeiro é relativo à formação política e histórica do povo chinês e suas bases filosóficas mais profundas, ligadas ao Yin-Yang e ao *I-Ching*. O segundo trata de maneira mais vertical o conteúdo das obras de dois dos seus maiores pensadores, Lao-Tsé (ou Lao-Tzu) e Confúcio (ou K'ung-Fu-Tzu).

No final de cada capítulo, o leitor irá encontrar exercícios que permitem uma autoavaliação da apreensão dos conteúdos apresentados, além de sugestões de filmes e leituras que possam subsidiar uma melhor compreensão e um melhor aprofundamento dos conteúdos.

É importante pontuar ainda que, ao final do volume, encontram-se dois apêndices elaborados por amigos pesquisadores, doutorandos em filosofia, que se dispuseram a compartilhar parte de suas pesquisas relacionadas à temática do livro. O primeiro apêndice faz uma breve introdução àquela que foi uma das escolas de pensamento orientais mais influentes no Ocidente, sobretudo no período da Alta Idade Média europeia, que é a Escola Árabe. O segundo trata da Escola de Kyoto, importantíssimo centro de filosofia do Japão no século XX, no qual prevaleceu por largo período uma abordagem de caráter fenomenológico-existencialista com forte presença do marco teórico heideggeriano. Achamos importante incluir esse conteúdo, pois a filosofia árabe foi, durante muito tempo, o protótipo de pensamento oriental para os europeus. Ambos os materiais provêm de pesquisadores de alto nível, cuja presença só vem abrilhantar esta obra.

Encerramos esta apresentação com votos de que este livro seja útil aos estudantes de filosofia, diletantes, leitores curiosos e pesquisadores interessados nessa rica e vasta temática que é o pensamento oriental.

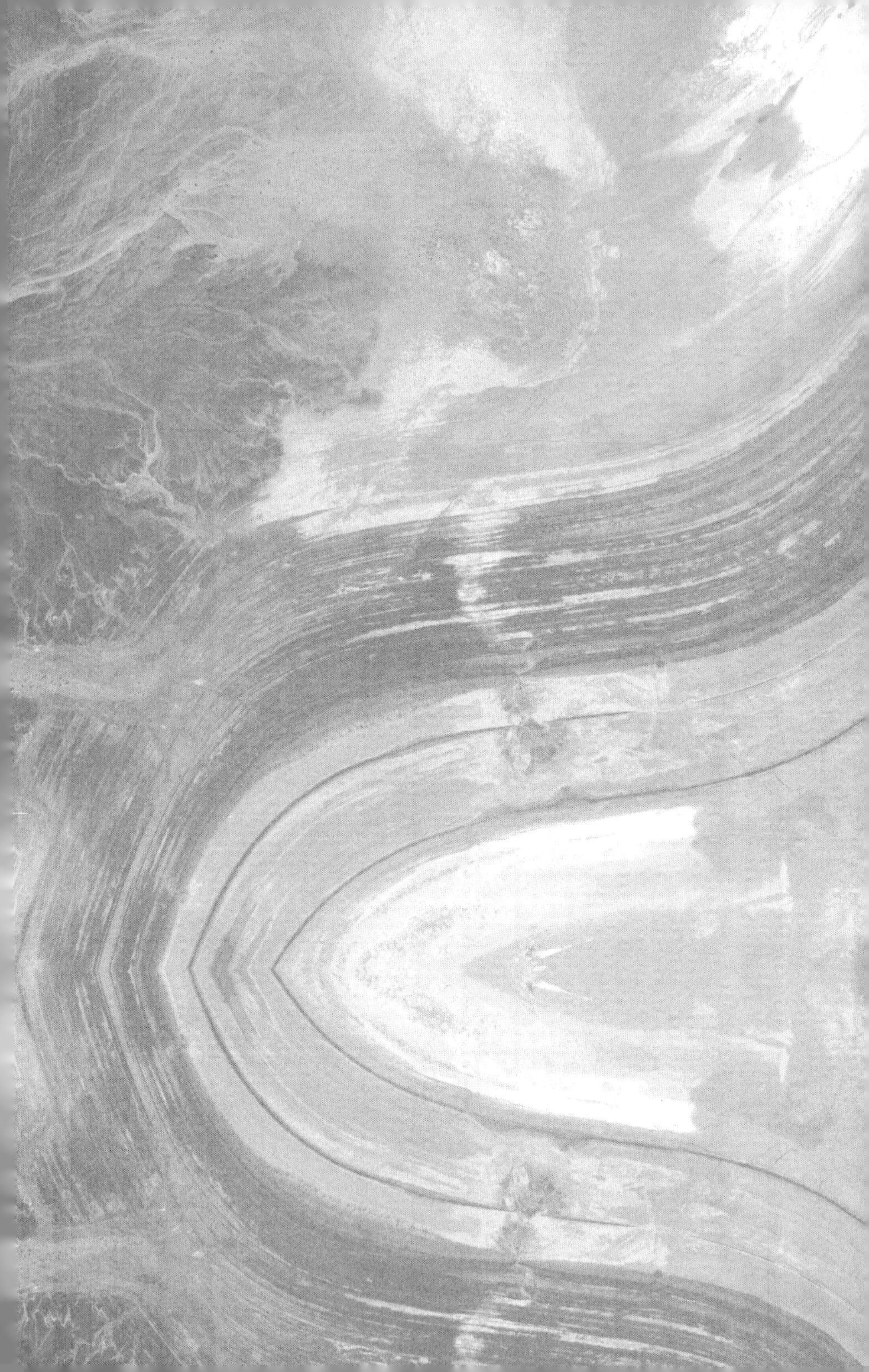

organização didático-pedagógica

Esta seção tem a finalidade de apresentar os recursos de aprendizagem utilizados no decorrer da obra, de modo a evidenciar os aspectos didático-pedagógicos que nortearam o planejamento do material e como o aluno/leitor pode tirar o melhor proveito dos conteúdos para seu aprendizado.

Introdução do capítulo

Logo na abertura do capítulo, você é informado a respeito dos conteúdos que nele serão abordados, bem como dos objetivos que o autor pretende alcançar.

Síntese

Você conta, nesta seção, com um recurso que o instigará a fazer uma reflexão sobre os conteúdos estudados, de modo a contribuir para que as conclusões a que você chegou sejam reafirmadas ou redefinidas.

Indicações culturais

Ao final do capítulo, o autor oferece algumas indicações de livros, filmes ou *sites* que podem ajudá-lo a refletir sobre os conteúdos estudados e permitir o aprofundamento em seu processo de aprendizagem.

Atividades de autoavaliação

Com estas questões objetivas, você tem a oportunidade de verificar o grau de assimilação dos conceitos examinados, motivando-se a progredir em seus estudos e a se preparar para outras atividades avaliativas.

Atividades de aprendizagem

Aqui você dispõe de questões cujo objetivo é levá-lo a analisar criticamente determinado assunto e aproximar conhecimentos teóricos e práticos.

Bibliografia comentada

Nesta seção, você encontra comentários acerca de algumas obras de referência para o estudo dos temas examinados.

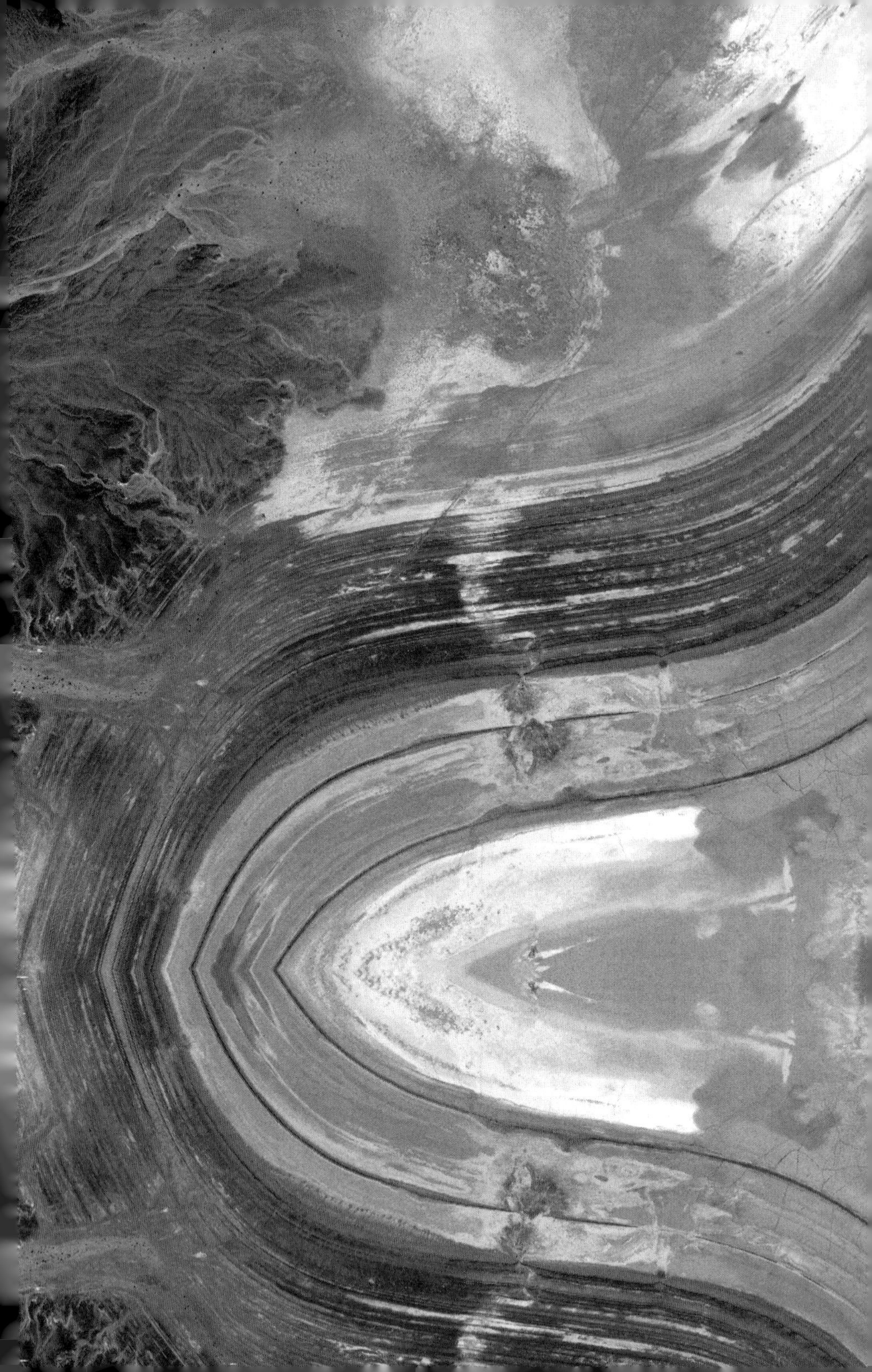

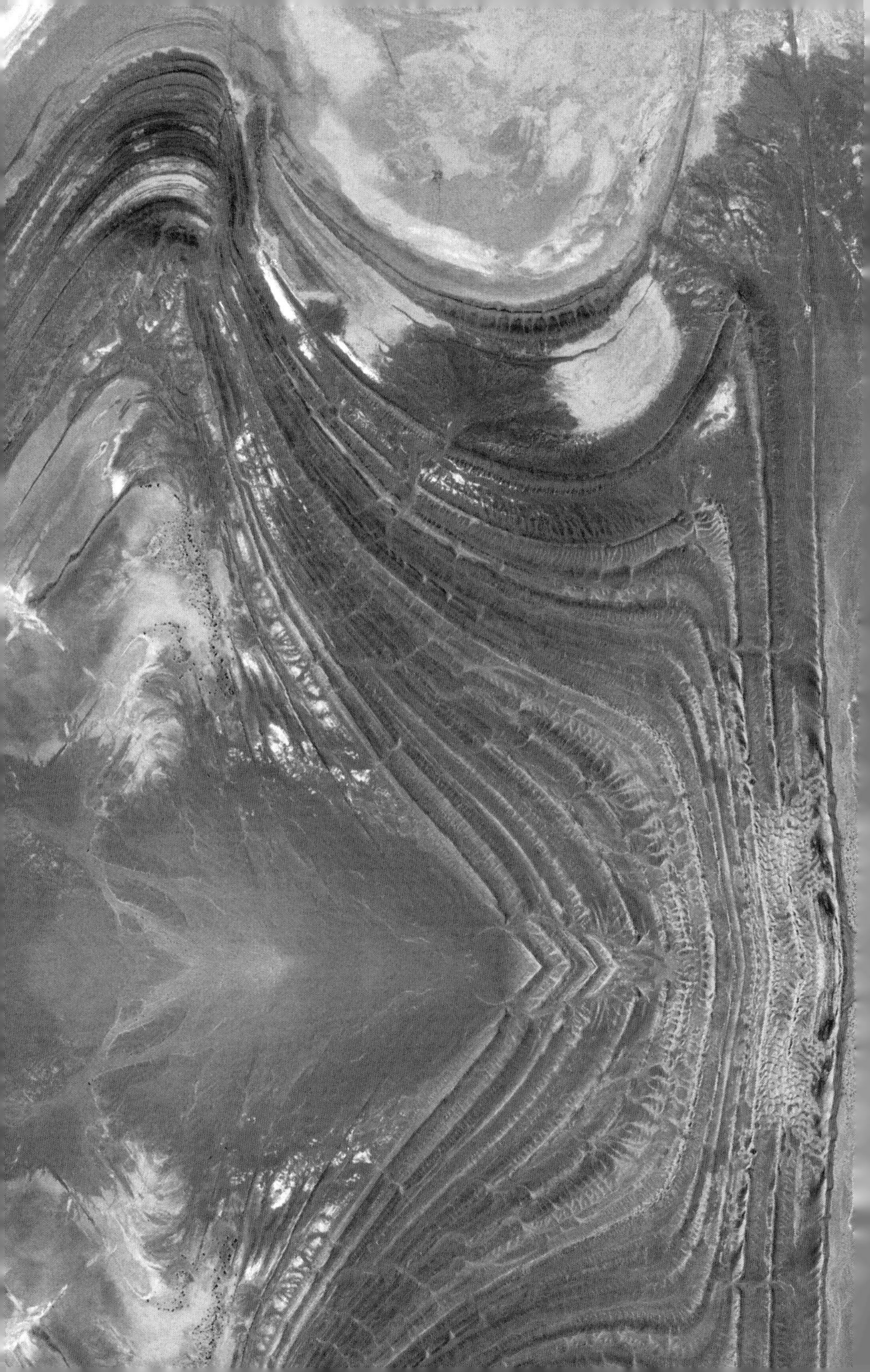

1 Linhas imaginárias: onde começa o Oriente, onde termina o Ocidente

Antes de começarmos, precisamos delimitar o que chamamos de *pensamento oriental*, ou, mais especificamente, o que ficou conhecido como ***pensamento do Extremo Oriente***, que seria aquele relativo à região geográfica ocupada pelos atuais Estados modernos da Índia e da China.

A divisão do globo em dois polos, Oriente e Ocidente, supostamente deveria "conter" toda a cultura humana. Tal separação, porém, é precisa sob um determinado aspecto e arbitrária sob muitos outros. Isso porque não se trata de uma linha que divide o globo terrestre em dois polos geometricamente iguais, como a Linha do Equador ou o Meridiano de Greenwich. As coordenadas que permitem a separação da Terra entre uma parte oriental e outra ocidental não são tomadas a partir de referenciais da cartografia ou da geografia; trata-se, nesse caso, de referenciais de natureza histórico-culturais.

Como lidamos com o ponto de intercessão representado pelo Oriente Próximo ou Médio, por exemplo? Ou como a África se enquadraria nessa divisão? Conforme salienta Edward Said (1990, p. 17), autor do clássico *Orientalismo*, "assim como o próprio Ocidente, o Oriente é uma ideia que tem uma história e uma tradição de pensamento e imagística e vocabulário que lhe deram realidade e presença [...]. As duas entidades geográficas, desse modo, apoiam, e em certa medida, refletem uma a outra". Isso não quer dizer, no entanto, que sejam critérios meramente subjetivos, ou que cada um possa dizer a seu bel prazer onde começa e onde acaba o Oriente, por exemplo.

Para compreender melhor a questão, busquemos uma definição mais precisa dos termos que compõem a cultura oriental. Supomos por *Oriente* basicamente tudo aquilo que culturalmente não corresponde à Europa e suas principais colônias na América e na Austrália. *Oriental*, nesse contexto, seriam todas aquelas culturas que não alcançaram o grau de sofisticação intelectual e a eficácia técnica apresentada pelo Ocidente. Essa narrativa propõe uma linha de continuidade que teria surgido com os filósofos gregos (antigos e clássicos) e se desdobrado historicamente na **laicização da política**, nas conquistas da **liberdade individual** e nos **prodígios da ciência e da tecnologia**. Os critérios muitas vezes se perdem em observações preconceituosas acerca da complexidade e da sofisticação das culturas ditas *orientais* e menosprezam sua contribuição para o progresso da ciência e da tecnologia em escala global. Entre os grandes filósofos que defendem a supremacia filosófica e científica do Ocidente sobre o Oriente estão Hegel, cujos argumentos veremos adiante, Edmund Husserl, Henri Bergson, Martin Heidegger, Ortega-y-Gasset, entre outros.

Um fato curioso e revelador de como o protagonismo científico-tecnológico do Ocidente é muitas vezes superestimado pode ser percebido na história das Grandes Navegações. Esse foi um momento em que, de fato e pela primeira vez, a Europa começou a se impor como centro político-financeiro do planeta e passou a exercer uma hegemonia científico-cultural que se estende até hoje. Mas sem os instrumentos inventados e longamente aperfeiçoados pelos orientais, as navegações em mar aberto que permitiram a "descoberta" da América não teriam sido possíveis. A origem da bússola, por exemplo, que foi fundamental para o georeferenciamento das naus portuguesas e inglesas, remonta à China do século I a.C. Naquela sociedade, a indicação precisa do Norte era importante também por ser o lugar correto para posicionar o trono do imperador.

Podemos notar que, muitas vezes, a separação entre Ocidente e Oriente é consequência de um fenômeno intelectual bastante influente na contemporaneidade, denominado por alguns críticos de *eurocentrismo*. Este, por sua vez, seria uma forma tipicamente europeia de expressar seu *etnocentrismo* (disposição de toda cultura a pressupor a primazia de seu próprio povo sobre os demais). O processo é responsável pela perpetuação de vários preconceitos acerca dos orientais, além de escamotear a complexidade e a riqueza presentes naquelas grandes e milenares culturas. Alguns exemplos evidentes de matrizes do pensamento humano advindas do Oriente: o bramanismo hindu (e suas três grandes críticas: o budismo, o jainismo e o ioga); a revolução ético-religiosa de Zaratustra; o taoísmo de Lao-Tsé; e o humanismo tradicionalista de Confúcio. O eurocentrismo, assim, ignora a forma sofisticada como é pensada a questão do ser e a relação entre a verdade, o homem e o mundo nessas teorias, entre outras tantas questões.

1.1
Uma referência segura: a laicização

Como dissemos anteriormente, a divisão convencional entre Oriente e Ocidente, mesmo que arbitrária e preconceituosa sob muitos aspectos, é também bastante precisa sob um determinado ponto de vista. Essa visão remonta historicamente a um momento anterior ao surgimento da filosofia na Grécia Antiga e diz respeito à derrocada das monarquias micênicas que dominavam a Grécia até o final do século XII a.C., pois, até então, o mundo grego aparentava-se "em muitos dos seus traços aos reinos do Oriente Próximo que lhe eram contemporâneos", apresentando o "mesmo tipo de organização social, um gênero de vida análogo" (Vernant, 1998, p. 11). Quando a Grécia continental foi invadida pelas tribos dóricas, foi extinto o modelo de vida centrado em torno do palácio e o caráter sacro do poder dos governantes (reis). Seguiu-se uma mudança de grandes proporções na cultura do homem grego, que resultou primeiro num fechamento do comércio com o Oriente Próximo (do qual os reis micênicos se propunham como continuidade) e depois no surgimento e no florescimento de uma arte propriamente grega (períodos Proto-Geométrico e Geométrico, do século XI ao VII a.C.).

Segundo os apontamentos do grande historiador da Grécia Antiga Pierre Vernant (1998, p. 12), "a derrocada do sistema micênico [...]

repercute no próprio homem grego, modifica seu universo espiritual, transforma algumas de suas atitudes psicológicas". É nessa modificação do universo espiritual grego, somado ao surgimento de uma nova atitude psicológica perante o cosmos e suas leis, que encontramos o referencial básico e um aspecto preciso da separação entre Ocidente e Oriente. Para entendê-lo, a palavra-chave é *laicização*.

A religião e a mitologia da Grécia Clássica arraigavam-se muito diretamente no passado micênico, o qual, como vimos anteriormente, se colocava como continuidade do universo intelectual do Oriente Próximo. Após a invasão das tribos dóricas no século XII a.C. e do período de isolamento comercial e fermentação intelectual que se seguiu, chegamos à grande guinada que ocorreu na virada do século VIII ao VII a.C, quando a Grécia passou a sustentar a sua singularidade na história do pensamento humano. Surgiu, assim, uma organização política do espaço, a **pólis** (cidade-Estado), que foi responsável por um fenômeno intelectual sem precedentes. Foi a pólis que assegurou pela "laicização do pensamento político o advento da filosofia" (Vernant, 1998, p. 12-13).

É preciso esclarecer que "o aparecimento da Pólis constitui […] um acontecimento decisivo […] [pois marca] uma extraordinária preeminência da palavra sobre todos os outros instrumentos de poder" (Vernant, 1998, p. 41). Toda autoridade passou a estar submetida ao princípio do raciocínio dialético, que se dá pela dinâmica de argumentação e contra-argumentação. Nas pólis gregas, e mais particularmente em Atenas, as decisões que envolviam os rumos da cidade passaram a ser tomadas em espaços públicos e submetidas ao crivo da **assembleia**, espaço no qual todo cidadão tinha o direito de dar sua opinião e apresentar seus argumentos. O valor de verdade não era mais garantido pelo conhecimento privilegiado dos desígnios divinos, mas pela capacidade de convencer a maioria por meio da razoabilidade ou da força retórica dos seus argumentos. Dois séculos mais tarde, Sócrates levaria o princípio da argumentação ao seu limite[1].

Essa é, basicamente, a história do surgimento da filosofia, que tem na **laicização da razão** uma de suas principais protagonistas: um marco incontornável, talvez o único claro e objetivo da separação entre Oriente e Ocidente. A laicização do pensamento político é uma singularidade grega que parece não ter paralelo em nenhuma das culturas do Oriente. É preciso, portanto, situar essa divisão de maneira historicamente precisa para que não caiamos em um certo fetichismo eurocêntrico. Os mais entusiasmados chegam até a falar em um *milagre grego* relativo ao surgimento da filosofia naquela região do globo, uma visão que muitos de nós ocidentais corroboramos sem a devida reflexão.

De fato a laicização do pensamento político marca uma singularidade da Grécia Clássica, porém é difícil sustentar que toda a história posterior do Ocidente se manteve fiel a esse impulso original. Com base apenas nesse critério – o da laicização –, como encaixar no Ocidente todo o período de cerca de mil anos da filosofia medieval, na qual a figura do Deus cristão esteve no centro de toda especulação filosófica e da qual os reis tiravam a legitimidade (sacra) da sua posição? É importante ressaltar que não estamos diminuindo a filosofia medieval por estar impregnada de um princípio religioso. Nosso interesse é oposto: reconhecer a relevância de toda especulação metafísica sobre o ser e o lugar do homem no cosmos nas culturas do Oriente, onde subsiste, em cada uma delas, um princípio religioso. É desonestidade intelectual negar a acuidade, a riqueza analítica, a complexidade e a relevância do estudo da psique

---

[1] É possível perceber o impacto político da filosofia na Grécia Antiga lendo a obra *Apologia de Sócrates*, de Platão: Disponível em: <http://www.dominiopublico.gov.br/download/texto/cv000065.pdf>. Acesso em: 4 jun. 2019.

humana em obras como o *Bhagavad-Gita*, tratando-o como produção intelectualmente menor por estar vinculada à explanação religiosa do amor de Krishna.

1.2
Coordenadas hegelianas: liberdade do espírito e razão universal

Outra coordenada da separação da filosofia como atributo específico do pensamento ocidental vem do filósofo alemão G. W. Hegel. Seguiremos as definições presentes em sua obra intitulada *Introdução à história da filosofia*, de 1816. Podemos adiantar que o aspecto fundamental para a distinção proposta por Hegel – que incide sobre a relação entre filosofia e religião, refletindo a temática da laicização – é o seu conceito de **liberdade do espírito**. Num primeiro momento, o filósofo afirma que a filosofia e a religião apoiam-se nas mesmas bases, pois ambas têm a "razão universal existente em si e por si" como objeto (Hegel, 1991, p. 367). A diferença entre elas estaria na forma como cada uma busca acessar esse objeto. Segundo Hegel (1991, p. 367), a religião o faz por meio do rito e do culto, que seria "um abandonar-se ao objeto do pensamento". Já a filosofia volta-se para esse mesmo objeto na forma de "consciência pensante".

Não devemos, por isso, deduzir que somente na filosofia se pensa, visto que a religião, além de possuir representações, traz ideias universais "como íntimo conteúdo implícito nos seus mitos, nas suas ideias, nas suas imaginações, não menos que nas suas histórias reais e positivas; muito amiúde [ou seja, com frequência] tem o seu conteúdo explícito na forma do pensamento" (Hegel, 1991, p. 367). Logo em seguida o filósofo é levado a reconhecer que "nas religiões indiana e persa [o bramanismo e o zoroastrismo de que trataremos ao longo do livro] expressam-se ideias assaz profundas, sublimes e especulativas" (Hegel, 1991, p. 367).

Buscando estabelecer a separação entre filosofia e religião, é importante lembrar que teríamos na patrística e na escolástica, segundo o filósofo alemão, "uma união, ou [...] mistura de filosofia e de teologia capaz de provocar grave embaraço" (Hegel, 1991, p. 368). O autor volta ao centro de nossa questão no tópico "Separação do Oriente: filosofia oriental", constante da *Introdução à história da filosofia*. Hegel retoma a argumentação relativa à liberdade do espírito com base no critério de busca e abertura para o que denominou *vontade universal*, ou seja, a forma de referir-se do pensamento ao pensamento. Ou, dito de outro modo, o universal, para Hegel, seria aquilo que "contém um pensamento que repousa em si próprio" (Hegel, 1991, p. 385). Logo, trata-se fundamentalmente da razão que toma o próprio raciocínio, ou o ato de raciocinar, como objeto. Nesse sentido, o elemento característico do pensamento oriental seria a sua "limitação da vontade ao finito [...] não havendo entre eles a vontade chegado a compreender-se como universal, porque [ali] o pensamento ainda não é ainda livre por si mesmo" (Hegel, 1991, p. 385).

Estariam, portanto, os "orientais", na acepção do filósofo, ainda presos ou circunscritos na atmosfera do finito, que, por sua vez, corresponderia à incidência do despotismo na política. Essa presença de monarquias sacras e do despotismo no Oriente, segundo Hegel, estaria ligada à célebre **dialética do senhor e do escravo**, segundo a qual o medo se constituiria como característica dominante do pensamento. Mesmo que reconheçamos que a "consciência oriental consiga decerto alçar-se acima do conteúdo da natureza em direção a um infinito", sucumbe esse seu impulso ao universal "perante o poder que incute medo ao indivíduo" (Hegel, 1991, p. 385). Ainda de acordo com o filósofo alemão, a espiritualidade oriental estaria voltada para um imergir da individualidade na substância, "um dissolver da consciência e, portanto, da diferença entre substância e individualidade" (Hegel, 1991, p. 386).

Sem tempo para destrinchar o significado de cada um dos conceitos levantados pelo autor sobre os critérios utilizados por ele para estabelecer a separação entre Ocidente e Oriente (significados estes que respondem a uma arquitetura conceitual tão densa quanto complexa, porém muito bem estruturada), podemos dizer, de maneira sintética, que o pensamento oriental, para Hegel, estaria intelectualmente aquém da filosofia ocidental. Sua análise das propostas orientais de superação do ego, as quais ele chamou de *um dissolver da individualidade na substância*, é perfilada em um bloco coeso e uníssono. De nossa parte, guardemos um espaço de dúvida e ressalvas para tirar nossas próprias conclusões sobre essa classificação tão ampla, base de um julgamento tão severo.

Valeria perguntar se é carente de um impulso rumo à liberdade do espírito, portanto incapaz de remeter ao universal, o ideal hindu de alcance do *brâhman,* ou *substância universal*; da busca pelo **nirvana** proposta pelo budismo como superação do ciclo de sofrimentos; ou do *sartori* como iluminação súbita do Zen. Essas propostas de investigação do espírito humano, tão diversas histórica e culturalmente, poderiam ser perfiladas e classificadas sem ressalvas? Outra pergunta simples, mas potente: De quê *universal* estamos falando? De onde ele é captável? E por que exclusivamente da filosofia europeia?

É claro que Hegel, grande estudioso da história do pensamento humano, reconhece a precedência histórica das especulações dos povos do Oriente sobre a relação entre o homem e o mundo ao afirmar que "o espírito surge, é certo, no Oriente" (Hegel, 1991, p. 386). Isso não o impediu de complementar, logo em seguida, que ali «não existe consciência, nem moral: tudo é apenas ordem natural", pois se tratava de um lugar no qual a legalidade e a moralidade estariam circunscritas ao modelo político-intelectual, ou "modo substancial, natural, patriarcal, não como liberdade subjetiva" (Hegel, 1991, p. 386). Trata-se, mais uma vez, de uma consideração acerca do despotismo sacro presente nas civilizações do Oriente, o qual impediria a incidência da liberdade individual.

Chegamos ao momento final da argumentação hegeliana (especialmente influente na filosofia ocidental), com base na qual o autor se vê impelido a excluir o pensamento oriental da história da filosofia (Hegel, 1991). Segundo o filósofo, a "genuína e própria filosofia começa no Ocidente", já que somente "no Ocidente se ergue a liberdade da autoconsciência, desaparece a consciência natural e o espírito desce dentro de si próprio" (Hegel, 1991, p. 387). De acordo com essa linha de raciocínio, "no esplendor do Oriente desaparece o indivíduo; só no Ocidente a luz se torna a lâmpada do pensamento que se ilumina a si própria, criando por si o seu mundo" (Hegel, 1991, p. 387).

Para concluir, vejamos a seguir o breve esquema didático oferecido pelo filósofo para caracterizar os três grandes momentos da liberdade humana, os quais têm como referências histórico-culturais a Grécia Clássica, o Oriente e a sociedade germânica da qual fazia parte:

> A liberdade no Oriente, na Grécia e no mundo germânico pode definir-se de modo provisório e superficial com as seguintes fórmulas: no Oriente é livre um só, o déspota; na Grécia são livres alguns; na vida germânica vale o axioma que todos são livres, isto é, o homem é livre enquanto homem. [...] Depois da fantástica filosofia oriental da subjetividade (a qual não chega à inteligência, e, por conseguinte, a nada de consistente), a luz do pensamento surge na Grécia. (Hegel, 1991, p. 387, 396)

É importante frisar que nossa introdução não busca concordar ou discordar das distinções sobre o pensamento do Oriente e a filosofia do Ocidente. Apenas estamos tomando conhecimento dos critérios adotados por cânones, cujos argumentos são incontornáveis para os desdobramentos de nossos estudos. Mesmo os que tenham afinidade ou antipatia pela argumentação hegeliana não devem formar juízo sobre um assunto que começamos a desbravar há pouco. O estudante terá condições de argumentar com bases seguras somente depois de um contato mais aprofundado com os pensadores e suas teorias, com os textos que sustentam cada uma dessas doutrinas e o contexto histórico--geográfico em que se desenvolvem. Do contrário, será apenas vítima de preconceitos.

1.3
Mística grega e Oriente

Passemos agora a outra abordagem. O romeno Mircea Eliade (1907--1986), um importante historiador das religiões, alega que teria sido

> por meio da experiência do sagrado o espírito humano captou a diferença entre o que se revela como real, poderoso, rico e significativo e o que é desprovido dessas qualidades, isto é, o fluxo caótico e perigoso das coisas, seus aparecimentos e desaparecimentos fortuitos e vazios de sentido. (Eliade, 2010, p. 13)

Para esse pensador, portanto, o sagrado é "um elemento na estrutura da consciência, e não uma fase na história dessa consciência" (Eliade, 2010, p. 13), como seríamos levados a crer com base numa leitura apressada das classificações de Hegel.

Um outro filósofo europeu, o francês Henri Bergson (1859-1941), também se debruçou sobre os critérios que estabeleceriam a separação entre Ocidente e Oriente, mas investigou o tema sob um outro prisma: o da mística. A análise está presente em uma de suas obras mais importantes, *As duas fontes da moral e da religião*, que teve a primeira edição lançada em 1932.

Para diferenciar a mística ocidental e a oriental, Bergson precisou retomar os primórdios do pensamento grego, quando este ainda era fortemente influenciado pelas civilizações do Oriente Próximo. O autor alude à teoria que estabelece uma continuidade entre os deuses gregos e egípcios: "sabe-se a que ponto o Egito sempre se preocupou com a sorte do homem depois da morte, e lembramo-nos do testemunho de Heródoto [o grande historiador grego], segundo quem a Deméter dos mistérios eleusinos e o Dionísio do orfismo teriam sido transformações de Ísis e Osíris" (Bergson, 1978, p. 179).

O autor percebeu um princípio místico presente e influente no nascimento da filosofia grega – contrariando a associação exclusiva do misticismo com o Oriente. Entretanto, o autor reconhece que a evolução da filosofia grega "foi puramente racional. Ela conduziu o pensamento humano ao seu mais alto grau de abstração e de generalidade. Deu às funções dialéticas do espírito tanta força e maleabilidade que hoje ainda, para as exercer, é à escola dos gregos que recorremos" (Bergson, 1978, p. 181). Em seguida, vê-se obrigado a pontuar que "na origem desse grande movimento houve uma impulsão ou um abalo que não foi de ordem filosófica" (Bergson, 1978, p. 181).

Para fundamentar sua argumentação, o filósofo alude à "conhecida atmosfera de mistério, no sentido órfico da palavra, que banha os mitos de Platão, e como a própria **teoria das ideias** pendia por uma comunhão secreta no sentido da teoria pitagórica dos números" (Bergson, 1978, p. 181, grifo nosso). Segundo Bergson (1978), haveria uma continuidade – que, de fato, é historicamente bastante verossímil e amplamente verificável – entre a mística dionisíaca, o orfismo, o pitagorismo e o platonismo. Em suas palavras:

> De fato, vemos uma primeira vaga, puramente dionisíaca, vir perder-se no orfismo, que era de uma intelectualidade superior; uma segunda, que se poderia chamar de órfica, culminou no pitagorismo, isto é,

numa filosofia; por sua vez, o pitagorismo comunicou algo de seu espírito ao platonismo; e este, tendo-o recolhido, abriu-se mais tarde naturalmente no misticismo alexandrino. (Bergson, 1978, p. 182)

Para melhor entendermos essa argumentação, faz-se necessária uma breve recapitulação histórica da vigência desses cultos e seus principais personagens. No primeiro plano da mística grega, temos a figura do deus Dionísio, cuja chegada tardia ao panteão do Olimpo grego encontra-se dramatizada de maneira exemplar na tragédia *As bacantes*, de Eurípedes. O termo *bacantes*, por sua vez, surgiu da versão latina (ou romana) do nome *Dionísio*, que em Roma foi chamado de *Baco*. A mística dionisíaca tinha como princípio o conceito de **entusiasmo**, que em grego significava "ter um deus dentro de si" ou "ser possuído pela vontade divina". Esse estado do espírito, ou essa ligação do espírito humano com o deus, é recuperada por Bergson como uma característica típica da mística grega. Os rituais dedicados a Dionísio, entre os quais constam as **tragédias** (em grego: "o canto do bode", animal costumeiramente oferecido em sacrifício ao deus). Estas se tornaram grandes e célebres torneios, dos quais participavam os grandes teatrólogos e que entendiam a embriaguez com vinho como chave de acesso à vontade desse deus.

No orfismo, movimento religioso dos mais relevantes para a mística grega, temos a proeminente figura de Orfeu, um nativo da Trácia que posteriormente se tornou o profeta de uma escola religiosa (ou seita). O orfismo continha, além da mística, um completo sistema de ritos e um rígido código de vida. Segundo o professor Murilo Nunes de Azevedo, em seu livro *O pensamento do extremo oriente*, citado em Azevedo (1993, p. 2):

o grande passo dado por Orfeu foi que apesar de manter a antiga fé báquica [em Dionísio] de que o homem pode tornar-se um Deus; ele alterou a concepção a respeito desse Deus e procurou atingi-lo por diferentes meios. A graça que buscava não estava na embriaguez física mas no êxtase espiritual. Os meios que adotava não eram as libações mas a abstinência e os ritos de purificação.

Num primeiro momento, Dionísio estaria, portanto, associado ao êxtase alcóolico e sexual, como apresentado n'*As bacantes*, de Eurípedes. Em seguida, a ferocidade e a selvageria presentes em seu culto foram sendo purificadas espiritualmente pela ação apaziguadora de Orfeu. Seria interessante conferir, quanto a esse assunto, a polaridade sugerida por Nietzsche acerca das características de uma arte apolínea, conforme demonstrado em *O nascimento da tragédia*. Segundo o pensamento órfico, Dionísio e Apolo eram duas revelações da mesma divindade. Dionísio simbolizava a verdade esotérica, acessível somente aos iniciados. Nela se continham os mistérios da vida, as existências anteriores e futuras, as relações da alma e do corpo, do céu e da terra. Apolo, por sua vez, representava a mesma verdade aplicada à vida terrena, à ordem social. Era o inspirador da medicina, das leis, da adivinhação, da beleza artística, da purificação para a harmonia da alma e do corpo: "Dionísio significava o espírito divino em evolução no universo e Apolo sua manifestação no homem terrestre" (Schuré, 1973, p. 50).

No entanto, mais do que um apaziguador das feras invocadas pelo culto primitivo de Dionísio, o orfismo (como culto aos deuses reformado por Orfeu) propõe um redimensionamento da figura do deus com base em sua fusão com o deus da beleza e da harmonia, Apolo.

1.3.1 Pitágoras

Pitágoras é um dos filósofos mais importantes da Antiguidade, considerado o grande continuador da mensagem mística de Orfeu. A figura desse pensador mostra-se particularmente relevante neste primeiro momento de nosso estudo, pois sua biografia e obra encontram-se na linha de interseção entre Oriente e Ocidente. Filósofo e sábio, matemático e místico, gozou na Antiguidade de renome e popularidade que permitiram a um de seus biógrafos modernos, Peter Gorman (1993, p. 8), afirmar que "talvez nenhuma outra personalidade tenha sido tão constantemente citada pelos antigos como Pitágoras". O autor destaca ainda que "Xenófanes, Heródoto e Isócrates acentuam o caráter religioso de Pitágoras, a teoria da reencarnação e a iniciação em várias religiões orientais" (Gorman, 1993, p. 11).

Pitágoras de Samos, como o epíteto indica, nasceu na Ilha de Samos por volta de 570 a.C. Sua infância foi marcada por uma instrução muito completa. Sob a tutela do filósofo Ferecídio (discípulo de Tales de Mileto), aprendeu aritmética, geometria, astronomia, lira e poesia. Registros de sua vida começam a aparecer apenas séculos depois e estão recheados com viagens ao Egito, onde teria tido contato com a estrutura religiosa e política daquele país. Exilado na Babilônia, teve contato com os "magos", a doutrina e a religião do zoroastrismo. Especula-se também que tenha conhecido os essênios (uma seita judaica apocalíptico-messiânica de pequena duração). Com base em alguns dados historicamente mais precisos, porém escassos, Pitágoras voltou a Samos e fundou uma escola de filosofia chamada *Semicírculo* em 522 a.C., após a morte dos tiranos que o perseguiam e o forçaram ao exílio. Dois anos depois, mais uma vez por questões políticas, viajou para Crotona, na Magna Grécia, onde fundou sua primeira escola espiritual.

Uma das questões fundamentais do misticismo oriental, que também se fez presente na Grécia e que foi particularmente influente no orfismo e no pitagorismo, é a doutrina das reencarnações, conhecida na Grécia Antiga como *metempsicose* (cujo significado vem de *meta*-, que significa "além", e de psique, ou seja, "alma"). Essa doutrina, que também reverberou fortemente no platonismo, defende que a alma é imortal e transmigra de um corpo ao outro, e não apenas entre seres humanos. Podem ocorrer reencarnações em animais ou insetos, por exemplo.

O pensador pré-socrático teve grande influência por todo o mundo antigo. Dos biógrafos de Pitágoras na Antiguidade, os mais importantes são Porfírio, Jâmblico e Diógenes Laércio, todos do século III d.C. Até mesmo a escola neoplatônica, muito famosa e influente em toda a história da filosofia, estaria seminalmente ligada à figura dele. Segundo Gorman (1993, p. 8), "os assim chamados Neoplatônicos eram pitagóricos que viam em Platão um pitagórico". No entanto, se existe uma linha da história da filosofia que procura apresentá-lo como "um filósofo puro, com um sistema racional, se esqueceram de que a filosofia pitagórica é, fundamentalmente, muito mais mística e intuitiva do que racional e científica" (Gorman, 1993, p. 9). É importante ressaltar que a mística, no pensamento de Pitágoras,

> não deixa de ser racional à medida que fornece argumentos para suas conclusões místicas, não se apoiando na fé ou na credulidade, características da religião revelada; e todavia é irracional ou suprarracional na medida em que insiste na realidade do invisível em oposição ao visível, sejam esses invisíveis a música das esferas, o cosmos dos números divinos ou a extática visão do Uno. (Gorman, 1993, p. 10)

Do ponto de vista da história das ideias, a influência de Pitágoras ou do pitagorismo sobre a obra de Platão é forte e facilmente verificável em alguns aspectos e vários trechos. Além da anamnese, presente no diálogo *Mênon*, temos o reconhecimento da importância da música na formação pedagógica da sociedade (*República*, livros V, VII e X), o apreço pelos números e a dedução matemática. É só lembrarmos do pórtico da Academia de Platão, no qual estava escrito *Não entre quem não souber geometria*.

De forma bastante resumida, podemos dizer que, do ponto de vista religioso, Pitágoras seguia de perto as ideias de Orfeu. Os discípulos deste consideravam que Apolo era seu deus supremo e chegavam a acreditá-lo como encarnação do deus Apolo hiperbóreo. Podemos ainda afirmar que, na filosofia pitagórica, os números constituíram a substância una e essencial de todas as coisas. Pitágoras, criador do termo *geometria* (*geo*, "terra" e *metria*, "medida"), via de forma muito especial a relação entre os números naturais e as razões geométricas, pois existiria, na explicação matemática da harmonia geométrica da matéria, algo que seria a expressão do divino na sua criação e existência. Essa questão deu lugar ao que ficou conhecido como *escândalo dos irracionais*, quando se constatou que a diagonal do quadrado é igual à raiz quadrada de duas vezes o lado.

A escassez de registros históricos precisos acerca de Pitágoras e de sua escola se deve em parte ao caráter sigiloso dos seus ensinamentos, tidos como secretos. Havia nessa seita rituais de iniciação e purificação, prescrição da distribuição comunitária dos bens, além das proibições de ingestão de carne e vinho. Em geral, tratava-se da escolha por uma vida austera, muito similar à monástica, como conhecemos hoje em dia. É atribuída a Pitágoras e seus seguidores a criação de uma relação da matemática com assuntos abstratos como *justiça*, com base na qual foi desenvolvido um misticismo em torno dos números. Postulava-se que o mundo seria governado pelas mesmas estruturas matemáticas que governam os números.

Um bom exemplo das considerações de caráter místico e filosófico diz respeito à predileção pelo número 10. Para Pitágoras, esse número seria místico, pois continha em si os quatro elementos que tudo formam (a terra, o fogo a água e o ar), cada um deles representando um número. A soma terra (1) + fogo (2) + água (3) + ar (4) forma o 10, que é a base do nosso sistema numérico decimal. Nessa cosmologia pitagórica, o número 1 significaria o *ponto*; o 2, a *linha*; o 3, a *superfície*; e o 4, o *volume*.

Entre as grandes contribuições atribuídas a Pitágoras (e a seus seguidores) estão as deduções matemáticas no triângulo retângulo, principalmente a que estabelece que a soma dos quadrados dos catetos é igual ao quadrado da hipotenusa: o famoso teorema de Pitágoras. Ele traçou os elementos básicos que vieram a nortear o princípio de proporção harmônica entre o comprimento das cordas e o som que elas emitem, estabelecendo as bases da escala musical tal como a conhecemos. Também realizou investigações astronômicas, afirmando que a Terra é redonda e gira ao redor do eixo. É de sua autoria a criação das palavras *filosofia* e *matemática* e a proposição de que uma harmonia matemática pode também ser obtida na música.

Voltemos agora à análise de Bergson. O francês nomeou de *misticismo alexandrino* o círculo de pensadores que viveram no entorno intelectual da cidade de Alexandria, bem como de sua famosa biblioteca, entre o século III a.C. e IV d.C. Estes se propuseram a realizar uma síntese da filosofia grega dos séculos anteriores após a ascensão do cristianismo e seu contato com a cultura helênica (ou seja, na esteira da conquistas de Alexandre, o Grande).

Entre esses estudiosos destaca-se Amônio de Saccas (175 d.C. -240 d.C.), também chamado de *Theodidaktos*, ou *o instruído de Deus*, considerado o fundador do neoplatonismo e criador do termo *teosofia*. Ele também ficou conhecido por seus célebres discípulos: Longinos, Orígenes, Plotino e outros. A cidade de Alexandria seria, portanto, um "verdadeiro cadinho da fusão da cultura Oriental com a Ocidental [...] ali nasceu o **gnosticismo**, uma tentativa de fundir o platonismo grego com os elementos hindus" (Azevedo, 1993, p. 11). Contribuiu para isso sua localização geográfica privilegiada e o caráter cosmopolita da região,

Entre esses nomes, é oportuno que nos detenhamos um pouco mais na figura de **Plotino**, um dos maiores representantes do neoplatonismo e muito conhecido pelos estudantes de filosofia. Sua obra questiona o quanto a mística presente em seu conceito de *nous* é devedora ou não da mística oriental – se essa influência se deu de maneira direta, por assimilação, ou indireta, por contato e oposição. Segundo Bergson (1978, p. 181), a estrutura da filosofia de Plotino é tão devedora de Aristóteles quanto de Platão, e é também incontestavelmente mística – "se sofreu influência do pensamento oriental, muito ativa no mundo alexandrino, tal se deu à revelia do próprio Plotino, que acreditou nada mais fazer senão condensar toda a filosofia grega, para a contrastar precisamente com as doutrinas estrangeiras".

Bergson (1978) toma a mística como critério de diferenciação entre o pensamento do Ocidente e o do Oriente. Para ele, "o advento do misticismo é uma tomada de contato, e, por conseguinte, uma coincidência parcial com o esforço criador que a vida manifesta" (Bergson, 1978, p. 182). Isso implica a visão de que, para ele, o grande místico seria uma individualidade que ultrapassou "os limites impostos à espécie por sua materialidade", individualidade esta que se torna capaz de continuar e prolongar a ação divina (Bergson, 1978, p. 182).

Em seguida, o filósofo contemporâneo parece retomar os mesmos critérios apresentados anteriormente por Hegel para separar a especulação hindu sobre o ser da filosofia grega:

> Desde os tempos mais recuados o hindu especulou sobre o ser em geral, sobre a natureza, sobre a vida. Mas seu esforço, que se estendeu durante tão grande número de séculos, não culminou, como o dos filósofos gregos, no conhecimento infinitamente aperfeiçoável que foi já a ciência helênica. A razão disso [conclui o filósofo] é que o conhecimento foi sempre a seu ver um meio mais que um fim. (Bergson, 1978, p. 185).

Os argumentos de Bergson (1978, p. 185) também tratam a mística hindu envolta no princípio da renúncia como uma reedição do "dissolver da individualidade na substância" de que falava Hegel. De acordo com ele (1978, p. 185), "para o hindu tratava-se de evadir-se da vida, que lhe era sobremodo cruel". Talvez o filósofo estivesse se referindo às condições de vida da Índia, mas faltou-lhe especificar a época casta ou estrutura social. Talvez estivesse retomando deliberadamente o raciocínio hegeliano, que defende ser a pobreza e a opressão político-espiritual uma característica do que chamou de **despotismo oriental**.

Especulações à parte, fato é que Bergson (1978, p. 185) coloca claramente que "desde os tempos do Bramanismo [provavelmente se referindo à estruturação da sociedade hindu em castas, no século XIV a.C] ele [o hindu] se persuadiu de que se chegaria à libertação pela renúncia. Essa renúncia era uma absorção no Todo, como também em si mesmo" (Bergson, 1978, p. 185). Ainda segundo o filósofo francês,

> Bramanismo, Budismo e mesmo Jainismo pregaram, pois, com uma força crescente a extinção do querer viver [há sérias controvérsias quanto a essa conclusão, ou visão do que seria *querer viver*, mas sigamos], e essa doutrina apresenta-se antes de tudo como um chamado à inteligência. As três doutrinas só diferem pelo grau mais ou menos elevado de intelectualidade [há outras sérias controvérsias sobre o fato de se estabelecer graus de elevação intelectual entre uma religião e outra]. (Bergson, 1978, p. 185)

O filósofo continua sua análise e afirma que "já no antigo Bramanismo, não é pelo raciocínio, não é pelo estudo, que se obtém a convicção final: ela consiste numa visão, comunicada por aquele que a teve" (Bergson, 1978, p. 185).

Sobre o budismo, outra importantíssima religião e escola de pensamento que nasceu na Índia, afirma que, em relação ao Bramanismo, é

> mais sábio sob um aspecto, é mais místico ainda sob outro. O estado a que se encaminha a alma está além da felicidade e do sofrimento, para além da consciência. E por uma série de estágios, e por uma disciplina mística, ele culmina no nirvana, a supressão do desejo durante a vida e do carma depois da morte. (Bergson, 1978, p. 185-186)

A análise continua. Bergson (1978, p. 186) afirma:

> Tudo que o budismo tem de exprimível em palavras pode sem dúvida ser tratado como uma filosofia; mas o essencial é a revelação definitiva, transcendente à razão como à fala. É a convicção, paulatinamente adquirida e subitamente obtida de que o objeto está atingido: terminado o sofrimento, que é tudo o que há de determinado, e, por conseguinte, de propriamente existente, na existência. (Bergson, 1978, p. 186)

O esquema de Bergson se torna, sob o nosso ponto de vista, mais problemático ou polêmico em sua conclusão. O filósofo propõe que "nem na Grécia, nem na Índia antiga houve misticismo completo, seja porque o impulso foi insuficiente, seja porque foi contrariado por circunstâncias materiais ou por uma intelectualidade demasiado estreita" (Bergson, 1978, p. 187). Como se essa sentença já não contivesse considerações polêmicas o suficiente, poderíamos imaginar, por exemplo, como um monge budista iria receber a afirmação de que seu misticismo não foi completo devido à estreiteza intelectual de seus fundadores e adeptos. E qual seria a reação ao ouvir que as **circunstâncias materiais** (conceito que mais parece retomar Karl Marx do que Hegel, com base no qual se afirmou que "a religião é o ópio do povo") o impediu de alcançar o misticismo completo. O filósofo diz que o "misticismo completo é, com efeito, o dos grandes místicos cristãos" (Bergson, 1978, p. 187).

Na verdade, o argumento das circunstâncias materiais, presente já em Hegel, é retomado com toda força por Bergson (1978) ao avaliar que jamais esse misticismo ardoroso teria sido possível sem a influência do cristianismo e do industrialismo, que são invenções e organizações de essência ocidental, as quais teriam sido responsáveis por levar o misticismo cristão aos extremos de si mesmo. Esse misticismo não poderia ter "se produzido no tempo em que o hindu se sentia esmagado pela natureza e em que qualquer intervenção humana seria inútil. Que fazer, quando a fome crônica inevitável condena milhões de infelizes a morrer de inanição?" (Bergson, 1978, p. 187). Conclui, por fim, de maneira bastante infeliz, segundo nosso ponto de vista, que "o pessimismo hindu tinha por principal origem essa impotência" (Bergson, 1978, p. 187). Ainda segundo o filósofo,

> o misticismo completo [que se desdobraria, para além da ascese, em ação, criação e amor] não se fez presente no Oriente [nem mesmo no budismo, que segundo o próprio autor, não apenas recomendou a caridade em termos de opção radical pelos mais carentes, e que ao preceito acrescentou o exemplo] por faltar-lhes calor, por não acreditarem na eficácia da ação humana. (Bergson, 1978, p. 186)

Isso supostamente se deu porque os outros povos não teriam tido condições intelectuais e materiais de se elevar ou de elevar suas especulações metafísicas ao grau de abstração e pureza presente no cristianismo, pois esses outros povos não teriam "máquinas que aumentam o rendimento da terra e que sobretudo aceleram a circulação dos produtos" e "organizações políticas e sociais que provêm que as massas não estão condenadas a uma vida de servidão e de miséria como a uma necessidade inexorável" (Bergson, 1978, p. 187). Por tais motivos, segundo o pensador francês, o misticismo oriental teria ficado sempre aquém do misticismo cristão.

Infelizmente, no ponto final de sua argumentação, só podemos constatar uma crescente parcialidade nos argumentos elencados por Bergson, de forma a exaltar a mística cristã, o industrialismo e as organizações políticas e sociais do Ocidente, sedimentando o preconceito acerca das grandes questões colocadas pelo pensamento oriental com base em sua mística, mas também em suas próprias proposições metafísicas e filosóficas.

1.4
Psicologia: introversão x extroversão

Antes de avançarmos ao próximo tema, faremos uma última entrada nos critérios da distinção entre Oriente e Ocidente com base na abordagem psicológica proposta pelo pensador **Carl Gustav Jung** (1875-1961). O texto que analisaremos será *Psicologia e religião oriental* (Jung, 1992).

Jung propõe sua análise da relação entre Ocidente e Oriente segundo a distinção de duas disposições psicológicas referentes a cada um desses hemisférios. É importante ressalvar que se trata apenas de um grande esquema didático-analítico, que não corresponde (nem visa corresponder) a todas as possibilidades psicológicas de livre-arbítrio contidas em cada indivíduo. Não é nada determinante ou essencializante, apenas uma categoria analítica.

O esquema junguiano divide Ocidente e Oriente em disposições psicológicas e culturais com base, segundo opensador e psicólogo, nas características de introversão ou extroversão.

Por *introversão*, o autor alude à disposição de investigação da realidade mediante um mergulho na subjetividade. Esta se daria por meio de uma análise das pulsões internas que determinam o exercício da individualidade por intermédio das dinâmicas do desejo, do apego. Enfim, seria uma análise muito vasta e complexa, baseada na primazia da relação: criação, eu, realidade. Nas culturas do Oriente, o polo mais importante da investigação seria relativo ao eu, tido como criador último da realidade. Isso se daria em razão de que, nas palavras de Jung (1992, p. 12): "No Oriente não existe um conflito entre a ciência e a religião, porque a ciência não se baseia na paixão pelos fatos, do mesmo modo que a religião não se baseia apenas na fé. O que existe é um conhecimento religioso e uma religião cognoscitiva" (Jung, 1992, p. 12). A colocação nos obriga a ressalvar o perigo dessas generalizações. Precisamos confrontar a visão junguiana com mudanças históricas das sociedades e características econômicas e sociais dos indivíduos, condicionantes da escolha dos indivíduos em qualquer hemisfério.

Para Jung, os orientais iniciariam sua investigação da realidade com base numa análise das disposições do eu, pois entendiam que a subjetividade humana não apenas percebe como também cria essa própria realidade pelo conhecimento ou pela autorrealização. Segundo ele,

> se o mundo não assume a forma de uma imagem psíquica, é praticamente como se não existisse. Este é um fato de que o Ocidente não se deu plenamente conta, com raras exceções, como por exemplo, a filosofia de Schopenhauer. Mas Schopenhauer, como se sabe, foi influenciado pelo budismo e pelos *Upanishades*. (Jung, 1992, p. 13)

Com base nessas alegações, podemos dizer que a meta do **esclarecimento oriental**, nos termos propostos pelo autor, seria alcançar um tal grau de conhecimento e domínio sobre o eu (por meio do estudo, da meditação e da ascese) que torne possível a superação do ego (como impulso desejante) e o alcance da realidade última do universo. Parece simples, mas duas importantes questões estão propostas (ou pressupostas) nesse caso:

1. A primeira diz respeito a algo que vimos em Hegel e que, de certa forma, é retomada por Bergson: a dissolução do eu na realidade. Isso se daria, segundo Jung (1992, p. 17), pelo seguinte fato: "O espírito oriental [...] não sente dificuldade em conceber uma consciência sem o eu. Admite que a existência é capaz de estender-se além do estágio do eu. O eu chega mesmo a desaparecer neste estado 'superior'". Essa questão ficará mais clara quando nos debruçarmos sobre o conteúdo do brahmanismo e do budismo.

2. A segunda questão ressalta o aspecto epistemológico dessa investigação introspectiva, talvez melhor aludido pela expressão

sinônima de *iluminação oriental*, no sentido de que se refere a mesma questão, mas aponta para o polo da relação dos indivíduos com a divindade. Comparativamente, Jung (1992, p. 12) coloca a questão nos seguintes termos: "entre nós, ocidentais, o homem é infinitamente pequeno, enquanto a graça de Deus é tudo. No Oriente, pelo contrário, o homem é deus e salva-se a si próprio" (Jung, 1992, p. 12).

Esse é um aspecto bastante difícil para nós, ocidentais, compreendermos ou aceitarmos. Segundo Jung, temos entre nós a matriz psicológica completamente formada pelo cristianismo, acima da religião individualmente professada. Logo, torna-se quase impossível aceitar a ideia de salvar-se a si próprio. Segundo Jung, isso se dá porque, no Ocidente cristianizado, "o espírito único, a unidade, a indeterminação e a eternidade se achavam sempre unidas no Deus uno. O homem tornou-se pequeno, um nada, e fundamentalmente sempre imerso num estado de má consciência" (Jung, 1992, p. 26). Essa passagem nos lembra a frase de um pensador brasileiro de um movimento que ficou conhecido como *contracultura*, Carlos Maciel (1996, p. 75), que fazia a seguinte advertência: "Cuidado com o homem cujo deus está no céu, pois ele fez da distância um culto".

Vamos finalizar este tópico com a consideração deveras esclarecedora de Jung (1992, p. 27): "a tendência extrovertida do Ocidente e a tendência introvertida do Oriente possuem um objetivo comum muito importante: ambos fazem esforços desesperados por vencer aquilo que a vida tem de natural. É a afirmação do espírito sobre a matéria".

Mais uma vez, é importante estar atento ao perigo das generalizações e entender que a análise feita por Jung não se refere à conduta de pessoas específicas nem condiciona suas escolhas a esse esquema conceitual. Nada mais complexo do que as sociedades humanas, que mudam no decorrer da história. Nessas sociedades, o campo de escolhas de cada indivíduo é extremamente vasto, ainda que condicionado por contextos culturais e econômicos. Podemos, por exemplo, encontrar as características psicológicas sugeridas por Jung como tipicamente orientais em um rapaz branco, nova-iorquino de classe média, assim como é possível verificarmos as características psicológicas tidas como ocidentais em um chinês de Pequim.

1.5
Orientalismo segundo Edward Said

Neste último tópico do primeiro capítulo, iremos tratar de um livro que está entre os mais relevantes sobre a questão Ocidente *versus* Oriente: *Orientalismo: o Oriente como invenção do Ocidente*, do palestino Edward Said. O autor consta entre os intelectuais mais importantes do século XX. A despeito de que sua área de atuação estivesse mais relacionada à crítica literária, com esse estudo, publicado pela primeira vez em 1978, Said passou a exercer forte influência sobre historiadores, filósofos, antropólogos e sociólogos. O livro foi considerado um marco inaugural dos **estudos pós-coloniais**, ou seja, dos estudos que vieram a estabelecer um ponto de vista crítico acerca da colonização exercida pelo Ocidente sobre outros povos e culturas.

O subtítulo da obra já deixa bem claro a perspectiva crítica presente em seu conteúdo: "o Oriente como invenção do Ocidente". É justamente esse caráter exotizante, presente na perspectiva de autores ocidentais que se debruçaram sobre a cultura oriental, que Said pretende desnudar e esclarecer. Já na introdução, o autor assinala essa questão: "O Oriente era quase uma invenção europeia, e fora desde a Antiguidade um lugar de romance, de seres exóticos, de memórias e paisagens obsessivas, de experiências notáveis" (Said, 1990, p. 13). Em seguida, distingue um pouco a relação dos países ocidentais com o Oriente ao afirmar que a relação histórica mais intensa com o Oriente Próximo teria sido feita principalmente pela Grã-Bretanha e França, já que "falar de orientalismo é falar principalmente, embora não exclusivamente, de uma empresa cultural francesa e britânica" (Said, 1990, p. 15). Ele ainda deixa claro que o que chama de *orientalismo* seria "um lugar especial ocupado pelo Oriente na experiência ocidental europeia" (Said, 1990, p. 13). Nesse sentido, o Oriente não estaria apenas "adjacente à Europa; é também onde estão localizadas as maiores, mais ricas e mais antigas colônias europeias, a fonte das suas civilizações e línguas, seu concorrente cultural e uma das suas mais profundas e recorrentes imagens do Outro" (Said, 1990, p. 13).

Um dos pontos cruciais deste tópico é a questão da alteridade; ou seja, reconhecer a diferença e as peculiaridades de outras culturas sem diminuir seu *status* de igualdade (ou de igual relevância) em relação à nossa própria cultura. Essa questão sempre foi uma das mais difíceis, historicamente, para o pensamento ocidental. A obsessão do Ocidente em alcançar a razão universal, ou os atributos universalmente necessários dos entes, fez do Oriente apenas um lugar ou momento de divergência ante uma linha evolutiva que conduziria todos os povos ao ápice da sofisticação social e tecnológica, tendo sempre, é claro, as próprias sociedades ocidentais como referência. É nesse sentido que os estudos pós-coloniais inaugurados pela obra de Said vêm afirmar que esses outros, ou melhor, essas outras civilizações, culturas e sociedades, foram negadas em sua integridade sociopolítica. O que seria o extermínio ou a escravidão de povos inteiros senão uma negação absoluta do *status* de humanidade destes? Mas como essa questão é demasiadamente complexa, sigamos as coordenadas do autor.

Segundo Said (1990, p. 14), "o Oriente ajudou a definir a Europa (ou o Ocidente) como sua imagem, ideia, personalidade e experiência de contraste". O autor conclui dizendo que "o Oriente é parte integrante da civilização e da cultura **materiais** da Europa" (Said, 1990, p. 13-14, grifo nosso). Assim, podemos entender que o autor esteja se referindo ao fato de que qualquer identidade, referente a uma pessoa, cultura ou civilização, afirma-se por meio de contrastes, da afirmação de sua diferença com relação a um outro. Para o autor, o Oriente seria a imagem refletida por intermédio da qual a Europa afirmou a sua própria identidade. Por isso, elenca como um dos propósitos explícitos de seu livro demonstrar "que a cultura europeia ganhou em força e identidade comparando-se com o Oriente como uma espécie de identidade substituta e até mesmo subterrânea, clandestina" (Said, 1990, p. 15).

Said ainda deixa claro que, por *orientalismo*, entende-se diversas coisas. Para ele, trata-se de uma palavra ou conceito com vários sentidos, salientando que todos eles seriam interdependentes. Um primeiro sentido seria o acadêmico, referente a "qualquer um que dê aulas, escreva, ou pesquise sobre o Oriente" (Said, 1990, p. 14). Há também um sentido mais geral, que se encaixa muito bem ao propósito deste livro: "o Orientalismo é um estilo de pensamento baseado em uma distinção ontológica e epistemológica feita entre 'o Oriente' e (a maior parte do tempo) 'o Ocidente'" (Said, 1990, p. 14). O autor apresenta um terceiro sentido como uma espécie de instituição intelectual formalizada na Europa no final do século XVIII para negociar com a parte oriental do planeta (mais especificamente, com as colônias do Oriente). Nessa acepção, o orientalismo seria "como um estilo ocidental para dominar, reestruturar e ter autoridade sobre o Oriente" (Said, 1990, p. 15).

É necessário perceber que o pensamento de Said não deixa dúvidas sobre a realidade concreta do Oriente, ou seja, a existência independente de seus povos e suas culturas a despeito de toda imagística preconceituosa ou exotizante ocidental, e do tipo de relação política, militar e econômica que foi majoritariamente estabelecida com a parte oriental do planeta: "Achar que o Oriente foi criado [...] e acreditar que tais coisas acontecem simplesmente como uma necessidade da imaginação é agir de má-fé. A relação entre o Ocidente e o Oriente é uma relação de poder, de dominação, de graus variados de uma complexa hegemonia" (Said, 1990, p. 17).

Para encerrar, podemos dizer que o propósito do livro de Said é criticar o orientalismo como instituição intelectual que envolveu a criação de vários discursos (literário, filosófico, filológico, antropológico etc.) materializados por práticas econômicas e militares do Ocidente. Essa ação consagrou a hegemonia do nosso hemisfério e nos deu um lugar historicamente privilegiado na relação de poder com o Oriente, baseada, como vimos, na dominação. A constatação desse fato, ou seja, o desnudar de todo um campo discursivo com proposições ontológicas e epistemológicas, tendo como base a desigualdade na relação Ocidente *versus* Oriente, foi a grande contribuição de Said para o campo das ciências humanas no século XX. Não é à toa que sua obra embasou e fez proliferar estudos que tomam o ponto de vista dos povos que tiveram suas identidades negadas, suprimidas ou mutiladas pelo discurso hegemônico ocidental.

Consideramos essa uma ressalva das mais relevantes antes de avançarmos pelo conteúdo deste livro. Pois nossa proposta é justamente identificar a assimetria dessas relações. Acreditamos que um exemplo possa tornar esse ponto da argumentação mais claro. Estamos empreendendo um estudo de algumas das grandes tradições do pensamento oriental, certo? Você conseguiria imaginar, em igual medida, um estudo das grandes tradições do pensamento ocidental? Ainda que possível, e de fato existem livros de divulgação com essa proposta, em geral nós nos consideramos muito mais complexos, de forma que dividimos nossa tradição em diversos Estados nacionais. Assim, deste lado do hemisfério estudamos a filosofia grega, francesa, alemã ou inglesa, mas, do lado de lá, é tudo oriental. Percebe o que queremos dizer?

Síntese

Neste primeiro capítulo vimos um pouco das linhas historicamente traçadas para dividir a cultura humana entre Ocidente e Oriente. São critérios políticos, filosóficos, religiosos, psicológicos e relativos aos estudos culturais. Feita essa introdução, estamos munidos com algumas ferramentas teóricas que usaremos para identificar com clareza a riqueza e complexidade do pensamento em culturas do Oriente. Esta será a nossa tarefa pelos próximos capítulos.

Este livro se propõe a ser um guia de investigação. Como tal, não é capaz de se sobrepor à paisagem, sempre muito mais rica e cheia de significados. É importante que você enriqueça a leitura dos temas abordados com filmes e livros, debates entre os colegas estudantes, pesquisas na internet etc.

Indicações culturais

Filmes

ÁGORA (Alexandria). Direção: Alejandro Amenábar. Espanha, 2009. 126 min.
O filme tem como protagonista a filósofa, matemática e astrônoma Hipátia, uma das mais importantes pensadoras da Antiguidade e guardiã da biblioteca de Alexandria. A trama se desenrola no choque cultural com a censura cristã.

O ÚLTIMO samurai. Direção: Edward Zwick. EUA, 2003. 144 min.
O filme conta a história de um soldado veterano da Guerra Civil estadunidense que, após muitas batalhas e tormentos, se vê lançado em uma aventura no Japão. Nesse país, que está em transição do feudalismo para a modernidade (início da Era Meiji), o soldado é capturado por um clã de samurais e tem de rever seus princípios.

PERSÉPOLIS. Direção: Marjane Satrapi e Vincent Paronnaud. França, 2007. 96 min.

Essa animação conta a história de uma garota nascida no Irã moderno, Marjane, que vivencia a ascensão do fundamentalismo islâmico no seu país, a Guerra do Iraque, mas que também tem contato com a cultura *pop* e os costumes do Ocidente após morar e estudar na Áustria.

Atividades de autoavaliação

1. De acordo com os autores estudados no capítulo, qual é o aspecto histórico que se coloca como o critério mais claro e imparcial de separação entre Ocidente e Oriente?
   a) O surgimento do cristianismo no século IV d.C.
   b) A localização geográfica da Linha do Equador e do Meridiano de Greenwich.
   c) O desenvolvimento da ciência e da tecnologia.
   d) O surgimento do capitalismo no século V a.C.
   e) A laicização da política na Grécia Antiga.

2. Hegel é, sem dúvida, um dos filósofos mais renomados e influentes da filosofia ocidental. Em sua célebre obra *Introdução à história da filosofia*, o filósofo alemão aponta diferenças entre o pensamento ocidental e o oriental, dando proeminência ao primeiro. Marque a alternativa que contém os critérios elencados por Hegel para tal separação:
   a) O surgimento da democracia e do papel moeda, que trouxeram a verdadeira liberdade para o Ocidente.
   b) O princípio da liberdade do espírito e a tematização da razão em oposição aos sistemas despóticos do Oriente e a proposta de diluição da diferença entre substância e individualidade.

c) A linguagem, pois foi Hegel quem afirmou que só é possível filosofar em grego e alemão.
d) A dialética do senhor e do escravo, na qual o Ocidente é naturalmente o senhor e o Oriente é naturalmente o escravo.
e) O papel da mulher nas culturas ocidentais e orientais.

3. De acordo com a argumentação do filósofo francês Henri Bergson, traçamos uma linha de separação entre Ocidente e Oriente com base na mística, ou seja, na investigação da realidade com forte inspiração religiosa. Segundo o que foi apresentado neste capítulo acerca da proposta de Bergson (1978), é correto afirmar:
    a) Só existe mística verdadeira no Ocidente iluminado pelo Sol de Apolo e pelo cristianismo.
    b) Não há mística no Ocidente, pois todo o seu desenvolvimento espiritual provém apenas da racionalidade pura.
    c) Todos os deuses gregos são apenas cópias de deuses egípcios.
    d) A mística estava presente na Grécia Antiga e na Grécia Clássica em diálogo direto e indireto com as tradições religiosas do Oriente.
    e) A filosofia ocidental opta pelo ser; a mística oriental, pelo não ser.

4. O pensador e psicanalista Jung estabelece os critérios de introversão e extroversão para propor a distinção entre Oriente e Ocidente. Com isso, busca indicar que:
    a) os olhos puxados dos orientais lhes deixam mais propensos à introversão.
    b) a introversão e a extroversão são disposições mentais propostas de maneira esquemática como formas diferentes de encarar e investigar a realidade.
    c) os ocidentais são mais bem-humorados, brincalhões e melhores artistas, pois são naturalmente extrovertidos.

d) os orientais investigam a natureza; os ocidentais, os seres humanos.

e) não importa a religião professada pelo indivíduo; todo ser humano nasce cristão psicologicamente, mudando apenas o fato de uns serem introvertidos e outros, extrovertidos.

5. Um dos grandes pontos de distinção da maneira como cada hemisfério pensa o divino diz respeito à possibilidade e ao modo de salvação do homem. Como devemos entender essa diferença de perspectiva?

   a) No Ocidente, terra das oportunidades, o sucesso financeiro e a salvação dependem apenas do indivíduo; já no Oriente, para ser bem-sucedido, basta saber entrar em estado meditativo.

   b) No Ocidente, culturalmente cristão, a salvação é algo exterior, que vem de Deus. No Oriente, é algo encarado como vindo de dentro, a partir de exercícios meditativos e espirituais.

   c) Do ponto de vista da filosofia ocidental, a única salvação para o homem é encontrar a verdade absoluta apenas com o uso da razão; já na filosofia oriental, a salvação estaria ligada ao controle das emoções.

   d) No Ocidente, Deus sacrificou seu filho para fundar o catolicismo como a única salvação possível. No Oriente, não existem divindades, por isso o homem deve salvar-se a si mesmo.

   e) Essa é apenas uma forma irônica de abordar a questão cultural, pois um filósofo de qualquer parte do planeta sabe bem que a humanidade não tem mais salvação.

Atividades de aprendizagem

Questões para reflexão

1. Com base no que foi debatido neste capítulo, faça uma resenha do filme *O último Samurai*. Saliente os conflitos culturais de natureza ética e histórica presentes na obra. Ao realizar essa tarefa, tente elaborar um esquema em formato de colunas que contraponha atitudes e valores ocidentais e orientais.

2. Procure elementos orientais no seu cotidiano (nomes, símbolos, ideias) e faça uma leitura crítica de como estão apresentados. Escreva um pequeno texto sobre o assunto, discutindo se tais elementos da cultura oriental costumam chegar até nós de maneira respeitosa ou exótica, se são apresentados como uma tradição cultural ou apenas como mercadoria.

Atividade aplicada: prática

1. Com base na leitura deste capítulo, entreviste pelo menos uma pessoa nascida em um país de fora do hemisfério ocidental (Ásia, África, Oceania etc.). Faça perguntas relacionadas às questões culturais, políticas e religiosas da terra natal do entrevistado. Algumas sugestões:
    - Qual a religião mais praticada em seu país natal?
    - Qual o sistema político do país?
    - Você poderia dizer o nome de um filósofo da sua região?
    - Do que você mais sente falta do seu país de origem?
    - O que você acha que o Brasil tem de mais interessante? E o que tem de pior?

Em seguida, apresente as informações coletadas para seus colegas e, juntos, façam uma breve análise das características culturais, políticas e religiosas do país de origem da pessoa entrevistada.

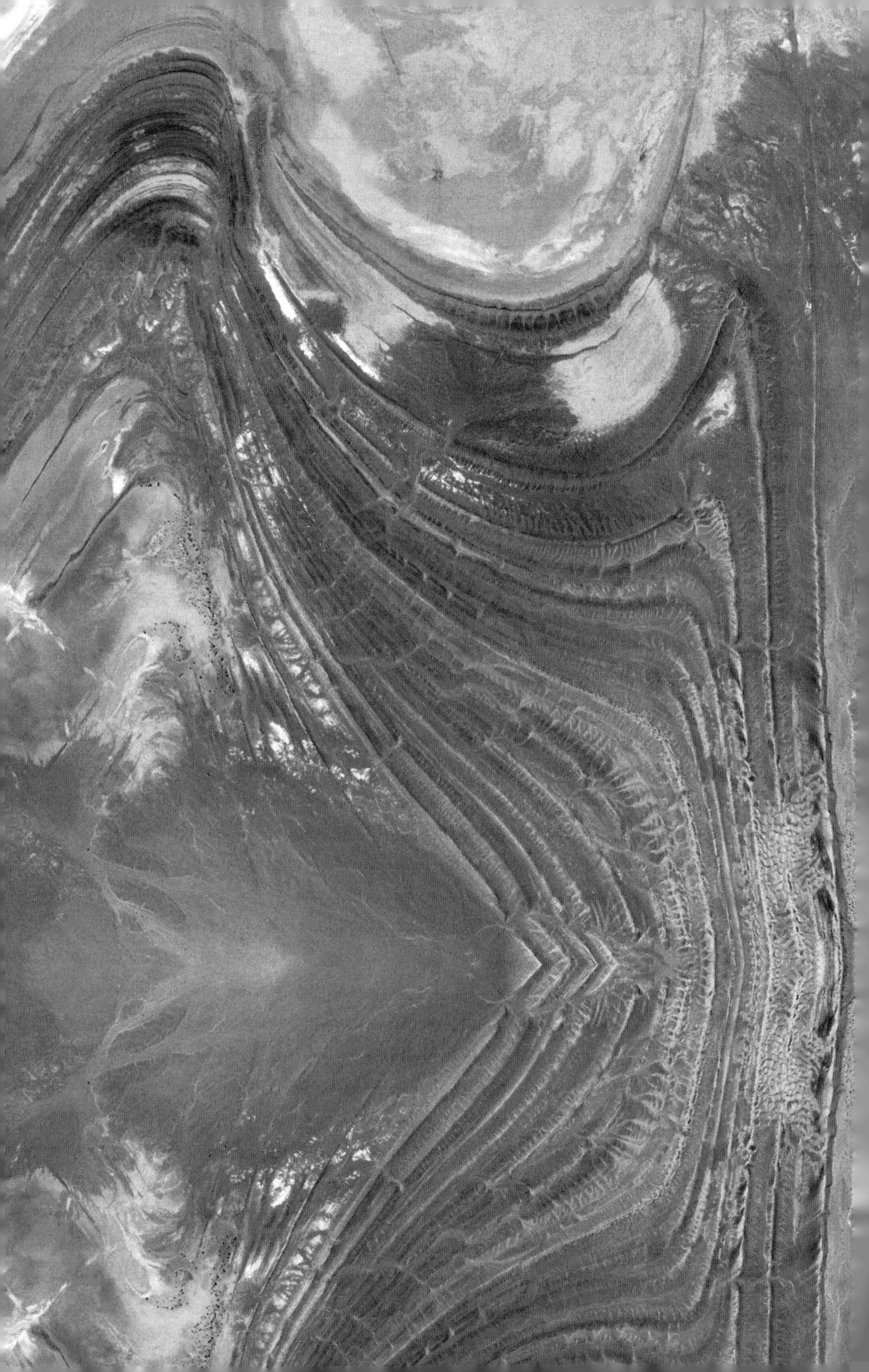

2

Zaratustra: o profeta do Irã

Ao tratarmos de Zaratustra e do zoroastrismo, faremos referência aos conteúdos filosóficos e religiosos daquela que é considerada a primeira religião revelada da história. É interessante enfatizar essa questão, pois, no horizonte da cristandade cultural em que nós estamos inseridos, a ideia de um messias que se autoproclamou filho ou enviado de Deus, destinado a redimir ou a salvar a humanidade, surge-nos como uma obviedade cotidiana à qual já nem prestamos atenção. É como se supuséssemos que foi sempre assim. Essa seria a maneira padrão de toda religião se comportar. Mas é importante frisar que, sob nenhum aspecto, isso condiz com a realidade da diversidade cultural e variedade de concepções metafísicas presentes nas mais diversas expressões religiosas do planeta.

Figura 2.1 – Faravahar: símbolo alado do zoroastrismo

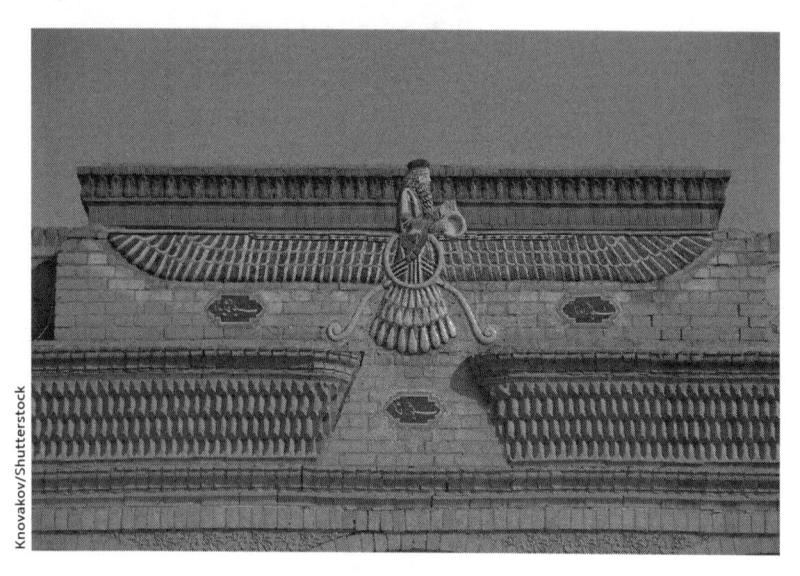

Pensemos, por exemplo, na esfera cultural da Grécia Antiga. Aquilo que hoje chamamos de *mitologia grega* é, na verdade, o substrato histórico de uma religião politeísta (os deuses do Olimpo), muito bem estruturada na forma de ritos, oráculos e templos sagrados, com seus sacerdotes e suas sacerdotisas (as famosas *pítias*), mas com base na qual a ideia de um messias é simplesmente inconcebível. Os deuses do Olimpo grego tinham filhos, por certo, heróis lendários como Aquiles, Hércules, Perseu etc. No entanto, nenhum desses homens, embora tivessem poderes ou atributos especiais, assemelha-se ou aproxima-se da figura do messias ou do profeta.

O mesmo se pode dizer do pouco que conhecemos das religiões de matriz africana, que têm em comum com os gregos a formação de um panteão de deuses (Olorum, Exú, Ogum, Xangô, Oxossi, Yansã, Oxum, Yemanjá etc.) cujo equilíbrio dinâmico regeria os homens e a natureza. Nesses casos, como em muitos outros, a sensação de obviedade nos impede de captar a diversidade e importância destes princípios.

Poderíamos, inclusive, nos debruçar sobre diversos outros conjuntos de ideias ou estruturas religiosas que também prescindem da figura de um profeta ou messias. O que nos sugere o seguinte questionamento filosófico: Será que foi sempre assim?

De fato, o messianismo não nasceu com o cristianismo nem é uma maneira generalizada de os povos se organizarem religiosamente. Pensemos nos *smartphones* e *tablets*. Esses pequenos dispositivos, que hoje transmitem textos, mensagens de voz e vídeos via satélite com uma velocidade quase instantânea, foram precedidos pela invenção do telefone[1], que era um aparelho pesado e grande e que, num primeiro momento, só transmitia a voz humana. Parece óbvio, mas o que estou sugerindo é simplesmente que toda instituição (ou invenção) relativa ao ser humano – seja religiosa, seja social ou tecnológica – tem uma história. Quem quiser melhor compreendê-las deve investigar suas origens e seus desdobramentos. É exatamente isso que Zaratustra representa com relação ao monoteísmo ocidental: uma referência quanto às origens.

É, portanto, segundo esse prisma que a figura do grande profeta do Irã recebe a importância histórica que lhe é devida. Apesar da incerteza relativa ao período histórico exato em que exerceu a sua prédica (as estimativas variam entre o ano 1000 a.C. e 700 a.C.), trata-se, incontornavelmente, do primeiro homem a professar o monoteísmo em chave ética (ainda que com características bem singulares, como veremos a seguir) e a se proclamar como messias ou enviado de Deus, responsável por divulgar à humanidade a "boa religião" e por ensinar o caminho para a salvação. É importante frisar que isso ocorreu, como já mencionamos, entre 700 e mil anos antes do nascimento de Jesus de Nazaré.

---

1 A invenção do telefone foi durante muito tempo atribuída a Graham Bell, mas a proeza, de fato, deveu-se ao italiano Antonio Meucci, que teve a patente reconhecida em 2002.

Zaratustra foi precedido pela reformulação da religião egípcia proposta por Amenófis IV. Este, no quinto ano de seu reinado, instituiu o culto em chave monoteísta a Aton e se autoproclamou *Aquenatón* (ou "filho de Aton") no século XIV a.C. Mas sua reforma não tinha a profundidade da dimensão ética como a proposta por Zaratustra, bem como não teve continuidade cultural no Egito Antigo, sendo revogada logo após a morte prematura de Amenófis IV. Como afirma Breuil (1987, p. 49), "Zoroastro foi, sem dúvida, o primeiro profeta a pregar a unidade, o esplendor e a bondade de Deus com mais força e num plano transcendental mais elevado do que fez o místico faraó Aquenaton no Egito do século XIV a.C.". Além dessa questão, existem divergências sobre o conceito de messias e se ele seria aplicável a Zaratustra, pois não estaria presente nos *Gathas* (texto sagrado do zoroastrismo). De fato, alguns pesquisadores defendem uma visão mais filosófica e menos profética de Zaratustra, devido à incitação da busca pela sabedoria. Veremos melhor essa questão no decorrer do capítulo.

Além do conceito de messias, outras ideias do zoroastrismo foram reeditadas pelo cristianismo: o princípio de que cada ser humano participa do plano de Deus para a salvação da humanidade com base numa boa conduta, a promoção da "boa religião" e o combate às práticas consideradas vis ou pecaminosas. Além disso, constava já do zoroastrismo o conceito escatológico de um **juízo final**, com julgamento individual e ressurreição dos justos após o juízo. Para melhor entendermos o conteúdo e a especificidade das ideias religiosas de Zaratustra, vejamos qual era o horizonte histórico-cultural em que esteve inserido.

2.1
Origens arianas e iranianas

Aquele que viria a ser o profeta Zaratustra nasceu no seio de uma família aristocrática cujas origens remontam aos arianos, um povo guerreiro que, séculos antes, em sua migração em busca de novas terras, dominou a região hoje conhecida como o *Planalto do Irã*. Esse povo constituiu o núcleo cultural do Primeiro Império Persa, até hoje um dos maiores da história. A guerra era uma de suas instituições culturais das mais importantes. Com forte tradição bélica, alargou suas conquistas com o uso militar do cavalo. Especula-se que teria sido por meio da domesticação do cavalo que eles teriam alcançado a vantagem estratégica para se expandirem. Mas o espírito guerreiro dos arianos não deve ser negligenciado.

Figura 2.2 – Planalto do Irã

Temos que os primitivos arianos começaram sua lenta dispersão por volta do terceiro milênio antes da nossa era (a.C.), motivados por um brusco aquecimento do Norte europeu e um rebaixamento do Rio Ural, uma das regiões limites entre Ásia e Europa. Esses povos eram "movidos por um espírito de conquista que [...] [levou] esses homens intrépidos tanto para a Islândia congelada, como para as margens quentes do Ganges" (Mourreau, 1978, p. 12). Por volta de 1700 a.C., o ramo oriental do grupo, vindo da Rússia Meridional e do Cáucaso Setentrional, instalou-se na Ásia menor e dominou o Planalto do Irã (Mourreau, 1978, p. 16).

Trata-se, portanto, de um povo de índole extremamente guerreira que, conforme viajava com suas famílias e tropas em busca de áreas cultivadas ou férteis, se deparou com populações asiáticas que foram sendo dominadas (aos poucos ou bruscamente), até finalmente cair sob as leis arianas. Para termos uma ideia do que isso significa, o sistema de castas bramânico que se impôs no Vale do Rio Indo (atual Índia) resultaria desse domínio e da perspectiva de sua continuação. Essa é uma teoria das mais influentes, embora desperte intensa polêmica arqueológica). Segundo Huby (1956, p. 386):

> Quanto mais se remonta às origens, tanto mais as religiões da Índia e da Pérsia se assemelham, nas crenças populares como na doutrina sensivelmente mais elevada [...]. Mas, se o ponto de partida é o mesmo, o desenvolvimento ulterior seguiu marcha diferente em cada um dos dois povos, de acordo com o seu temperamento.

Por ora, é importante apontar que Zaratustra é um descendente direto dos arianos conquistadores. Nasceu quando seu povo já se encontrava instalado no Planalto do Irã. Essa ascendência se evidencia pelo sobrenome da sua família, *Spitama*, cujo significado seria algo como "brilhante ataque". Outra marca ariana de sua ascendência vem do nome de seu pai, *Purushaspa*, que significaria "proprietário de cavalos malhados".

Além de indicar a tradição ariana de domesticação de cavalos para a guerra, o nome também remete à origem aristocrática de Zaratustra. Ser proprietário de cavalos era sinal de distinção da classe guerreira.

Hoje o termo *ariano* está mais ligado, no senso comum contemporâneo, à ideia da eugenia nazista e ao postulado de que os alemães que lutaram na Segunda Guerra Mundial e que se consideravam arianos puros seriam, portanto, superiores aos demais seres humanos. Isso ocorreu por conta de uma ideologia massificada pela propaganda nazista referente a uma reivindicação cultural proposta por um movimento chamado *pangermanismo*, que buscava, ao se associar aos guerreiros arianos responsáveis pelo imenso Império Persa, arrogar para si um ideal de pureza e superioridade guerreira.

É importante lembrar que o Rei Dario I, o Grande (550 a.C.-486 a.C.), que governou o Império Persa durante seu auge[1], orgulhosamente se proclamava ariano descendente de arianos e encontra-se retratado nas esculturas dos afrescos do colossal templo da Apadana, em Persépolis, no atual Irã, com "um nariz arqueado, grandes olhos negros desenhados à egípcia e com os cabelos e a barba encaracolados" (Breuil, 1987, p. 30). Isso é apenas uma pequena mostra de como a ideia de uma raça ariana pura e superior, como a reivindicada pelo nazismo, é, além de um absurdo científico, resultado de ignorância histórica ou má fé.

Outra questão diz respeito ao fato de alguns pensarem o termo *ariano* como sinônimo de *europeu*. Nesse caso, é bom lembrar que nas batalhas de Salamina (480 a.C.) e Maratona (490 a.C.), cujo resultado

---

1 O Império Persa de Dario I compreendia parte da Ásia Ocidental, o Cáucaso, a Ásia Central, partes dos Bálcãs (Bulgária-Romênia-Panônia), regiões do norte e nordeste da África, incluindo o Egito, o leste da Líbia, o litoral do Sudão e a Eritreia, bem como a maior parte do Paquistão, as ilhas do mar Egeu e o norte da Grécia, a Trácia e a Macedônia.

marcou o futuro cultural de toda a Europa, os arianos eram os persas que lutavam sob as ordens de Dario I e Xerxes I. Segundo Max Muller (citado por Breuil, 1987, p. 12):

> Se as batalhas de Maratona e de Salamina tivessem sido perdidas e a Grécia tivesse sido vencida pela Pérsia, a religião do império de Ciro poderia ter se tornado a religião de todo o mundo civilizado [...] e se, pela graça de "Ahura Masda", Dario tivesse esmagado a independência da Grécia, a fé pura de Zoroastro teria podido submergir facilmente as fábulas do Olimpo.

Voltemos então ao nascimento de Zaratustra, no seio de uma família ariana aristocrática do clã Spitama. Por ter se tornado uma figura religiosa de primeira grandeza, muitas lendas cercam os primeiros anos do terceiro filho do casal. Sua mãe se chamava *Dugdova* e, segundo a tradição religiosa, irradiou luz durante o nascimento. Além dessa luz, conta-se que o primeiro sinal de sua santidade foi o fato de o menino, após o parto, ter sorrido em vez de chorar. A lenda ainda acrescenta que seu crânio latejava de maneira incomum, pulsando energia.

Outros registros religiosos narram a inveja que os magos (sacerdotes do culto ariano primitivo) sentiam da santidade evidente da criança e as tentativas de matá-lo: num primeiro episódio, eles teriam roubado a criança de seus pais e a atirado a uma grande fogueira, da qual Zaratustra teria saído ileso por milagre. Em outro episódio, teriam-no jogado à frente de um estouro de boiada. Conta a tradição que um dos bois se acercou da criança e, ao ficar por cima do bebê, manteve-o protegido.

Historicamente, temos que Zaratustra recebeu a formação de sacerdote (Zaotar) e conheceu a fundo a estrutura da religião iraniana, fundamental para embasar sua reforma religiosa.

2.2
Religião iraniana original

A religião professada por este povo de índole extremamente guerreira tinha um caráter politeísta, na qual os rituais de sacrifício sangrento ocupavam posição de destaque. Segundo Mourreau (1978, p. 79-80), "o dever sagrado de todo homem livre era prestar sacrifícios três vezes ao dia", e esses sacrifícios admitiam três formas: "o sacrifício sangrento, o do licor sagrado e o do fogo".

Defensor de uma fé comprometida com outra ecologia, Zaratustra baniu em sua reforma o sacrifício relacionado ao licor sagrado, conhecido como *haoma* (similar ao soma védico[1]) e o sacrifício sangrento do boi. Segundo Huby (1956, p. 354), "No culto, a bebida sagrada védica, o soma, corresponde ao *haoma* iraniano. Ambos são beberagens embriagantes, extraídas duma planta que se esmaga e se filtra". Para Zaratustra, tais rituais também foram eliminados por estarem relacionados ao culto guerreiro ao deus Mitra, contrário à proposta agrícola intimamente relacionada ao culto zoroástrico. De acordo com Breuil (1987, p. 49), "Mitra, que permaneceu ignorado pelo Sábio por seus aspectos antipáticos de deus da guerra presidindo o sacrifício ritual do touro e da embriaguez pelo Haoma será introduzido posteriormente no culto zoroástrico, que não tinha adotado nenhum outro deus a não ser Ahura Masda".

---

1   O *soma* é uma bebida ritual das culturas védica e hindu, além de ser o nome da própria planta da qual se extrai a bebida. A tradição religiosa afirma que o líquido é a personaficação do deus ou dos deuses.

Figura 2.3 – Mitra sacrifica o touro sagrado

Jasfrow/Wikipédia

Relacionado a isso, temos o registro de que

na vida religiosa indo-europeia, o culto do fogo desempenhava um papel fundamental. [...] Entre os arianos, o fogo é uma pessoa, ou mais, um deus. Presente nos lares, assume uma função: mediador da ordem cósmica, intermediário obrigatório entre os homens e os deuses, é o veículo da prece e o símbolo da fé ariana. (Mourreau, 1978, p. 81-82)

A proximidade entre a raiz ariana da religião iraniana e a védica, segundo Huby (1956, p. 353, grifo do original), é evidenciada por numerosas concepções de ordem religiosa "que se encontram simultaneamente na Índia e na Pérsia [...] de ambos os lados, aparece no cimo da hierarquia divina, o mesmo casal de **asuras**, que é Varuna--Mitra no Veda e Ahura-Mazdâh-Mitra no Irão". Sobre o deus Mitra e sua importância no panteão iraniano que precede Zaratustra, temos que, "a partir de Mitra, os guerreiros veneravam Verethraghna, gênio da vitória: [que] não é senão o deus indo-irânico Indra, denominado Vrtrahan, nos Vedas" (Huby, 1956, p. 382).

É segundo a prédica de Zaratustra citada nos *Gâthas*[1] que Mitra é apresentado como o deus da palavra dada, pois o significado original de seu nome seria "contrato". Ele também é tido como o deus da honra militar e dos guerreiros. Os persas, em suas expedições guerreiras, já juravam por ele: "O sol é representado no Avesta, como a visão de Mitra: ideia que se encontra no Veda [pois] Mitra é uma das divindades mais populares do Irão, e a sua ausência no Gâthâs deve-se à sua exclusão sistemática, que o masdeísmo não pode manter" (Huby, 1956, p. 382).

Outro aspecto que aproxima a religião iraniana antiga dos vedas é a divisão dos deuses em *ahuras* (ou *asuras*) e *devas* (ou *daevas*). Entre os iranianos, essa divisão incorporava as proporções de um dualismo radical, relacionado à oposição entre *arta* (ordem ou verdade) e *druj* (mentira e trapaça). Nessa estrutura cosmológica, metafísica e religiosa, não apenas os homens, mas também os deuses estariam submetidos a uma grande ordem cósmica. Nesse sentido, "longe de serem forças cegas [como imaginamos o panteão grego, por exemplo], os deuses [iranianos] não poderiam deixar de serem guardiães atentos dessa ordem que os transcende" (Mourreau, 1978, p. 79). Os rituais religiosos, portanto, teriam a função de "inserir o mundo humano na majestade soberana da *arta*; num princípio a partir do qual os ritos e preces participariam na manutenção da coesão do mundo" (Mourreau, 1978, p. 79, grifo nosso).

Nesse panteão iraniano pré-Zaratustra, Ahura Mazda[2] é onisciente e benéfico. Não era ainda o *Sábio Senhor*, como será defendido pelo profeta, mas antes e apenas o *Rei dos Deuses*. Como vimos, o panteão iraniano reservava especial destaque para o deus Mitra, pois era em seu

---

1 Os Ghâtas são setenta hinos atribuídos ao próprio profeta, que constituem a parte mais sagrada do *Avesta* (coletânea de textos religiosos do zoroastrismo),

2 O deus que tudo vê e tudo retém. No sânscrito, *mazdâh* significa "memória" e *medhâ* quer dizer "sabedoria".

nome que os persas guerreavam. Segundo Breuil (1987, p. 47), "Ahura/ Varuna conservava, antes de Zoroastro, as características naturalistas e antropomórficas da mitologia arcaica, traços partilhados com seus cruéis associados Indra, na Índia, e Mitra, no Irã, os quais prejudicavam a obra moralizadora do profeta".

Outra figura importante na religião iraniana pré-Zaratustra é o rei Yima, protagonista do mito do primeiro homem, o qual tem também uma formulação similar nos vedas indianos. Para Huby (1956, p. 384):

> Dos reis dos tempos antigos, o mais conhecido é Yima, que preside uma espécie de idade de ouro. [...] É destronado pelo dragão Azhi Dahâka. Yima é figura indo-irânica, correspondente ao Yama do Indos, que era, no Veda, o primeiro homem, o primeiro defunto e o rei dos bem-aventurados, e se tornou, na Índia bramânica, o deus das regiões infernais.

Entre os iranianos, Yima era considerado o ancestral dos ancestrais, filho de Vivahant, um deus-sol. É tido ainda como o rei da Idade de Ouro, do milênio mais feliz da história. O mito do primeiro homem ligado à figura do primeiro rei soberano do universo nos ajuda a entender o conceito de realeza divina da forma como se fez presente entre os iranianos. Com base nesse mito, a cada rei, como a Yima, foi atribuída uma ascendência divina. Mas, por ter sido Yima, segundo a antiga tradição religiosa, "o primeiro a oferecer partes do boi para comer" (Mourreau, 1978, p. 86), ele estava fadado a ser suprimido pela reforma religiosa proposta por Zaratustra, por razões que veremos logo a seguir. Segundo Breuil (1987, p. 58):

> A memória desse inverno abominável (que levou o rei Yma, o primeiro a ensinar a agricultura pela irrigação das terras áridas, a matar um boi para sobreviver e por isso, ser "excomungado" do zoroastrismo) marcou

profundamente a mitologia iraniana, na qual o frio tanto pertence a Ahriman, como habita o inferno. Benéfico nas regiões frias, o fogo, precioso elemento do lar doméstico, foi se impondo como projeção terrestre do deus solar.

Um último aspecto que precisamos salientar diz respeito aos três pilares do edifício cósmico ariano, ou indo-iraniano. Em primeiro plano, teríamos a manutenção da ordem (ou *arta*) sob o zelo dos sacerdotes (*zaotar*), função para a qual Zaratustra fora formado. Em segundo, o elemento guerreiro, cuja ação era presidida por Mitra. Por último, surge o princípio da nutrição, que seria representada pela criação de animais e a plantação. Os três pilares são, portanto, socialmente constituídos da classe dos sacerdotes, dos guerreiros e dos agricultores e comerciantes.

Esse sistema trinitário traz consigo um aspecto dos mais importantes para entendermos a natureza e o conteúdo da reforma religiosa proposta por Zaratustra, que fará com que ele proponha a subversão da supremacia do aspecto guerreiro em nome da ascensão da atividade agrária relacionada aos plantadores e criadores de animais. De acordo com Breuil (1987, p. 31-32),

> As futuras províncias aquemênidas integradas por Ciro (545/539 a.C.), da Chorasmina, da Sogdiana e da Bactriana, permanecerão divididas entre esses dois modos de existência: nômades saqueadores, girando em torno dos meios pastores e agricultores; dois esquemas que se opõem completamente. [Esta é] a atmosfera política que banha toda a pregação de Zoroastro, profeta do trabalho enobrecedor da terra, garantia única da paz social e da estabilidade territorial [...]. A agricultura se desenvolve paralelamente a uma vida pastoril, enquanto os novos iranianos permanecem grandes criadores de cavalos e temíveis cavaleiros.

2.3
A reforma: o monoteísmo de Ahura Mazda

Como vimos anteriormente, Zaratustra, de origem aristocrática, teve a formação de um sacerdote, ou *zaotar* (cantor de poesia sacra), responsável pelos rituais religiosos ligados ao consumo ou à consagração do *haoma*, aos sacrifícios sangrentos e à preservação do fogo sagrado, até então considerado uma divindade em si.

> Zoroastro nasceu de uma rica família de criadores, os Spitama, de casta sacedortal e herdeira de uma tradição de poetas inspirados. Ele se dirá *zaotar*, cantor de poesia sacra, mas a tradição o louvará como o primeiro sacerdote, primeiro guerreiro e primeiro lavrador, segundo a tripartição social indo-iraniana. (Breuil, 1987, p. 36)

Durante um de seus retiros solitários nas montanhas, quando tinha apenas 20 anos, Zaratustra teria tido sua primeira revelação em contato direto com Ahura Mazdha, de quem começou a professar a fé em chave monoteica. Assim, encampou um ataque frontal à religião iraniana estabelecida. Primeiramente, chocou-se com a seita ligada mais diretamente aos guerreiros, os *mairya* (literalmente "homens jovens"). Também se contrapôs aos sacerdotes do arianismo primitivo, particularmente por conta de sua prédica prever um combate aos rituais sangrentos e o enaltecimento da vida pastoril em oposição ao *ethos*[1] guerreiro que dominava a vida dos iranianos. Os **Gâthas** condenam com uma severidade feroz os sacrifícios de sangue praticados pelas confrarias de jovens devotados à função guerreira, mas também os outros ritos de violência a eles associados. Zaratustra, assim, toma nitidamente o partido da classe/ordem dos camponeses da tripartição social indo-iraniana.

---

1   *Ethos* é uma palavra grega cujo sentido é "hábito", "costume".

Figura 2.4 – Cerimônia religiosa do culto a Zaratustra

Getty Images/Carlo Bavagnoli

Com relação à ordem secreta religiosa dos jovens guerreiros, "a margem das sociedades regidas pela sabedoria e pela tradição dos antigos, as sociedades guerreiras e secretas desempenharam um papel religioso misterioso. Compostas de jovens guerreiros, os *mairya*, elas cultivavam o êxtase e caracterizavam-se pela 'cólera sagrada'" (Mourreau, 1978, p. 87). Eram homens que viviam desregradamente, acompanhados sempre de uma *jahika* (prostituta). Esses jovens,

> semeando o terror com seu ímpeto, cultivavam aspectos sinistros dos deuses da função guerreira, Vayu e Mitra. [...] Estas iniciações eram verdadeiras provas da elite guerreira, cujas associações os preparavam para os combates futuros. Seu êxtase era um apelo a uma força vital que estaria, segundo acreditavam, destinada a tudo vencer. (Mourreau, 1978, p. 88-89)

Essa associação secreta parece representar exatamente tudo aquilo que o monoteísmo ético de Zaratustra buscou condenar: a sexualidade, a violência desregrada e o êxtase guerreiro que mais parecia um clamor por sangue. É exatamente contra essas seitas e seus sacerdotes que o profeta se insurgiu. Mas sua pregação não foi bem aceita durante os primeiros anos devotados a essa missão. Os chefes de clãs iranianos (os *cavis*) temiam aceitá-lo, pois o conteúdo da sua mensagem lhes parecia deveras subversivo em relação ao culto anterior. Os sacerdotes (*carapans*) o devotavam verdadeiro ódio, pois aceitar Zaratustra seria negar, de maneira radical, algumas das instituições mais fundamentais dos rituais iranianos – em particular, todos os que estavam ligados aos sacrifícios sangrentos. Por esse motivo, Zaratustra vagou por anos tentando encontrar algum chefe de clã que recebesse a sua mensagem acerca da "boa religião". Porém, todos temiam lhe dar ouvidos.

Durante os primeiros anos de sua pregação, o profeta teve como único discípulo seu primo Madiomaha. Viajavam juntos de aldeia em aldeia, porém os "*cavis* e *carapans* de Beudvas, dos Frehmas e dos Visicuches nada queriam aprender com eles" (Breuil, 1987, p. 39). Desolado, Zaratustra decidiu realizar um retiro de dez anos (segundo o relato de Plínio, o Velho, grande historiador da Antiguidade, teria sido o dobro). Ao escolher Ahura Mazdha como deus único e supremo e condenar um dos clãs divinos, os *devas* (ligados ao sacrifício sangrento e à atividade guerreira), a pregação de Zaratustra tinha mesmo a aparência de uma perigosa revolução.

Seu retiro perdurou até o dia em que, à margem do Rio Daitia (Oxus), o profeta entrou em profunda meditação, e **Vohu Manah**, o *bom pensamento divino*, se revelou ao seu espírito. A tradição conta que se seguiram sete dias de entrevistas com Vohu Manah, que revelaram ao profeta como se deu a criação do mundo, a primazia de Ahura Mazda sobre o universo e a corte de santos imortais que o acompanhavam na luta contra o *malatuavam* pela salvação dos seres humanos e a favor de toda o universo material.

A questão do universo material é interessante, pois, segundo a mensagem de Zaratustra, a criação do mundo feita por Ahura Mazda teria tido um primeiro momento não material (algo que os historiadores europeus relacionam ao mundo das ideias de Platão), já que se refere a um tempo em que o mal ainda não existia. Essa **teogonia**[1] também propõe que a criação do universo teria sido feita em ciclos de três mil anos. Os primeiros três teriam sido o momento não material da criação, pois antes da criação existia o tempo do infinito, *Zervan Akarana*. Com a criação, abre-se um longo período de doze mil anos:

> Durante os primeiros três mil, Ahura Mazdâh conservou a criação num estado imaterial. Só existiam os fravashis das criaturas (espécie de "eidos" ou ideias platônicas). Esta fase termina com o despertar de Anrô Mainyav, até então adormecido. Mazdâh oferece-lhe a paz, mas ele recusa-a, e declaram, um ao outro, guerra, que dura nove mil anos. Mazdâh fere o adversário com a onipotente oração do Ahina vairya e atordoa-o [...]. Os três mil anos que seguem são consagrados à produção dos seres na sua forma material. No princípio do sétimo milênio, Anrô Mainyav entra em cena e irrita-se contra a criação. Mata o touro primordial e o primeiro homem. De seus corpos saem, respectivamente, os animais e os homens [...]. No termo dos doze milênios, dar-se-á a ressurreição geral, com conflito supremos (mazē yāh), seguido da vitória de Mazdâh sobre o adversário, e o começo de novo período de tempo infinito. (Huby, 1956, p. 384)

Esse excerto da teologia zoroástrica dá o tom do conteúdo da mensagem da nova ou "boa religião" como proposta pelo profeta. Um marco da história da criação seria sua vinda ao mundo para equilibrar a luta cósmica do bem contra o mal. Esse é o caráter messiânico do profeta, que teria se dado no último trimilênio do ciclo de doze mil anos previstos. O que o monoteísmo de Zaratustra propõe vem a ser, portanto,

---

1 Em grego, Θεογονία: *theos*, que significa "deus", e *gonia*, que quer dizer "nascimento".

uma revolta contra as práticas guerreiras e um louvor à atividade dos plantadores e criadores de animais.

Ao voltarmos ao aspecto biográfico, temos que o profeta empreendeu uma longa peregrinação em busca de um rei que recebesse a sua palavra. Primeiro foi recebido pelo cavi Parshat, que o acolheu em sua corte, mas, em seguida, se viu forçado a expulsá-lo, cedendo à pressão dos outros sacerdotes. Depois, na região da Bactriana, o cavi **Vishtaspa** (nome cujo significado seria: "aquele que possui cavalos ariscos"), que reinava sobre Balkh, lançou um aviso ao mundo de que estava precisando de sacerdotes para realizar os preceitos litúrgicos. Zaratustra, então com cerca de 40 anos, atendeu ao chamado e viu ali uma oportunidade de conquistar fiéis para sua fé. Mas, após muitas tentativas fracassadas, resolveu se portar apenas como mais um sacerdote nesse primeiro momento, até conquistar a plena confiança do rei. Os anos se passaram, e o rei, apesar de encantado com a figura do profeta, ficou temeroso em aceitar oficialmente a nova fé.

Certo dia, Zaratustra foi vítima de um ardil produzido pelos outros sacerdotes, que temiam perder a predileção do rei. Teriam colocado pedaços de cadáveres no quarto de Zaratustra para supor que realizava rituais ocultos e proibidos. O profeta foi imediatamente preso. Logo em seguida, o corcel preferido do rei se viu acometido de uma doença que lhe atacou as patas e para a qual parecia não haver remédio. Após tentar curá-lo, consultou os sacerdotes e magos oficiais do seu reino. Como o problema persistia, o rei resolveu apelar ao profeta enclausurado. Zaratustra prontamente acolheu o apelo do soberano, mas exigiu em troca que o reino deveria adotar a "boa religião".

A partir daí, protegido pelo rei, Zaratustra finalmente pôde professar livremente o conteúdo da sua fé. Mas o profeta continuou a percorrer os reinos vizinhos, sofrendo as intempéries relativas às viagens naquela época, buscando converter o máximo de fiéis para sua fé. A originalidade de sua mensagem consistia em proclamar a unidade dos deuses em um único soberano, Ahura Mazdha, e "na necessidade de uma escolha ética, feita por cada indivíduo, através dos pensamentos, das palavras e dos atos" (Mourreau, 1978, p. 287).

Figura 2.5 – Fac-símile do texto dos *Gathas*

Getty Images/Kaveh Kazemi

2.3.1 *Gâthas* e *Avesta*

O conteúdo da mensagem de Zaratustra se encontra nos *Gâthas*, reunidos em uma compilação conhecida com **Avesta**[1]. Como nos relata Breuil (1987, p. 22), "ao contrário dos Evangelhos, que são relatos da vida de Jesus contados por terceiros [...] os Gâthas nos oferecem o pensamento de um só autor, diretamente na primeira pessoa do singular". Os *Gâthas* nos impressionam pela agressividade de sua linguagem e

---

1   Palavra derivada do pálavi *apastâl*, da qual advém a forma persa *avasta*, cujo significado é "prescrição", "fundamento".

seu vocabulário muitas vezes militar. Logo, muito provavelmente pela raiz ariana, na "boa religião" não há lugar para a misericórdia, pois a mensagem do profeta insiste mais na justiça do que no perdão.

Fato é que a prédica de Zoroastro busca retirar todas as implicações morais da metamorfose social pela qual passava seu povo, de um *ethos* guerreiro e nômade para uma cultura sedentária e agrícola. Por isso lemos entre seus hinos afirmações como: "quem semeia o trigo, semeia a justiça" (Breuil, 1987, p. 42). Com isso, podemos deduzir que Zoroastro convidava seus fiéis a fazerem parte de uma verdadeira revolução ecológica, animal e agrícola, postulando que a opressão ao lavrador e ao bom pastor é uma manifestação de Ahriman (ou espírito da maldade). Constatamos, assim, que Zaratustra tinha preocupações agrárias e ecológicas. Suas preces se dirigiam "às boas águas, santas, criadas por Mazdha" bem como "às plantas santas, criadas por Mazdha" e também "a estes lugares, estes campos, estas residências, estes estábulos" (Breuil, 1987, p. 44). Se a linguagem dos *Gâthas* muitas vezes é militar, as preocupações revelam um quadro rural.

Podemos dizer que a importância de Zaratustra vai além da religião, impactando nas concepções metafísicas de todas as culturas que dela tomaram conhecimento. É isso que nos permite afirmar que

> nas *Gâthas* aparece, antes dos filósofos da Ática, a primeira noção espiritualizada de Deus. O deus único de Zoroastro não preservou para si nada a não ser sua soberania sobre o cosmos que o envolve e que sua transcendência moral irá dominar completamente [...]. Ahura Masda diz: "A mim os bons pensamentos, as boas palavras, as boas ações, **e eu tenho por vestimenta o céu,** que foi o primeiro ser criado deste mundo material [...] os bons pensamentos, as boas palavras, as boas ações são meu alimento". (Dr. IX, 30.7) (Breuil, 1987, p. 50, grifo do original)

2.3.2 Dualismo

É geralmente atribuída à Zaratustra a fundação ou origem de um conceito que propõe o dualismo radical de uma eterna luta do bem contra o mal como forma de explicar a existência do mal no mundo. Huby (1956, p. 379), em sua influente obra *História das religiões*, trata a questão dessa forma: "o dualismo é um esforço do pensamento irânico para resolver a difícil questão da origem do mal. Tem como resultado a ausência de infinidade nos atributos e Ahura Mazdâh, necessariamente limitado pela existência de Anrô Mayniai".

Figura 2.6 – *Persépolis*: Estela de touros alados

Huby (1956, p. 375) sustenta essa tese com base na seguinte citação, presente na terceira *Gâthâ* (Yasna, 30): "No princípio das coisas havia dois espíritos gêmeos, o bem e o mal, em pensamento, em palavra e em ação, que estabeleceram respectivamente a vida e a morte". Essa conotação parece não corresponder ao conteúdo da teologia zoroastriana, por isso apresentaremos elementos que contradizem essa leitura, a qual consideramos se originar de uma compreensão equivocada da arquitetura teológica proposta pelo mais importante profeta do Irã.

Como contraponto, segundo Breuil (1987, p. 12), "a cultura latina associa sem razão o profeta do parsismo, Zaratustra, ao dualismo teológico dos magos, atribuindo-lhe a origem da 'heresia dualista, cujo maniqueísmo, e sobretudo o catarismo, traz a corrente para a alta Idade Média da Europa meridional'". Acreditamos que a leitura desse último historiador seja mais pertinente porque aponta, entre outras coisas, para o caráter extremamente sofisticado, em termos teológicos, da teogonia proposta pelo profeta, estando, portanto, em consonância com o *Avesta*.

Nesse sentido, Ahura Mazdâh demonstra sua superioridade sobre a luta entre o bem e o mal ao desdobrar a criação em dois momentos – um imaterial e outro material –, a partir do que passam a existir as categorias de tempo e espaço. O embate entre as duas forças passa a ser compreendido então como consequência da força criadora onipotente de Mazda. O distanciamento da criação material do mundo embasa a bela alegoria, anteriormente aludida, de que Ahura Mazdâh teria o céu por vestimenta. Desse modo, o profeta é situado de modo transcendente a todas as trevas e a toda implicação no conflito cósmico entre **Spenta Mainyu** (o bom espírito eterno) e **Ahura Mainyu**, ou **Ahriman** (o espírito da maldade e da mentira).

Segundo essa leitura, o espaço-tempo constaria como uma espécie de armadilha criada para conter ou confinar o espírito mau, de forma que este não pudesse mais se constituir uma ameaça à criação em sua integralidade. Nesse caso, o universo material seria o palco dessa luta cósmica criada por Ahura Mazda, em cujo desdobramento a participação dos seres humanos (cuja escolha depende do bom ou mau uso do livre-arbítrio) passou a constituir um capítulo essencial. Breuil (1987, p. 51) assim posiciona a questão:

> Eis porque a criação se desenvolve em dois tempos: criação espiritual (Menôk) e criação material (Gete) tornada necessária pela má escolha e obstinação do Mau Espírito, também chamado Akoman, espírito negativo, o espaço-tempo tornando-se um gigante campo de batalha no qual os elementos puros devem, sob inspiração do Espírito Santo, vencer e reconduzir os elementos decaídos à luz primordial, transfigurados por uma tomada definitiva de consciência sobre a natureza do bem e do mal. O mundo físico não é, pois, senão uma cópia imperfeita da criação espiritual em que os elementos bons e maus estão misturados ao extremo: "Ahura Mazsdha criou antes o universo espiritual, depois fez o universo material e misturou o espiritual ao material [...]. Tendo perdido sua glória celeste (Xvarnah), Ahriman "esquece" Ahura Masda, e enfrenta apenas as forças de Spenta Mainyu, o Espírito Santo, que, tendo permanecido integralmente puro, vê-se obrigado a perseguir uma criação misturada pela hipotética ahrimaniana.

O mal-entendido que atribui à teologia de Zaratustra a fundação ou origem do conceito de dualismo radical (que posteriormente chegou ao Ocidente cristão sob a forma do gnosticismo proposto pelo filósofo persa e cristão Manes ou Maniqueu, conhecido como *maniqueísmo*, no século III d.C.) teria vindo da apropriação que dele fez uma influente seita persa conhecida como *Zervanista*, nascida na Babilônia. Dessa seita, que radicalizou a divisão entre mundo divino e mundo material, que nos veio a ideia de um mundo material criado exclusivamente por um mau demiurgo, identificando a matéria com o mal e a carne com o pecado. Tal dicotomia marcou profundamente o cristianismo posterior.

Para fechar essa questão, leiamos um trecho do *Avesta*: "Ahura Mazdhâ/Ormazd revela-se o único Mestre do mundo, pois foi ele quem criou o espaço-tempo para que o Espírito Mau nele se aprisione e diante dele se prostre até o fim dos tempos. [...] 'Tu fizeste aparecer, finalmente, os dois mundos, e tu és sempre o soberano universal'" (Breuil, 1987, p. 52).

Um outro tema particularmente interessante relacionado à teologia zoroastriana diz respeito ao caráter ético da divindade, que iria contra a corrente de todas as ideias religiosas que rodeavam Zaratustra. Para ficar claro, basta pensarmos, por exemplo, no principal atributo de cada um dos deuses naquele momento: a força física ou cósmica. O profeta inovou ao defender um novo conceito de poder ligado diretamente a uma escolha ética pela bondade. Na pregação zoroástrica, a grande marca da soberania de Ahura Mazdâh é a de ter sido o augusto criador do bom pensamento (*Vohu Manah*), responsável por despertar o sentido ético nos homens. Se recorrermos mais uma vez ao texto do *Avesta* para amparar nossas conclusões, leremos o seguinte: "Eu soube pelo pensamento, ó Mazdâh, que tu foste o primeiro e o último. Tu, pai do Bom Pensamento. Tu, o verdadeiro instrutor da Ordem e da Justiça. Tu, mestre das ações da vida" (Breuil, 1987, p. 53).

2.3.3 *Avesta*

O *Avesta*, por sua vez, como principal texto sagrado do zoroastrismo, constitui-se hoje a parte que restou de uma vasta literatura religiosa composta num dialeto proto-irânico chamado *zend*. Segundo Huby (1956, p. 364), as partes do Avesta, que se conservaram, devem-no ao seu emprego litúrgico. São hinos e indicações para o sacrifício, orações solenes às diferentes *yazatas* (divindades, anjos etc.) compilações de observâncias e de regras para a purificação ou de fórmulas de orações para as diversas circunstâncias da vida.

Esse texto, ainda segundo Huby (1956, p. 367, grifo do original), está dividido entre:

O *Yasna* (sacrifício): está dividido em 72 hâs, que compreendem, primeiramente, textos referentes aos sacrifícios, em segundo hinos chamados *gâthas,* de aspecto mais arcaico que as outras partes do Avesta [...]. Passam por ser a palavra de Zoroastro. [...] Enfim, o *Yasna* encerra orações particularmente sagradas, tais como o *Ahuma Vairya,* o *Ashem Vohu* etc. [...]
O *Vîspered* (todos os senhores): contém alusões ao *Yasna*. São invocações a todas as divindades. [...]
O *Vendîdâd* (a lei contra os demônios): que se chamou o Levítico dos Pársis, compõe-se de 22 capítulos [...] são consagrados às regras que se devem observar nas diversas circunstâncias da vida, em caso de faltas cometidas ou de impurezas contraídas, em caso de enfermidade, de morte etc. [...]
Os *Yashts* (adoração, súplica) e o *Khorda Avesta* ("pequeno Avesta"): Os *Yashts*, em número 21, são hinos solenes e extensos, dirigidos aos Yazatas [...]. Encerram elementos antigos, de natureza mais popular que a religião do gâthas, misturados com passagens de inspiração mais recente.

A esses tópicos, foram acrescidos posteriormente os documentos da literatura *pelévi* (nome cujo significado remete a ideia de "parto", dos primeiros séculos da era cristã), entre os quais merecem especial destaque:

- *Dinkard* (atas da religião), no qual se encontram diversas narrativas relativas à vida e à pregação do profeta;
- *Bûndadhishu*, espécie de gênese que relata a criação do mundo, dos seres divinos e dos homens, os conflitos entre as criaturas de *Aharmazd e* as de *Aharman*. Contém, além disso, noções sobre a

natureza dos diferentes seres, sobre os fins últimos e sobre a geografia e história mítica do Irã;
- *Mainyô-i-Khard* (o espírito da sabedoria);
- *Artâ-Viraf Nâmak*, a *Divina comédia* dos zoroastrianos, descrição do céu e do inferno, tais como os contempla o sábio Virâf numa visão de 17 dias, provocada por narcóticos". (Huby, 1956, p. 368, grifo do original)

De maneira geral, nos textos que compõem o *Avesta*, a figura de Ahura Mazdâh é muitas vezes associada aos espíritos imortais que o acompanham, conhecidos como *amesha spentas*, ou *santos imortais*. Esse fato levou alguns historiadores a colocar em dúvida o caráter verdadeiramente monoteísta de sua religião. No entanto, uma passagem do *Avesta* não deixa dúvida quanto a essa questão, pois nela lemos que os *amesha spentas* têm, de fato, "todos os sete o mesmo pensamento, todos os sete a mesma palavra, todos os sete a mesma ação" (Huby, 1956, p. 367).

Podemos dizer, então, que os *amesha spentas* correspondem a uma sublimação dos antigos deuses do panteão iraniano proposta pela reforma de Zaratustra, mas em chave de monoteísmo, como vimos anteriormente. Vejamos agora cada um deles:

> **Asha** (regra moral, justiça), **Vohu manah** (o bom espírito), **Khshathra** (realeza), Ârmatay (sabedoria, humildade, piedade), o casal **Haurvatât** (saúde, prosperidade) e **Ameretât** (imortalidade). Estas seis entidades, com **Ahura Mazdâh** à frente, formam o grupo dos sete Amesha Spentas (espíritos imortais). (Huby, 1956, p. 376, grifo nosso)

Entre essas entidades, Vohum Manah e Asha ocupam certa primazia, pois constam dentre os mais invocados nos *Gâthas*.

Na perspectiva histórica, Vohu Manah (bom pensamento) seria uma sublimação, no sentido de uma superação que preserva determinados aspectos anteriores ou tradicionais do deus Mitra, pois incube-se do boi, de toda a fauna e tem a função especial de preceder os outros imortais que dele derivariam. Portanto, como consta no *Avesta*, é "o Bom Pensamento a primeira manifestação do Senhor" (Breuil, 1987, p. 52). Asha, por seu turno, é relativo ao *arta* iraniano e à sublimação do deus Varuna; sua função é "velar pela ordem cósmica e mortal do universo, e representaria o Bem supremo" (Breuil, 1987, p. 54).

Voltemos à luta entre o bem e o mal prevista por essa teogonia. Já descartamos o equívoco que a faz remeter ao dualismo radical. Nela, podemos ver que o bem é conceituado como tudo aquilo que aumenta a vida. Consta dos textos a seguinte reflexão: "Como se nutre a religião de Mazda? Semeando o trigo (cevada) com ardor. Quem semeia o trigo semeia o bem" (Breuil, 1987, p. 59). Logo, o bem se desenvolveria pela força dos bons pensamentos, das boas ações, das boas palavras, que no idioma original (persa) recebe os nomes de *humata*, *hukhata* e *huvarshta*. O mal seria então tudo aquilo que cria obstáculos à vida e faz crescer a desordem no mundo. Por oposição simétrica, corresponderia aos maus pensamentos, às más palavras e às más ações: *dushmata*, *duzukukta* e *duzvarshta*. Afinal, como vimos anteriormente, os bons pensamentos, as boas palavras e as boas ações são o alimento de Mazdâh.

Nos textos dessa tradição religiosa, lemos a seguinte e intrigante definição do mal:

> **Ahriman** (ou **Ahura Mainyu**) é uma Entidade que opõe uma colossal inércia à criação divina, através da doença, do sofrimento, da crueldade, da mentira e da morte. O gênio do mal está tão fortemente ancorado no coração do homem que qualquer medíocre sabe se revelar genial na invenção do mal. Os seres **ahrimanianos** não são somente aqueles que escolhem mal, mas sobretudo "os maldosos que não renunciaram ao erro ou procuram destruir a verdade". (Breuil, 1987, p. 60, grifo do original)

Dizemos *intrigante* porque é considerada audaciosa (e polêmica) a afirmação de que a maldade estaria tão arraigada no ser humano que realizá-la seria infinitamente mais fácil que fazer o bem.

Figura 2.7 – Baixo-relevo que representa Ahriman

19th era 2/Alamy/Fotoarena

Portanto, em cada homem habitariam o bem e o mal como potências espirituais, cuja transformação em ato passaria necessariamente por uma escolha ética. Com isso em mente, Breuil (1987, p. 61) afirma que "sete séculos antes de Cristo Zoroastro mobilizava os homens para fazer deles adultos espirituais e, antes de São Paulo, fazer deles 'co-operários' de Deus".

Outro aspecto da teologia zoroastriana supostamente influente no cristianismo posterior é a ideia de caridade, considerada a melhor maneira de trazer à Terra o reino de Mazdâh. O ato ocuparia o lugar da mais antiga e sagrada das orações zoroástricas, o *Yatha ahu vairyo*:

"o desejo do Senhor é a regra do bem, os bens de Vohum Manah para as obras feitas neste mundo por Mazdâh! Ele faz reinar Ahura, aquele que socorre o pobre" (Breuil, 1987, p. 63).

2.4
Salvação individual, escatologia e apocalipse

Por se tratar do primeiro monoteísmo de base ética da história, o tema da *escatologia* ocupa grande destaque na estrutura teológica de Zaratustra. Escatologia é uma parte da teologia e filosofia que trata dos últimos eventos na história do mundo ou do destino final da espécie humana, comumente denominado *fim do mundo*. As versões do fim dos tempos associadas a Zaratustra se tornaram muito influentes na história do pensamento e, em determinado período histórico, muito populares também.

Em um primeiro momento, o reino da justiça plena, ou reino de Mazdâh, só poderia se realizar inteiramente após a total erradicação do mal no mundo, o que, muitas vezes, é concebido como algo coincidente com o próprio fim do mundo. Segundo o zoroastrismo, seria vão esperar neste mundo tenebroso os sinais infalíveis de uma justiça superior.

No entanto, ao homem dotado de livre-arbítrio caberia um papel essencial nessa batalha cósmica do bem contra o mal: optar por um dos lados da disputa. A escolha pelo mal inicialmente parece a mais fácil, a que exige menos esforço. Mas cada homem traz consigo um arquétipo celeste denominado *daena* (boa consciência), que o inspira a seguir o bom caminho. A ela estariam unidos os três elementos que constituem a alma humana (*ahu*, elemento vital; *baodha*, percepção; e *urvan*, alma espiritual).

Quanto à salvação depois da morte, temos que "depois da morte os Justos (*Ashavantes*) vão para a **Garo-Demana**, a *Casa dos Cânticos Extáticos*, enquanto os servidores de *Ahriman* vão para **Drujo-demana**, a *Casa da Mentira*, na qual eles habituaram suas almas"; o Paraíso (Garodman), por sua vez, divide-se em quatro níveis: "os dos bons pensamentos, o das boas palavras, o das boas ações e o mais elevado, da Luz infinita"; entre estes e o inferno há uma estadia intermediária, *Hamestagan* (purgatório), "destinada às almas iguais em boas e más ações" (Breuil, 1987, p. 64-65, grifos do original).

Já o apocalipse zoroástrico, cujas versões em grego teriam se popularizado por todo o Oriente Médio durante os primeiros séculos da nossa era, propunha a transfiguração final como a assunção de "um mundo novo, livre da velhice e da morte, da decomposição e da podridão, eternamente vivente [...]. Quando então os mortos se erguerão, a imortalidade chegará aos vivos e o mundo se renovará na medida" (Breuil, 1987, p. 67). Devemos salientar que se tratava essencialmente de uma ressurreição espiritual, já que a ressurreição de cadáveres é incompatível com a ascensão e o devir espiritual da alma, como proposta posteriormente pelo cristianismo.

No que se refere à ritualística, foi após a pregação do profeta que o fogo deixou de ser um deus para se tornar um guardião da ordem celeste:

> o testemunho verídico, o símbolo concreto da luz divina prometida aos eleitos do Sábio Senhor. Ahura Mazda é ele próprio a luz perpétua, quente e viva que repele as trevas frias e mortas, onde se compraz o Espírito Mau. Sem ser a divindade, o fogo sagrado transforma-se assim numa manifestação visível da majestade divina. (Mourreau, 1978, p. 294)

Os cadáveres eram deixados para secar ao relento nas **famosas torres de silêncio**. Segundo a lenda relatada por Heródoto, Plínio, o Velho e diversos outros historiadores da Antiguidade, os corpos dos justos secariam ao sol, enquanto os dos ímpios seriam devorados pelos abutres. Mourreau (1978, p. 296) faz o seguinte esclarecimento:

Nada nos Gâthas indica que o reformador tenha ordenado expor ao bico dos abutres o corpo dos mortos. Esta prática deve ter sido introduzida e generalizada em decorrência de uma epidemia. Mas parece claramente que o zoroastrismo recomenda que se afaste o corpo de um morto e considera os restos mortais como uma fonte de impureza.

Figura 2.8 – Torres do Silêncio, perto de Yazd, no Irã

A teologia zoroástrica deve ter sobrevivido ao tempo na forma de seitas praticadas em espaços bastante limitados, pois foi necessário chegar o século III da nossa era para ver o zoroastrismo estender-se ao conjunto do Irã e tornar-se a religião oficial do Império Sassânida, também conhecido como o último Império Persa (pré-islâmico). Foi nesse contexto que surgiram as tradições e os comentários pelévis do *Avesta*. Quando a religião da Mazdâh passou a se confundir com a identidade cultural do Império, foi também utilizada como guia espiritual para perseguições contra cristãos, maniqueus e budistas dentro do território persa.

Atualmente, o *masdaísmo*, como desde então passou a ser conhecida a religião de Zaratustra, está presente na capital Teerã. A figura de Ahura Mazdâh zela pelo banco nacional e é considerada a religião da classe mais rica da região. Em Yezd, no Irã, as torres de silêncio ainda estão de pé e são sobrevoadas por abutres. Também nesse local, o fogo sagrado segue ardendo nas casas e templos. Em Bombaim, os devotos de Zaratustra conseguiram constituir uma comunidade coesa e próspera. No entanto, é importante pontuar que a maior comunidade de seguidores do masdaísmo hoje se encontra na Índia, onde essa religião leva o nome de *parsismo*.

Síntese

Este capítulo versou sobre aquela que é considerada a primeira doutrina monoteísta revelada de caráter ético da história humana. Dele, devemos reter o fato de que Zaratustra não foi só "o reformador da religião iraniana tradicional, mas também seu adaptador a uma evolução social nova. Ele prega para comunidades que abandonaram as longas cavalgadas guerreiras e adotaram a vida sedentária dos camponeses criadores" (Mourreau, 1978, p. 294).

Percorremos a estrutura mítica e religiosa do panteão iraniano tradicional, no qual prevalecia a figura guerreira do deus Mitra. Vimos a transformação da figura do deus Ahura Mazdha elaborada por Zaratustra. A deidade foi alçada à posição de supremo deus, servindo como centro articulador da reforma teológica e religiosa. Surgiu também a grande importância de Vohu Manah, o bom pensamento, como a presença desse impulso ético na consciência de cada indivíduo, muito próximo do Espírito Santo cristão.

Devemos citar ainda a oposição entre *arta* (ordem ou verdade) e *druj* (mentira e trapaça), que fundamentou a relação entre Ahura Mazda e Ahriman. Vimos a importância dos Amseha Spenta como sete desdobramentos da bondade divina e, por fim, tratamos dos *Gathas*, textos sagrados atribuídos diretamente ao punho de Zaratustra e que hoje se encontram reunidos no *Avesta*, principal obra relativa a essa religião e equivalente à Bíblia cristã.

Para finalizar, trazemos uma citação do belo livro de Mourreau (1978), *A Pérsia dos grandes reis e de Zaratustra*, que assim fecha o capítulo dedicado ao grande profeta:

> reformador em relação à religião iraniana primitiva, da qual é descendente, o zoroastrismo marcou uma revolução religiosa no espaço cultural em que apareceu. Portador dos germes do dinamismo indo-iraniano,

rompeu com o fatalismo e a resignação das antigas crenças orientais. Ao totalitarismo cego dos velhos deuses mesopotâmicos, ele opôs uma ótica nova: o homem pode e deve intervir. Fazendo da ação uma virtude religiosa ele fundou uma moral da participação e ampliou assim a mensagem solar dos conquistadores iranianos. (Mourreau, 1978, p. 298)

Indicações culturais

Filmes

> NIETZSCHE, F. **Assim falou Zaratustra:** um livro para todos e para ninguém. Tradução de Paulo César de Souza. São Paulo: Companhia das Letras, 2011.

Trata-se de uma criação ficcional do filósofo alemão com base mais na figura mitológica do que histórica de Zaratustra. O texto, no entanto, abre a possibilidade para muitos questionamentos de caráter ético e filosófico.

> VOLTAIRE. **Zadig ou o destino:** uma história oriental. Disponível em: <http://www.dominiopublico.gov.br/download/texto/cv000072.pdf>. Acesso em: 14 out. 2018.

Trata-se de uma narrativa filosófica ficcional com pouco rigor histórico, mas com excelente tematização do universal oriental.

Atividades de autoavaliação

1. Neste capítulo, tratamos de Zaratustra, um profeta pouco conhecido fora do Irã. Sua importância histórica para compreendermos alguns elementos da religiosidade ocidental está ligado ao fato de que ele:
    a) foi o primeiro profeta a anunciar com precisão a vinda de Jesus de Nazaré.
    b) foi o responsável pela construção da primeira igreja da história.

c) foi o primeiro homem a professar um monoteísmo com base ética.

d) como filósofo, defendeu a teoria das ideias cerca de mil anos antes de Platão.

e) foi o mais importante sacerdote do culto a Aquenaton.

2. *Ariano* é uma palavra com muitos significados na língua portuguesa. Pode ser um nome próprio (Ariano Suassuna, por exemplo), referência a alguém do signo de áries (zodíaco), entre outras denotações. Mas, como vimos neste capítulo, a relação de Zaratustra com os arianos é de caráter:

   a) étnico, ou seja, de uma estrutura cultural na qual o profeta viveu e desenvolveu sua teologia.

   b) ético, pois foi ele quem colocou os fundamentos da superioridade da raça ariana.

   c) estético, pelo fato de o profeta ter sido louro e alto.

   d) astrológico, pois essa é apenas uma atribuição relativa a todos que nascem em determinado período do ano.

   e) militar, pois o profeta se considerava um guerreiro comprometido com a expansão da "boa religião" por meio da guerra santa.

3. Ao investigarmos a história de Zaratustra, descobrimos que antes dele já havia uma religião estruturada entre os arianos que ocupavam o Planalto do Irã. A relação do profeta com essa religião anterior era de:

   a) total oposição, já que Zaratustra afirmou que todas as divindades anteriores e seus sacerdotes eram os responsáveis pela presença do mal no mundo.

   b) total assimilação, pois Zaratustra apenas veio fortalecer o culto ao deus Indra.

   c) reformador do culto anterior em chave de um monoteísmo centrado na ética.

d) total ignorância, já que o profeta nasceu de fato no Egito.

e) mera curiosidade, pois construiu sua teologia completamente à margem da religião ariana anterior.

4. Uma das questões que ficaram mais diretamente ligadas à Zaratustra e ao seu zoroastrismo diz respeito à doutrina do dualismo radical, ou seja, da proposição de que haveria uma luta incessante entre o bem e o mal na qual nós, seres humanos, teríamos que escolher um lado. Segundo o que vimos neste capítulo, isso se deve:

a) ao fato de que Zaratustra foi o criador do mito de Lúcifer para exemplificar a luta entre Deus e o diabo.

b) a um mal-entendido histórico e a uma leitura apressada do monoteísmo ético de Zaratustra.

c) ao conteúdo mesmo da mensagem do profeta, cuja prédica exortava os fiéis a expandirem sua fé por meio da guerra justa (*jihad*).

d) ao caráter escatológico da teologia de Zaratustra, que propõe que esse dualismo ocasionará a guerra que irá nos levar ao fim do mundo.

e) ao politeísmo de Zaratustra, que defende o equilíbrio religioso por meio do culto ao bem e ao mal em dias alternados, pois ambos governam a realidade.

5. Ao estudarmos os primórdios da cultura ariana, vimos que a sociedade iraniana era dividida em três classes: os sacerdotes, os guerreiros e os agricultores. Qual foi a relação de Zaratustra com essa estrutura?

a) O profeta foi um defensor da supremacia dos sacerdotes sobre os guerreiros e os agricultores.

b) Ele fortaleceu a classe guerreira, pois considerava esta a única capaz de expandir sua religião por meio da guerra santa.

c) O profeta valorizou a classe agrária ao propor uma revolução ecológica, na qual se respeitasse os animais, se divinizasse o ato de plantar e não mais se praticassem sacrifícios sangrentos.

d) Zaratustra apresentava completa intolerância em relação a sacerdotes e agricultores, pois tinha origem na classe guerreira.

e) O profeta era um revolucionário social com o objetivo de instalar um comunismo primitivo no qual todos seriam iguais.

Atividades de aprendizagem

Questões para reflexão

1. Sobre a reforma teológica e filosófica de Zaratustra, escreva um pequeno texto que relacione os conteúdos apreendidos com aspectos da religião cristã. De preferência, busque debater tais aspectos com alguém da sua família que seja devoto do cristianismo. Com base no que apresentamos neste livro, proponha uma relativização acerca das origens de alguns dogmas cristãos.

2. Neste capítulo, vimos que Zaratustra é um herdeiro direto dos arianos. Faça uma pesquisa sobre quem foram os arianos historicamente e qual sua relação com o princípio nazista de uma raça superior. Finalize o texto argumentando acerca da diferença histórica e cultural entre os arianos da época de Zaratustra e do nazismo.

Atividades aplicadas: prática

1. Faça um fichamento deste capítulo que tenha como base a relação entre Zaratustra e o cristianismo posterior. Em seguida, redija um texto argumentativo acerca das semelhanças e diferenças entre uma religião e outra.

2. Elabore um plano de aula cuja proposta seja expor as mudanças que o profeta Zaratustra implementou na religião iraniana que o precede. Indique o contexto cultural e histórico em que isso ocorreu.

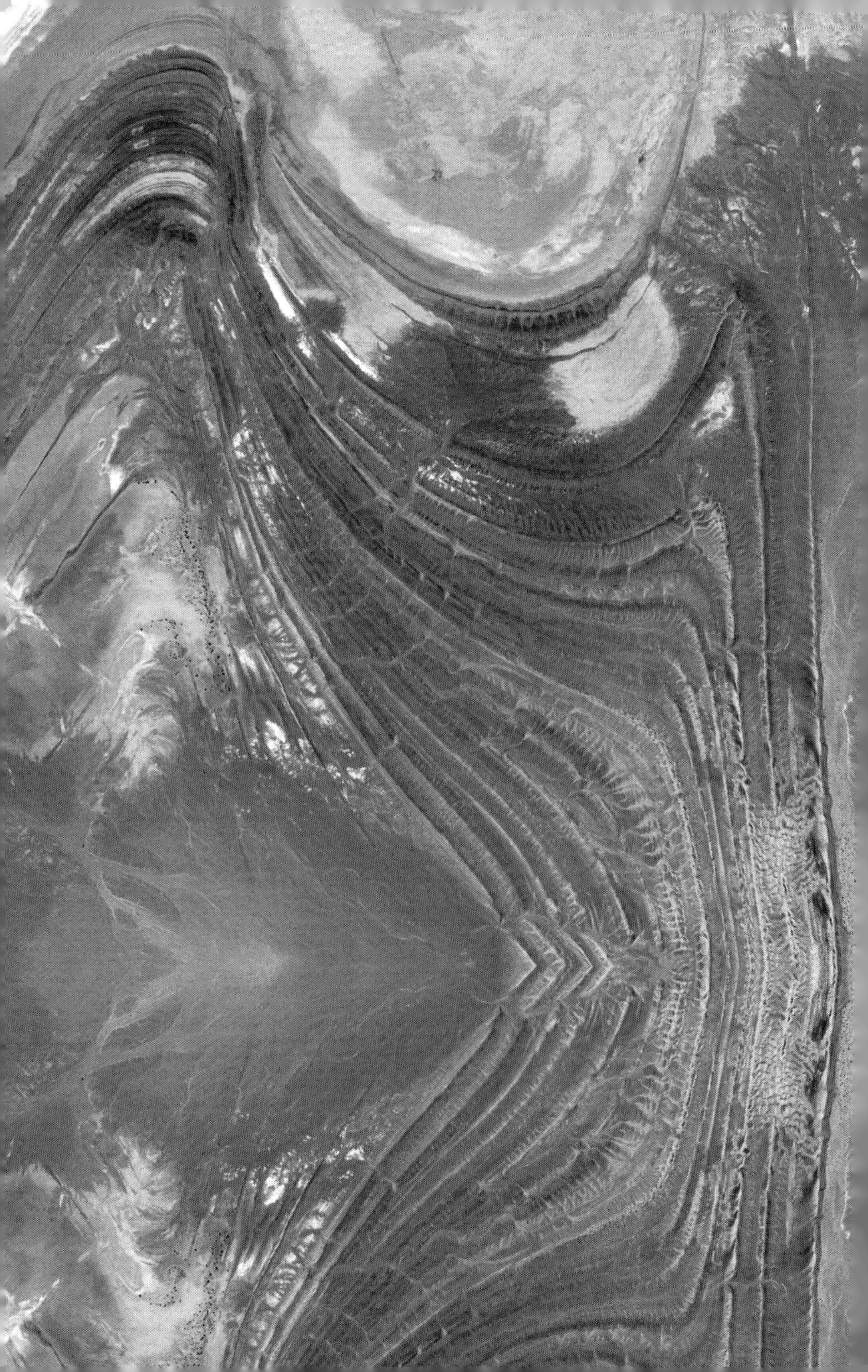

3

Civilização do
Vale do Indo

A proximidade com os grandes rios tem sido uma constante da ocupação humana no planeta. A água é um elemento essencial para a sobrevivência humana, tanto para beber quanto para a irrigação e a criação de animais. A formação de agrupamentos próximos aos rios, com seu abundante fornecimento de água doce, foi um condutor da história. Um dos exemplos mais famosos e importantes deu-se na região hoje conhecida como *crescente fértil*. Às margens dos rios Jordão, Nilo, Tigre e Eufrates, com as primeiras atividades de agricultura realizadas pelo homem, surgiram as grandes civilizações da Antiguidade.

Mapa 3.1 – Mapa do vale do rio Indo

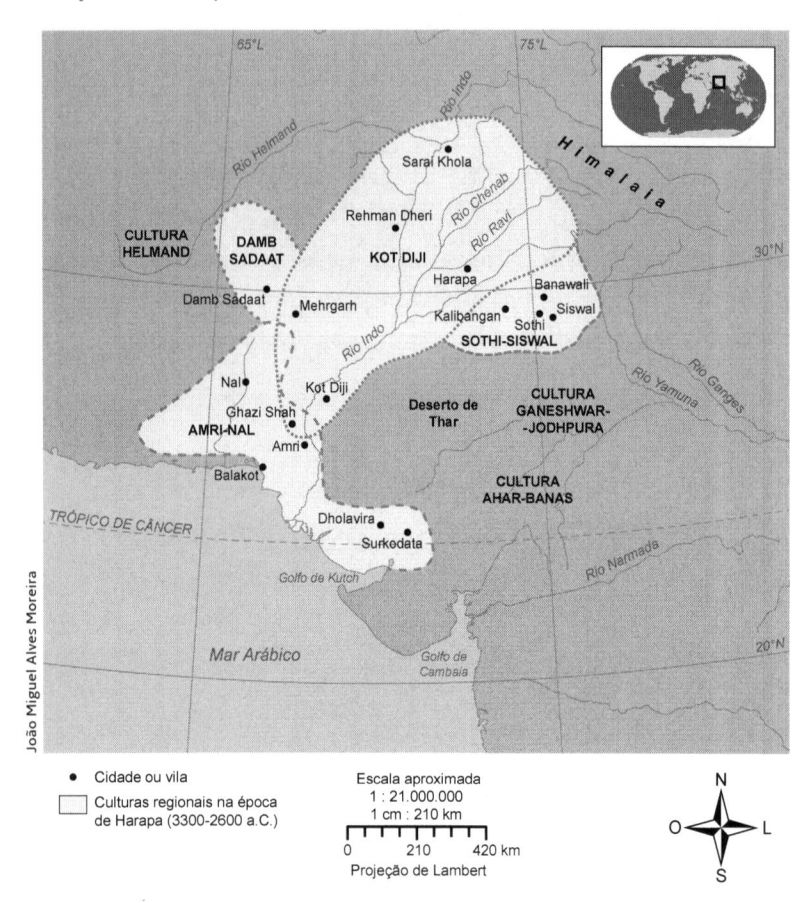

- Cidade ou vila
- Culturas regionais na época de Harapa (3300-2600 a.C.)

Escala aproximada
1 : 21.000.000
1 cm : 210 km
0 — 210 — 420 km
Projeção de Lambert

Base cartográfica: Atlas geográfico escolar: ensino fundamental do 6º ao 9º ano. Rio de Janeiro: IBGE, 2015. pág. 93. Adaptado.

Fonte: McINTOSH, 2007.

Estas também são as precondições do surgimento da antiga cultura indiana. O nome do continente inteiro, aliás, deriva do famoso **Rio Indo**, que nasce no planalto tibetano (atual território chinês), atravessa a região da Cachemira, no Paquistão, até desaguar no Mar da Arábia, em uma região que marca a fronteira da Índia com o Paquistão. Esse rio, junto com o também importante Ganges, produziu o vale fértil em que se desenvolveu uma das civilizações mais antigas e sofisticadas do planeta.

Neste capítulo, vamos explanar um pouco acerca dos primórdios da civilização dessa parte do globo e da mudança da primeira ocupação para o modelo ariano de sociedade, cultura e religião (tema que até hoje gera muita controvérsia entre especialistas). Sobretudo, iremos nos debruçar na riquíssima filosofia religiosa que hoje conhecemos por *hinduísmo*, que contempla uma vastidão de perspectivas filosóficas sobre o ser, a mente humana e a relação com a divindade. Os conceitos hindus em geral são definidos a partir de leituras dos *Vedas*, grande texto clássico e espécie de tronco comum de toda essa tradição. Vamos dar um breve mergulho na riqueza e na sofisticação da vasta tradição de pensamento que orbita o termo *hinduísmo*.

3.1
Primórdios: a civilização harappiana

A civilização *harappiana* recebeu esse nome devido à grande cidade de Harappa, considerada capital de uma região cuja extensão era maior que toda a Mesopotâmia e o Egito juntos. Outra importante cidade naquela região e naquele período foi Mohenjo Daro: "os vestígios mais antigos de Harappa datam de 6000 a.C. Seus habitantes trabalhavam a prata, o ferro, o cobre, o ouro e o bronze, cultivavam cereais, algodão e tinham atividades agropecuárias. Fabricavam armas e ferramentas de metais, bem como joias" (Tinôco, 1992, p. 23).

A descoberta dessa antiga e próspera civilização pelos pesquisadores modernos (arqueólogos, antropólogos etc.) foi iniciada em 1922 e intensificada a partir do fim da Segunda Guerra Mundial, em 1945. Um dado interessante acerca dessas populações diz respeito à existência de um sistema unificado e controlado de pesos e medidas e à padronização das casas, que "tinham todas o mesmo traçado e dimensões idênticas", o que permite a alguns historiadores afirmarem que se tratava de "uma sociedade igualitária sem precedentes na história da humanidade" (Tinôco, 1992, p. 23).

Essa população tinha um censo de urbanidade muito avançado para a época, com um sofisticado sistema que levava água encanada para casas, reservatórios, banhos públicos, poços, sistema de drenagem e calhas de esgoto. Além disso, praticava um comércio exterior intenso e vasto. As caravanas alcançavam Sumer, na Mesopotâmia – um feito nada ordinário para a época. É importante lembrar que esse território, que alguns chamam de *Índia Antiga*, era muito maior que o da Índia moderna, pois abrangia Nepal, Bangladesh, Paquistão e outras áreas adjacentes. Tinha como principais fronteiras as civilizações da China e da Pérsia nos extremos norte e noroeste. A base da economia, além do comércio, era a plantação de grãos e havia cobrança de impostos sobre a colheita. Essa população era majoritariamente constituída por um povo de pele escura chamado de *drávido*.

Figura 3.1 – Gravura moderna que demonstra a cidade de Harappa

Esse próspero povo autóctone teria sido invadido por arianos vindos do sul da Rússia por volta de 1500 a.C. Ali, os conquistadores passaram a implantar a cultura indo-ariana que viemos a conhecer nos *Vedas*. No entanto, um dado novo, baseado em imagens de satélites produzidas no final do século XX, contesta essa hipótese. Essas fotografias teriam provado a existência de um rio, o Sarasvati[1], cujo importante leito teria secado devido a mudanças geológicas a partir do segundo milênio antes de Cristo. Essa nova informação científica sugere que os arianos a dominar os povos drávidos não seriam os proto-iranianos provenientes do Deserto do Gobi, mas sim outros indianos autócotones, provindos de uma região diferente (Bianchini, 2012).

Porém, a teoria da invasão ariana exterior ainda é a mais influente e amplamente aceita. Mondadori (1970, p. 31) nos diz que

> de repente essas cidades se esvaziaram [Harappa, Mohenjo Daro e demais] [...] hordas sucessivas de invasores bárbaros de pele clara – os arianos – estariam empurrando os civilizados moradores para fora de seus vales. E por fim dominaram completamente a população nativa de pele escura.

Essa teoria é, por vezes, acusada de preconceituosa ou eurocêntrica por supor que a dominação ariana representou alguma espécie de avanço civilizacional para a cultura drávida autóctone. Não será esse o ponto de vista adotado neste livro. De forma distinta, vamos ressaltar o caráter sofisticado e igualitário dos povos de Mohenjo Daro e Harappa. Nessas cidades havia "uma estrutura administrativa isenta de construções grandiosas, fortes, palácios ou templos destinados a servir de centros de poder" (Tinôco, 1992, p. 23), o que pode representar um dado bastante interessante para os mais curiosos acerca das diferentes formas de exercício do poder.

---

[1] Que também é o nome de uma deusa, a *shákti* de Brahma.

3.2
Arianos na Índia

A teoria da invasão ariana tem como base o estudo de eminentes linguistas dos séculos XVIII e XIX, como Julius Von Klaproth (1783-1835), Thomas Young (1773-1829) e Johannes Claritoph Adlung (1768-1843), cujos trabalhos são considerados como os responsáveis por supor um idioma básico denominado *indo-europeu,* com base no qual teriam se originado as línguas europeias e algumas asiáticas. Esses estudos evidenciaram as semelhanças entre o sânscrito védico e as línguas do *Avesta* de Zaratustra (proto-iranianas). É importante ainda ressaltar que

> a escrita penetrou na Índia por volta dos séculos X e XII a.C. de forma que toda a tradição védica era, portanto, transmitida oralmente. Há vestígios de uma escrita anterior ao sânscrito e que seria sua predecessora: o brahmi, de onde surgiu o devanagari e o sânscrito. O *Rig-Veda,* considerado o primeiro e mais antigo dos *Vedas,* teria sido escrito nessa linguagem arcaica, anterior ao sânscrito moderno. (Xavier, 1972, p. 10, grifo do original)

Os *Vedas* são os textos mais tradicionais da cultura indiana (ou hindu), subsidiando uma estruturação do cosmos e a relação do homem com a realidade e a divindade, além de ajudar a organizar aquela sociedade. São quatro textos distintos, que estudaremos ao longo deste livro.

As principais linhas historiográficas apontam que, depois dessa invasão e subsequente fusão, veio a surgir o que conhecemos hoje como *hinduísmo,* abarcando a cultura védica e as suas muitas ramificações. Em vários aspectos, podemos constatar a continuidade cultural ariana presente tanto entre os iranianos e os futuros persas quanto na cultura védica que mais tarde se formou no Vale do Indo. Alguns exemplos são: a nomeação de devas ou *daveas* que o monoteísmo de Zaratustra esconjurou, chamando de *demônios*; um culto especial pelo Sol e pelo fogo; a bebida sagrada *soma* (*haoma* no Irã); a divisão tripartida da sociedade, que reproduz um *ethos* guerreiro e sacerdotal; e o mito do primeiro homem – *Yima* no Irã e *Yama* (*Parajapati*) na Índia. É interessante que o mito de origem da humanidade foi utilizado nos *Vedas* como pedra angular para a justificação religiosa do sistema de varnas, a estrutura sobre a qual se assentou essa divisão.

Segundo Mondadori (1970, p. 31):

> Para mostrar o quanto essa divisão em varnas não era artificial, mas nascia da própria "ordem natural do Universo", [os brâmanes] criaram um mito que explicaria a sua origem. Quando o primeiro homem (Yama) caiu do céu, os deuses o despedaçaram. De sua boca nasceram os Brâmanes, dos braços os Xátrias, das coxas os Vaísias e dos pés os Sudras (não havia menção aos escravos). As varnas tinham, pois, nascido com os próprios homens e "misturar-se" era violar a natureza, ofender os deuses.

À parte o sofisticado conteúdo religioso presente nos *Vedas*, que deu outro tom a essa divisão social, não podemos deixar de registrar que esses textos buscam justificar a continuidade da dominação cultural do povo drávido (nativo da região) pelos arianos conquistadores. Segundo Xavier (1972, p. 11), foi "uma expansão de cunho imperialista e por isso mesmo avassaladora nos planos econômico, social e espiritual". Esse mesmo autor ainda salienta a importância da resistência armada dos antigos moradores, sem a qual eles teriam sido amplamente eliminados, semelhante ao que ocorreu às populações nativas das Américas. Xavier (1972) aponta que as epopeias *Mahabharata* e *Ramayana* (das quais trataremos ao longo do capítulo) seriam ecos dessa resistência. Logo, podemos concluir que

> não puderam, pois, os árias exercer pleno domínio político e religioso por toda a península indostânica. Em muitas regiões, a resistência dos autóctones conseguiu moderar a sujeição. No Nordeste e no Sul da

Índia foi possível menor aspereza nas relações, em vez da destruição das tradições pré-arianas, de modo que séculos mais tarde, do Nordeste sairiam o Budismo e o Jainismo, duas formas avançadas do sincretismo religioso hindu. (Xavier, 1972, p. 12)

Feita essa ressalva, precisamos entender as características da estratificação social do povo hindu sob o domínio ário, realizada de acordo com a varna[1] de nascença. Como dissemos anteriormente, mesmo que haja toda uma elucubração religiosa acerca da sacralidade dessa estratificação, ela serviu sobretudo para fundamentar uma dominação. Isso fica claro quando constatamos que as três varnas superiores são de ocupação exclusiva dos arianos: "os **Brâhmanes** (sacerdotes), os **Xátrias** (guerreiros) e os **Vaishas** (mais pobres dentre os dominadores, formados por comerciantes, agricultores, artesãos)". A essa lista, teríamos que acrescentar que "abaixo de todos, sem direito algum, estão os **Daishas**, ou escravos" (Mondadori, 1970, p. 31, grifo do original).

Esse sistema, postulado como estrutura divina do cosmos a partir da própria criação do homem, era hereditário. "Misturar-se" seria uma violação da lei divina. Apesar disso, ao longo dos séculos a miscigenação foi crescendo e, junto com ela, deu-se uma luta pela primazia entre os xátrias (guerreiros) e os brâmanes (sacerdotes).

Feita essa breve introdução histórica e cultural, adentraremos agora no conteúdo dos *Vedas*, no que diz respeito aos postulados filosóficos e metafísicos implícitos na sua estrutura religiosa.

3.2.1 *Vedas*

Segundo a tradição, o conteúdo dos *Vedas* não tem origem na história. Trata-se de um conhecimento divino, revelado, cuja verdade repousaria

---

[1] *Varna* significa tipo, ordem, cor ou classe. O termo faz referência às classes sociais em livros do Dharma-shastra – o corpo de jurisprudência da Índia Antiga.

além do tempo. Mais especificamente, Vishnu, um dos deuses da famosa *trimurt* (três formas ou emanações de Brâman: Brahma, Vishnu e Shiva), é tido como o responsável pela transmissão desse conhecimento divino através das eras. Segundo a versão religiosa, Vishnu teria encarnado em um sábio lendário chamado *Vyasa*, a quem se atribui a organização desses textos em quatro livros escritos em versos, a fim de que a mensagem divina se propagasse entre a humanidade. A Vyasa também é atribuída a escrita da epopeia, muito importante para o hinduísmo posterior, conhecida como *Mahabharata*, também chamada de *Bhagavad-Gita*, da qual trataremos em tempo oportuno.

Figura 3.2 – Fac-símile de uma edição ilustrada dos *Vedas*

Temos de tomar cuidado para não nos perdermos na profusão de nomes que fazem referência à cultura dessa região: védica, hinduísta, brahmânica etc. Há importantes distinções a considerar: "*brahmanismo* deveria designar a religião das épocas antigas e confundir-se depois, em parte ou totalmente, com o vedismo. Hinduísmo visaria mais à evolução religiosa no seu conjunto, quer a partir dos *Vedas*, quer após o período védico" (Tinôco, 1992, p. 31). De agora em diante, entenderemos por *hinduísmo* o conjunto e o percurso histórico dessa cultura, na qual a figura de Brahman ocupa lugar de destaque. Sobre a nomenclatura *hindu*, descobrimos com espanto que teria surgido com base na pronúncia persa da importante civilização que se formava no vale do Rio Sindhu. Como esse povo tinha dificuldades em pronunciar o *s* inicial, o termo *hindu* acabou se popularizando. Posteriormente, foi adotado também pelos historiadores europeus

De início, é importante pontuar que, ao tratarmos dos *Vedas*, estaremos nos referindo à mais antiga literatura indo-europeia, que remete aproximadamente ao ano de 1500 a.C. – um século depois de consolidada a invasão ariana. No entanto, essa versão é posta em dúvida por alguns arqueólogos, que associam parte dessa cultura à tradição oral dos povos drávidos ao ano de 2000 a.C. Por ora, até que surjam provas mais contundentes dessa segunda datação, ficaremos com a hipótese da invasão ariana, que mantém o papel fundamental da oralidade na sedimentação desses textos. Essa é uma característica que se mantém até hoje na transmissão desse conhecimento. A versão adotada por nós também explica porque o culto a alguns deuses remonta a um período tão distante quanto o Neolítico, como podemos supor pela descoberta de algumas imagens em cavernas que muitos julgam ser uma figuração prototípica do deus Vishnu.

Essa fusão da cultura ariana com aspectos da mitologia anterior diz respeito à atividade dos sacerdotes da nova religião. De forma tolerante (e estratégica, no sentido de conseguir maior aceitação para as suas ideias), permitiu que o novo culto assimilasse um grande número de elementos populares, marginais e autóctones, segundo a teoria do famoso historiador das religiões Mircea Eliade (2010, p. 57).

Devido ao conflito de teorias sobre a origem e a quantidade dos textos védicos clássicos, é importante salientar que estamos priorizando os quatro textos mais tradicionais: o **Rigveda** (ou *Veda dos hinos*), o **Yajurveda** (ou *Veda do sacrifício*), o **Samaveda** (ou *Veda dos rituais*) e o **Atharvaveda** (ou *Veda do sacerdote*, o quarto e último Veda, cuja entrada na tradição até hoje é cercada de polêmicas). Como vemos em Tinôco (1992, p. 34), "o mais antigo dos textos védicos é o *Samhita* do *Rig-Veda*, texto escrito após o século XIII a.C.; certamente baseado em milenar tradição mística autóctone, mesclada por valores trazidos pela invasão ariana".

3.2.2 Conflitos de perspectiva: o tempo e o conhecimento

O pesquisador Satsvarupa dāsa Gosvāmi, no livro *Introdução à filosofia védica: a tradição fala por si mesma* (1986, p. 2, grifo do original), nos diz que os *Vedas* teriam como finalidade principal transmitir conhecimento "sobre autorrealização e, portanto, sobre como liberar-se (*moksha*) do sofrimento". Ele propõe que "a meta do pensamento indiano é atingir a verdade, cujo reconhecimento leva à liberdade", concluindo que, "com efeito, o pensamento indiano luta não para informação, mas para a transformação" (Gosvāmi, 1986, p. 2-3).

De acordo com o escritor religioso Sri Chandrasekhar Saraswati de Kanchi:

Uma característica marcante dos Vedas é que nenhum Veda diz "este é o único caminho", "este é o único Deus". Todos eles dizem que qualquer bom caminho trilhado com fé e lealdade e qualquer Deus adorado com amor e devoção levarão o indivíduo à meta verdadeira. Os Vedas têm uma visão tão ampla que afirmam que a mesma verdade pode ser percebida de formas diversas por aqueles que seguem caminhos diferentes. Essa é a grandeza dos Vedas. (Sadhana, 2010, p. 28)

Atente para os conflitos de perspectiva: com base em nossa cultura ocidental (científica), mesmo sem querer nos colocamos em posição de superioridade sobre todas as demais culturas, relegando suas convicções religiosas ao âmbito da mera crença ou superstição, associando-as à figura do arcaico e do exótico. Mas quando tratamos de culturas vivas e vibrantes como a dos *Vedas*, o budismo, o taoísmo etc., o pesquisador isento precisa considerar seriamente o que essas culturas pensam sobre si mesmas.

Vejamos a concepção hindu de *tempo*, por exemplo. Há uma sofisticada matemática que relaciona o tempo humano aos dias e às noites de Brahma: "pelo cálculo humano, mil eras tomadas em conjunto correspondem à duração de um dia de Brahman. E também essa é a duração de sua noite". O tempo é pensado como cíclico, e não linear e evolutivo, como na cultura ocidental. Na literatura védica, o tempo é divido em quatro eras (ou *yugas*) se sucedendo em ciclos: Satya Yuga, Tetrã Yuga, Dvâpara Yuga e Kali Yuga. Segundo esse calendário cosmológico, estamos em plena era de Kali, conhecida como época de terror, violência e morte. De acordo com Tinôco (1992, p. 82), "o início de Kaiyuga (era má) deu-se por volta de 3101 a.C."

A própria ideia de evolução no tempo é estranha aos ensinamentos védicos. O progresso é uma virtude exclusiva da espiritualidade humana. Não importa o maquinário que nos cerca (*tablets*, satélites, celulares, tanques, *laser*, armas nucleares etc.), somente o que somos (e nos tornamos) para os outros seres vivos. Se somos violentos, intolerantes, não compassivos ou não acolhedores (com imigrantes, por exemplo), é impossível falar em evolução do ponto de vista védico.

O estudo dos *Vedas*, sob certa perspectiva histórica e textual, também costuma negligenciar um dos fundamentos da cultura védica: a transmissão do conhecimento sagrado via **sucessão discipular**. Ou seja, para essa cultura, trata-se de um conhecimento que só pode ser transmitido em sua inteireza por um mestre espiritual (guru), cujas palavras e ações dão testemunho de seu compromisso com os ensinamentos. Segundo Gosvāmi (1986, p. 18):

> os *Vedas* afirmam que o conhecimento védico deve ser ouvido de um mestre espiritual em sucessão discipular [...] [pois,] os *Vedas* declaram que devemos observar padrões morais estritos e realizar austeridades a fim de compreendermos a literatura védica, mas os estudiosos consideram tais coisas como sendo desnecessárias.

Pensemos, por exemplo, no caso das artes marciais. Ninguém conseguiria aprender *kung fu* apenas consultando livros sobre o assunto. É preciso um mestre com longa prática, que tenha incorporado (tomado corpo) o conhecimento, disposto a ensinar um leigo. A sucessão discipular funciona de forma semelhante.

Poderíamos analisar a cultura védica numa perspectiva estritamente laica, acompanhando historiadores, estudiosos ou mesmo curiosos leigos. No entanto, diferentemente de outros textos religiosos, os *Vedas* não buscam propagar um dogma, e sim ensinar a todos os seres humanos um caminho de autoconhecimento.

3.2.3 Classificação dos textos védicos

Cada um dos quatro *Vedas* clássicos segue uma estrutura formada por textos escritos em épocas diferentes e classificados do seguinte modo:

- *Samhitas*: Os textos mais antigos, formados por hinos dedicados aos deuses.
- *Brahmanas*: Textos que contêm instruções rituais detalhadas, como manuais a serem seguidos pelos sacerdotes.
- *Sutras*: Textos pequenos e muito resumidos que versam sobre assuntos diversos, como: gramática, astronomia, astrologia, geometria, arquitetura, leis éticas e sociais.
- *Puranas*: Em geral, antologias comparáveis à Bíblia, as quais contêm mitos cosmogônicos, lendas antigas e saber teológico.
- *Araniakas*: Textos de caráter mais filosófico, também conhecidos como *os textos da floresta*, o que significa que foram compilados ou produzidos por sábios que escolhiam meditar nas florestas.

Temos ainda os *Upanishads*, que não fazem parte dos *Vedas* mas são considerados parte da literatura védica por muitas correntes. São "escritos em que se leem especulações filosóficas sobre postulados implícitos nos Vedas e na tradição hindu pré-ariana. Teriam sido redigidos entre os sexto e quinto séculos anteriores à era cristã" (Xavier, 1972, p. 9).

Os *Upanishads* teriam sido redigidos séculos após os demais textos dos *Vedas*, com o intuito de laicizar o acesso a esse conhecimento. É preciso lembrar que o conhecimento dos *Vedas* como literatura revelada e sagrada constituía privilégio da casta brahmânica. O termo *Upanishad* deriva dos seguintes radicais sânscritos: *Upa*, que significa "perto"; *ni*, que quer dizer "embaixo"; *shat*, que significa "sentar-se". Desse modo, o termo completo significa *sentar perto do mestre*, o que se refere, naturalmente, à sucessão discipular de que tratamos anteriormente. Henriques (1991, p. 20) aponta: "Foram os Upanishads que, ao serem traduzidos para o persa, e deste para o latim no século XIX, influenciaram a filosofia ocidental através das obras de Goethe, Schopenhauer e Nietzsche".

Védico, na verdade, refere-se a um período histórico, o do bramanismo, da cultura dos arianos e de uma forma de religião que é bastante diversa do hinduísmo de hoje. Tudo o que vem depois do período védico, que se encerra mais ou menos com a ascensão do budismo, é uma reformulação daquela cultura védica. Daí surgiram os *Puranas*, os *Upanishads* e outros textos que vão fazer emergir novas ideias e práticas religiosas, mais parecidas ou mais presentes no hinduísmo contemporâneo.

De maneira bastante sintética, podemos, de acordo com Gosvāmi (1986, p. 3), afirmar que a literatura védica declara que

> a despeito da aparente alegria, a vida material significa sofrimento. [...] [E neste sentido] o conhecimento védico visa a liberar deste sofrimento o indagador sincero. [...] [Pois,] a descrição sânscrita da Terra [na qual vivemos] é Mrtyuloka, o lugar da morte. Ela é [descrita] também [como] Duhkhalayam (lugar de misérias).

Ao pensar a filosofia védica como uma negação do mundo e da vida, estes autores defendem que a finalidade da vida humana não é resignar-se a um mundo temporário e miserável, mas esforçar-se para obter felicidade permanente. É uma interpretação oposta a de muitas correntes exegéticas que veem ali uma filosofia profundamente pessimista cujos ensinamentos estariam ligados a um princípio de resignação fatalista.

Portanto, a vida se torna uma oportunidade para vencer a morte. Essa tradição rejeita o viver que identifica o corpo ilusório como sendo o eu e considera que o mundo temporário é tudo o que existe (Gosvāmi, 1986). Assim, temos que "os Vedas descrevem a liberação como uma prerrogativa especial concedida aos seres humanos. Por esta razão, o corpo humano é comparado a um barco no qual pode-se atravessar o oceano da transmigração" (Gosvāmi, 1986, p. 5).

Uma abordagem com enfoque filosófico maior aponta que os *Vedas* pressupõem o dualismo entre o homem e os seres que governam o mundo. Entretanto, a meditação e a prática do Ioga revelaram à consciência uma realidade interna, sutil, que no ser humano assume a forma do eu de algum modo estranho ao mundo fenomênico, embora necessite dos dados sensoriais para adquirir a noção de contradição entre a sua própria realidade e aquele mundo. (Xavier, 1972, p. 13)

Passemos agora para uma análise mais sistemática de cada um dos livros. Nosso guia será a obra *Vedas, uma introdução: a jornada interior*, na qual encontramos as seguintes definições:

- **Rig-Veda**: é o maior e o mais importante de todos os Vedas. O Rig Veda é constituído de mantras ou hinos em louvor às diversas deidades e deuses. Esses hinos de louvor são chamados de **riks**. [...] O *Rig-Veda* ensina a unidade. Ele exorta todos a buscarem os mesmos desejos sagrados. Todos os pensamentos devem ser carregados com o mesmo bom anseio. Todos os pensamentos devem ser direcionados por boas intenções. [...] Muitos hinos do Rig Veda podem ser encontrados em todos os outros três Vedas.

- **Yajur Veda**: a palavra **yajus** é derivada da raiz **yaj**, que significa *adoração*. *Yajus* significa *detalhar o procedimento ritualístico de um yagya*. A palavra *yagya* (adoração sacrificial) também é derivada da mesma raiz. (Sadhana, 2010, p. 27, grifos do original).

Leiamos o seguinte trecho do Yajur Veda:

> Que nossa vida prospere e floresça
> Por meio do yagya de benevolência e serviço!
> Que nosso alento vital floresça
> Pela união com Deus
> Através de Pranayama e Yoga!
> Que nossos olhos floresçam
> Por meio do serviço a Deus e aos sábios!

Que nossos ouvidos floresçam
Ao escutar a recitação dos mantras Védicos e os sermões dos sábios!
Que nossa voz floresça
Por meio da recitação dos Vedas!
Que nossa mente floresça
Por meio do yagya dos pensamentos nobres!
Que nossas almas floresçam
Por meio do yagya de benevolência e caridade!
Que os eruditos Védicos – conhecedores dos quatro Vedas – prosperem e floresçam
Por meio do yagya do ensino da filosofia Védica!
Que a luz da justiça floresça
Por meio do yagya do comportamento verdadeiro!
Que nossa felicidade floresça
Por meio do serviço aos sábios e ao Senhor!
Que nossa paixão pelo conhecimento seja satisfeita
Pelo yagya da pesquisa Védica!
Que nosso yagya seja realizado de forma auspiciosa,
Por meio do comportamento nobre e de ações nobres!
Que o Atharva Veda, o Yajur Veda, o Saama Veda, o Rig Veda e o grande
Rathaantar (hinos do Saama Veda) floresçam
Por meio da graça de Deus e dos sábios!
Ó, sábios iluminados!
Que nós, libertos das angústias do nascimento e da morte,
Atinjamos o êxtase da emancipação!

> Que nos tornemos verdadeiros filhos do Pai verdadeiro,
> Que é o Senhor do Universo!
> Que estejamos ligados a pensamentos nobres,
> Ações nobres e fala verdadeira!

Fonte: Sadhana, 2010, p. 45-46.

- **Sama Veda:** *saama* significa trazer *shanti*, ou paz, para a mente. Também significa *canção*. Com exceção de setenta e cinco passagens, a maior parte dos hinos no Sama Veda são do Rig-Veda. A principal diferença é que, nesse *Veda*, os hinos foram transformados em música, com notas prolongadas. O Sama Veda revela que a evolução espiritual pode ser alcançada por meio da música (ouvindo, bem como cantando). É por isso que o Senhor Krishna disse no Bhagavad-Gita: "**Dentre os Vedas, eu sou o Sama Veda**". (Sadhana, 2010, p. 27)

Sobre esse livro, seria interessante acrescentar que o princípio de uma elevação espiritual por meio da música remonta, na mística ocidental, ao orfismo e ao pitagorismo pré-socráticos. Como vimos na introdução deste livro, este é o princípio estruturante d'*A República* de Platão, que reconhece o potencial excepcional do repertório musical na formação moral de um povo. Para Sadhana (2010, p. 23, grifo do original),

> O som ou a vibração é a força mais poderosa no universo, e a música é uma arte Divina, a ser usada não para o prazer, mas como um caminho para a realização de Deus. As vibrações que resultam do canto devocional levam ao contato com a Vibração Cósmica, ou o Verbo. "No princípio era o Verbo, e o Verbo era com Deus, e o Verbo era Deus." – João 1:1. **Deus é o Verbo ou a Vibração Cósmica.**

- **Atharva Veda:** este Veda enfoca o tantra e outros rituais. Foi compilado como o último dos quatro Vedas. **Atharva** significa uma pessoa firme e impassível, que é de natureza estável. Atharva também significa *purohit* ou *sacerdote*. Houve um sábio de nome

Atharvan que trouxe à luz muitos dos cantos do Atharva Veda. Este Veda nos ensina a afastar os males e dificuldades. O famoso canto Védico chamado *Narayana Upanishat* faz parte do Atharva Veda. O Atharva Veda enfatiza o poder dos seres humanos de realizar tarefas extraordinárias com a ajuda de diversas práticas do yoga. Hatha Yoga e Ashta Yoga são contribuições do Atharva Veda. (Sadhana, 2010, p. 28)

O Atharva Veda seria um livro de escritura mais recente entre os *Vedas* clássicos. Segundo Tinôco (1992, p. 39),

é um texto cuja leitura evidencia um estilo marcado por ideias filosóficas e religiosas diferentes, mais atuais por assim dizer. Seu texto era usado por sacerdotes de dois tipos: os curandeiros (Atharvan) e os feiticeiros (Angira). [...] A tradição fala com frequência de "três Vedas" porque consideraria implicitamente o Samhita deste *Veda* como estranho à alta dignidade dos outros três.

Leiamos, desse *Veda*, o seguinte trecho:

> O Criador do Cosmos proclama:
> "Eu crio e fixo
> A região celestial e a terra.
> Sou Eu que crio todas as sete estações,
> Conectadas entre si
> Periódica e sistematicamente.
> Eu concedo a todos a intuição
> Para permitir-lhes distinguir
> Entre a verdade e a inverdade.
> Eu revelo o Divino discurso Védico
> A todos os seres humanos do Universo."

Fonte: Sadhana, 2010, p. 28.

Para alguns estudiosos, haveria ainda quatro *Upa-Vedas* ou *Vedas* subsidiários: "**Ayurveda**– ciência da vida e da saúde; o **Dhanurveda** – ciência da guerra; o **Gandharva Veda** – ciência da música e da dança; o **Arthasastra** – ciência da política" (Sadhana, 2010, p. 30).

3.2.4 Principais divindades

A literatura védica divide a criação em três esferas: a celeste, a atmosférica e a terrena. A cada uma delas, atribui a existência de 11 divindades, somando 33 – há hinos que falam em 3.333. De um modo geral, **há deuses bons** (devas) e **deuses maus** (asuras), embora bondade e maldade coexistam em todos eles (Tinôco, 1992, p. 41).

Os oito principais deuses mencionados na grande epopeia conhecida como *Mahabharata* são: Surya, o Sol; Candra, a Lua (um deus masculino); Vayu, o Vento; Agni, o Fogo; Yama, o deus da morte e soberano dos infernos (também chamado *Kala*, ou Tempo; *Dharma*, ou Lei); Varuna, o rei das águas; Indra, deus das chuvas e portador do raio mágico; e Kumbera, deus das riquezas (Tinôco, 1992). Tinôco (1992, p. 66-67) ressalta: "O poema do Mahabharata é escatológico: uma batalha colossal entre as forças do bem e do mal, onde ocorrem destruições de proporções cósmicas pela água e pelo fogo".

A divindade assume a forma de uma tríade chamada de *trimúrti*, palavra que em sânscrito significa "as três formas". A primeira figura é **Brahman**, que representa o princípio criador, de concepção abstrata, sem adoração fervorosa e que está mais presente nas referências literárias e eruditas. Como lemos em Henriques (1991, p. 24), "A consciência é o ser de Brahman [...] a alma (*atma* ou *atman*) é idêntica à Brahman e o mundo é uma miragem refletida na consciência". Daí adviria o seguinte hino, que equivale a uma fundamentação metafísica, portanto crucial para a compreensão do conceito acerca do deus: "aham brahmaa asmi – *Eu sou Brahman*. **Aham** significa totalidade, uma personalidade total, complexa. **Brahmaa** é a base de tudo neste mundo e além. Não há diferença entre **aham** e **brahmaa**. Eles são interdependentes e inseparáveis" (Sadhana, 2010, p. 33, grifos do original).

É de Shânkara, considerado o mais importante pensador do Vedanta, a seguinte definição: as coisas são em essência o divino oculto na aparência; nenhum ser possui uma realidade substancial separada do divino. Para Henriques (1991, p. 24) "tudo é Brahman, a única realidade, o mais é ilusão, ignorância e imposição. O homem, realizando em si a verdade pela compreensão, atinge o estado de Sat-Chit-Ananda (Existência, Consciência, Beatitude)".

Ao lado de Brahman, temos o deus Vishnu, que, não está entre os mais proeminentes, se comparado a Indra, Agnis e outros. Vishnu tem a imagem de um deus que dorme ou medita sobre o oceano caótico. Tinôco assinala que esse deus, que dorme sobre o caos, teria um despertar cíclico previsto a partir do qual, de seu umbigo, emitiria uma flor de lótus, da qual sairia Brahma para criar novamente o universo (Tinôco, 1992). Essa história, presente nos *Puranas*, faz referência à interpenetração entre os deuses da trimúrti, uma constante nas histórias que envolvem os três, e reforça a concepção de alguns acerca do monoteísmo implícito na religião védica. Acreditamos ser mais sensato remeter apenas ao significado sânscrito de *trimúrti*: "**três formas**".

Voltemos a Vishnu. Sua presença se faz mais fortemente sentida entre os humanos a partir de seus *avatares* (palavra sânscrita cujo significado remete a "descida"), entre os quais constam: o sábio Vyasa, considerado o lendário responsável pela escrita dos quatro *Vedas*, além da epopeia *Mahabharata* (uma espécie de Homero hindu, em uma brincadeira fortuita); Rama, guerreiro protagonista do *Ramayana*; e o avatar mais importante, Krishna (*Krsna*).

Sobre a importância de Krishna, Tinôco (1992, p. 60) afirma:

> A descrição mais rica e detalhada dentre todos os mitos indianos é a de Krishna, chefe do Clã dos Yadavas. O nascimento de Krishna fora muito temido pelo Rei Kamsa, que havia usurpado o trono do pai de Krishna, Vasudeva. E por isso teria mandado matar todas as crianças do reino no período em que a profecia previra o nascimento de uma criança que iria lhe destronar (o que nos remete à relação de Jesus com Herodes, por exemplo). Quando criança, Krishna realizou façanhas extraordinárias. Na adolescência, transforma-se em vaqueiro divino, tocando flauta por entre pastores apaixonados que dançavam ao seu redor. [...] Em fase adulta aparece como guerreiro, chefe, fundador de cidades, passando a residir na foz do rio Indo, em Dvaraka. Lá, rapta Rukmini (sua primeira e mais importante esposa). Ao lado dos guerreiros Yadavas, toma parte ativa na batalha de Kurkshetra.

É nesse episódio narrado pelo texto conhecido como *Bhaghavad-Gita* que Krishna se apresenta como a divindade absoluta, suprema personalidade de Deus, no momento em que, ao se tornar o piloto da quadriga de Arjuna, se mostra também como conselheiro divino da humanidade. Nesse texto, considerado como a síntese ou a pérola de todos os ensinamentos védicos, Krishna se apresenta em todo seu esplendor ao ensinar aos homens a *bhakti-yoga*[1] (união em amor com deus) como o caminho supremo e infalível para a salvação.

Por último, para completar a trimúrti, temos o temível deus **Shiva**, destruidor de mundos. Muitos alegam que a melhor definição de Shiva seria, na verdade, *deus da transformação*, já que, de fato, na cosmologia cíclica dos devas, nada se extingue completamente e tudo se transforma. Na abordagem histórica, apontam-no como uma evolução tardia do Asura Rudra. "Como destruidor, é identificado com a morte e o

---

[1] Essa é a versão dos que praticam *bhakti-yoga*. Outras correntes, como a dos seguidores do Vedanta de Shankara, discordam dessa afirmação (comentário) do pesquisador e amigo Leon Adam.

tempo, sendo assim conhecido como *Hara* (aquele que retira). Também é chamado de *Bhairava* (o terror). Preside as relações sexuais e a procriação" (Tinôco, 1992, p. 61). Certa mitologia aponta a interpenetração entre os três deuses da trimúrti hindu. Shiva seria o gerador das águas, nelas depositando o seu **germe de ouro** ou *Hinanyagarbha*, que, por sua vez, contém Brahman.

3.2.5 Mahabharata

Trata-se de uma epopeia que consta entre os maiores poemas de todos os tempos. O texto é monumental, com mais de 74 mil versos em sânscrito e mais de 1,8 milhão de palavras. Se *Harivamsa*, considerado anexo, for incluído como parte da obra, chegamos a um total de 90 mil versos, o que compõe o maior volume de texto numa única obra humana: quase sete vezes maior que a *Ilíada* e a *Odisseia* juntas e três vezes maior que a Bíblia. Sua origem, atribuída ao lendário sábio Vyasa, remonta a cerca de cinco mil anos, um texto, portanto, diretamente relacionado à tradição oral.

A versão final foi estabelecida apenas no século II d.C. O título tem como significado literal "a grande dinastia dos Bharata". *Bharata* tem o significado original em sânscrito de "saqueadores", como uma forma de se referir aos invasores arianos, mas também foi largamente utilizada para se referir à Índia como um todo: *Bharata-varsha*, ou "terra dos Bharatas".

Figura 3.3 – Fac-símile de edição ilustrada do *Mahabharata*

O *Mahabharata* tem como mote narrativo a luta pelo trono entre duas famílias nobres que tinham laços consanguíneos: os Pandavas e os Karauvas. Na verdade, busca narrar a origem da humanidade e finda marcando o início da *Kali Yuga*, a era de dor e desonra na qual nos encontramos. Contém os princípios filosóficos, exotéricos e religiosos de todo o hinduísmo. Sua história, de base mitológica e exotérica, narra feitos de príncipes, traições por cobiça, inveja, e enaltece a reta conduta e a honra.

A obra tem um sentido oculto, que seria o embasamento filosófico e religioso do hinduísmo. Portanto, é um dos textos de referência para quem deseja conhecer essa religião em profundidade. O próprio *Bhagavad-Gita* (nome sujo significado seria "sublime canção", ou "canção do bem-aventurado") constitui apenas um dos capítulos desse grande épico, aquele que narra o diálogo entre o guerreiro pandava Arjuna e o sábio Krishna, pouco antes de se iniciar a sangrenta Batalha de Kurukshetra.

Talvez possamos dizer que o centro do texto esteja relacionado a prescrições para uma conduta de vida correta, contemplando os sentidos econômico, social e espiritual do termo *correção*. O conceito é **tri-varga**, ou seja, tem o significado de "três metas" ou "três propósitos". São eles: *dharma* (relativo à conduta moral e aos bons costumes), *artha* (relacionado às atividades econômicas e sociais necessárias para uma vida saudável e estável) e *kama* (que seria a entidade viva, o corpo material). Esses objetivos precisam estar em equilíbrio, ou seja, para que o corpo (*kama*) possa executar suas ações, deve estar bem nutrido, ter onde dormir etc., e isso envolve *artha*. Para que o indivíduo seja socialmente saudável e útil, deve seguir as prescrições ou *dharma*.

Para além dessas questões, digamos, mundanas, temos também a primazia dos conceitos de *moksha* (liberação) e *atma* (alma), indicando algo como o mais sublime estágio a ser alcançado pela alma. Permite ainda ao indivíduo se libertar do ciclo de nascimentos e mortes (a roda de *samsara*) por meio da iluminação espiritual.

3.3
As três expressões do absoluto e suas três energias

Uma leitura dos *Vedas* presente nos *Puranas* apresenta o seguinte esquema conceitual: além da trimúrti, teríamos três aspectos, ou seja, três formas ou maneiras de pensar e conceber o absoluto:

1. *Brahman*, de que já tratamos, é impessoal e onipresente, neutro e sem atributos.
2. *Paramatma*, que, por meio do *atma*, está no íntimo de todo ser vivo, orientando as almas individuais apenas como imagem. Podemos aproximá-lo, para melhor compreensão, do conceito cristão de Espírito Santo. A percepção de sua existência interna

indica o alcance do mais alto grau proposto pela meditação, o *samadhi* (do sânscrito, *contemplação*), a identificação do *atma* com *brahma* e um estado de profunda e transbordante alegria interior.

3. *Baghawan*, uma espécie de personificação do absoluto, a exemplo da apresentação de Krishna no *Bhagavad-Gita* como a suprema personalidade de Deus. Por estar personalizado, torna-se um aspecto do absoluto repleto de atributos: "Não há verdade superior a Mim. Tudo repousa em mim, como pérolas num cordão. [...] E sou o sabor da água, a luz do sol e da Lua, a sílaba *om* nos mantras védicos; eu sou o som no éter e a habilidade no homem" (Prabhupāda, 2014, p. 383-385). Há uma passagem do texto conhecida entre os brasileiros por causa da música *Gita*, de Raul Seixas: "De todas as criações, sou o começo, o fim e também o meio. De todas as ciências, sou a ciência espiritual do eu, e entre os lógicos, sou a verdade conclusiva" (Prabhupāda, 2014, p. 544).

Temos também as três energias do absoluto:

1. *Cit-sakti*: é a energia espiritual da verdade absoluta, algo que está além de todo o universo material e suas condições de nascimento, envelhecimento e morte. Pode ser chamada de *potência interna*, *impoluta*, do espírito absoluto.
2. *Jiva*: refere-se ao ser vivo individual, à sua alma. "Segundo a concepção das upanishades, a consciência não surge de nenhuma combinação material, ela indica a presença de *jiva* dentro do corpo" (Gosvāmi, 1986, p. 34).
3. *Maya*: ilusão material, engano, esquecimento, aquilo que não é. Faremos uma melhor descrição desse conceito no tópico final deste capítulo, quando já tivermos elementos suficientes para compreendê-lo em sua inteireza.

3.4
As principais escolas filosóficas do hinduísmo

Com base nessa distinção acerca dos três aspectos ou das três formas de se conceituar o absoluto no pensamento védico, passemos agora às principais escolas filosóficas dessa tradição. Antes de fazermos uma simples enumeração das escolas e seus conceitos, veremos brevemente a base metafísica sobre a qual se debruçam – um debate que incorpora questões relacionadas ao politeísmo, ao teísmo ou ao monoteísmo. Afinal, o primeiro verso do *Vedanta-Sutra* nos faz a seguinte exortação: *Agora, pois, indaguemos sobre a verdade absoluta.*

Na base da teoria temos um ponto de vista de organização da realidade material, divina e celeste como una e indivisível, indicado pelo postulado *Tat twam asi*: *Tu és aquilo*. *Aquilo* pode ser qualquer coisa: uma pedra, uma árvore, um homem ou um deus, estendendo-se a todo o universo. Suspeitamos que esse conceito estaria próximo da **imanência divina** proposta pelo filósofo holandês Baruch Spinoza no alvorecer da Modernidade no Ocidente. Trata de um ponto que dá origem a divergências entre as escolas védicas.

As seis escolas filosóficas (ou *darsanas*) podem ser divididas em dois grandes grupos: o primeiro inclui os sistemas Samkhya, Yoga e Vedanta, que são denominados *sistemas maiores*; o segundo contém os sistemas Vaisesika, Nyaya e Purva Mimansa, que recebem a classificação de *sistemas menores*.

Dessas escolas, analisaremos com mais detalhe a **Samkhya** e a **Vedanta**. A principal distinção entre elas diz respeito à concepção acerca da divisão básica do universo em *purusha* (espírito) e *prakriti* (*matéria*, que se subdivide, constituindo as realidades subjetiva e objetiva). Para a escola Samkhya, esses conceitos seriam irredutíveis entre si, constituindo, no limite, duas realidades paralelas. Para a escola Vedanta, por sua vez, não existiria essa irredutibilidade, pois *alma* e *natureza*, outra forma de nos referirmos a *espírito* e *matéria*, teriam uma única substância fundamental, que seria a de *brahma*.

3.4.1 Samkhya

A escola filosófica chamada *Samkhya* é considerada a mais antiga da Índia, com influência sobre o pensamento chinês e grego. Sua fundação sistemática (ou codificação de uma tradição seguramente mais antiga) é atribuída ao sábio Kapila, no século VI a.C.. Pelo dualismo radical entre *prakriti* e *purusha* proposto pelos seguidores da Samkhya, temos uma investigação da realidade a partir do caráter fenomênico do universo, tal como percebido pelos seres humanos. A *prakriti* seria exatamente esse universo fenomênico, que não corresponde exatamente à matéria, pois abrange a percepção que temos da realidade por meio da subjetividade. Por fazer parte da *prakriti*, nossa subjetividade está submetida às **três gunas** ou aspectos relativos à natureza material. No *Baghavad-Gita* encontramos a seguinte definição dos **três modos da natureza material** (ou gunas) e seu impacto na percepção humana da realidade:

> 14.5. A natureza material [*prakriti*] consiste em três modos – bondade, paixão e ignorância. Ao entrar em contato com a natureza, [...] a entidade viva eterna é **condicionada por esses modos**. 14.6. [...] o modo da bondade, sendo mais puro do que os outros, ilumina, livrando a pessoa de todas as reações pecaminosas. Aqueles que estão situados neste modo condicionam-se a uma sensação de felicidade e conhecimento. 14.7. O modo da paixão nasce de desejos e anseios ilimitados, e por causa disso a entidade viva encarnada está presa às ações fruitivas materiais. 14.8. Fique sabendo que no modo da escuridão, nascido da ignorância, todas as entidades vivas encarnadas ficam iludidas. Os resultados deste modo são a loucura, a indolência e o sono, que atam a alma condicionada. 14.9. [...] o modo da bondade condiciona

o homem à felicidade; o da paixão o condiciona à ação fruitiva; e o da ignorância, cobrindo seu conhecimento, o ata à loucura. [...] 14.17. Do modo da bondade, desenvolve-se o verdadeiro conhecimento; do modo da paixão, desenvolve-se a cobiça; e do modo da ignorância, desenvolve-se a tolice, a loucura e a ilusão. 14.10. [...] [entre os modos] há sempre competição pela supremacia. (Prabhupāda, 2014, p. 697 e ss, grifo nosso)

Prakriti se refere ao condicionamento sob o qual a nossa subjetividade está submetida por estar entranhada na natureza material. Sua dimensão fenomênica corresponde a tudo aquilo que está sujeito a causa e efeito ou ao condicionamento relativo à natureza material.

A esse respeito, analisemos mais essa passagem do *Baghavad-Gita*:

13.20. Deve-se entender que a natureza material e as entidades vivas não têm começo. As transformações por que elas passam e os modos da matéria são produtos da natureza material. [...] 13.22. Dessa forma, a entidade viva dentro da natureza segue os caminhos da vida, desfrutando os três modos da natureza. [...] Assim, elas se encontram com o bem e o mal entre as várias espécies de vida. [...]. 13.30 Quem pode ver que todas as atividades são executadas pelo corpo, que é uma criação da natureza material, e vê que o eu nada faz, vê de verdade. (Prabhupāda, 2014, p. 661 e ss)

Já *purusha* equivale ao espírito como entidade que está acima da realidade condicionada pela natureza material. É uma expressão da divindade ela mesma. Vejamos o comentário introdutório do líder *hare krishna* Prabhupada, constante de sua edição do *Baghavad-Gita*. O religioso se refere especificamente à diferença entre a consciência humana e o espírito absoluto, propondo um estudo epistemológico acerca da natureza da consciência subjetiva:

O que é esta consciência? Esta consciência é "Eu sou". Então, quem sou eu? Em consciência contaminada, "Eu sou" quer dizer "Eu sou o senhor de tudo o que me circunda. Eu sou o desfrutador". O mundo prossegue porque cada ser vivo julga ser o senhor e criador do mundo material. A consciência material tem duas divisões psíquicas. Uma delas defende a ideia de que eu sou o criador, e a outra que eu sou o desfrutador. Mas na verdade, o Senhor Supremo é tanto o criador quanto o desfrutador, e a entidade viva, sendo parte integrante do Senhor Supremo, não é o criador nem o desfrutador, mas um cooperador. (Prabhupāda, 2014, p. 36-37)

3.4.2 Vedanta

Com relação à escola Vedanta, as especulações ocidentais veem nela um panteísmo. Os estudiosos dos *Vedas* no Oriente negam, alegando tratar-se de um **pan-psiquismo**. Nesse sentido, o Vedanta se posicionaria como a "versão místico-racional das antigas crenças animistas dos autóctones da Índia", resultado de uma autoanálise da vida interna do homem e subordinada a um rigoroso método de investigação dialética, segundo a ioga. O Vedanta, portanto, não postularia "a irrealidade do mundo fenomênico, mas afirmaria, tal como Platão, ser ilusório nosso conhecimento acerca dele. E essa ilusão tem o nome de Maya" (Xavier, 1972, p. 13-14).

Segundo Xavier (1972, p. 15), o conceito hindu de realidade não se estabelece com a distinção entre verdade e realidade, tal como estamos habituados a conceber: "o fundamento da realidade está na permanência, e assim o que for permanente será real, e o que é real será verdadeiro"[1]. É estabelecida uma relação intrínseca entre realidade, verdade e permanência. Porém, esta se dá de maneira ontológica, e não lógica, como poderíamos ser induzidos a pensar. Assim, segundo a escola Vedanta, "o Universo, em si mesmo, é portanto real. Ilusória será nossa percepção

---

1 Essa sentença chega a insinuar um paralelo com o filósofo grego pré-socrático Parmênides, inclusive.

do Universo, do mesmo Universo" (Xavier, 1972, p. 14-15). Há uma passagem do *Bhagavad-Gita* que ilustra esse conceito da verdade como permanência absoluta, que neste texto é representada pela figura de Krsihna: "Estou situado nos corações de todos, e é de Mim que vêm a lembrança, o conhecimento e o esquecimento. Através de todos os Vedas, é a Mim que se deve conhecer. Na verdade, sou o compilador do Vedanta e sou aquele que conhece os Vedas" (Prabhupāda, 2014, p. 726).

É preciso ressaltar que o Vedanta não é um sistema filosófico uniforme, íntegro ou fechado. Trata-se, na verdade, mais de um conjunto de sistemas do que de uma síntese – um formato, aliás, que pode ser aplicado a toda cultura hindu: um ponto de convergência de uma série de doutrinas ou seitas.

O Vedanta se subdivide em cinco escolas principais. Vamos comentar aquela cujo apogeu é atribuído a Shânkara ou Sankarachária, que viveu entre os séculos VIII e IX da nossa era cristã.

Shânkara foi um sivaísta (seguidor de Shiva) nascido numa família sul-indiana de brâmanes ortodoxos. Quando jovem, tornou-se um asceta. Seria desse período a compilação de seus dois principais trabalhos (*Viveka-cudamini* e *Sariraka-bhasya)*. Fez muitas viagens pela Índia e morreu nos Himalaias aos 32 anos.

Sua teoria defende a existência de um duplo Brahman: um puro, impessoal, e outro manifesto no universo como senhor. Divergiu, portanto, de todas as escolas védicas ortodoxas. Por isso, é muitas vezes considerado como o pensador que estabeleceu um compromisso entre o teísmo e o ateísmo na tentativa de reavivar a cultura védica contra a ascendente seita budista. Os comentadores de sua obra buscam explicar essa virada temática no confronto com o ateísmo budista, o que o teria levado a propor uma aproximação entre os *Vedas* e a tradição analítica ateísta propagada pelos seguidores de Sakyamuni, (o Buda). Consideram que Shânkara teria ajustado suas teorias ao tempo e às circunstâncias: "Suas interpretações assemelham-se ao budismo, mas em seu caso ele recorreu à autoridade da literatura védica" (Gosvāmi, 1986, p. 63-63).

Segundo Xavier (1972), para Shânkara, assim como para Descartes e Kant, o conceito de *eu* apoia a demonstração da possibilidade do conhecimento. De acordo com esses pensadores, não seria possível nenhum objeto cognoscível sem o sujeito que conhece ou desconhece. No entanto, Xavier (1972, p. 19) salienta que:

> Descartes e Kant formularam a relação entre sujeito e objeto de conhecimento em termos de lógica. Shânkara, por sua vez, ao modo de Parmênides, estabelece relações existenciais (ontológicas) entre mundo, eu e ser. O eu se reduzindo a mera categoria psicológica. Do ponto de vista do ser, consistiria o eu do agregado dos fenômenos da existência, tal como se dão em cada ser humano. Logo, o eu é também fenômeno. E este fenômeno por sua vez torna-se a condição da manifestação do Atma, expressão individual de Paramatma, ou parte individualizada do eu absoluto.

É importante pontuar que o *Baghavad-Gita* tem sua leitura disputada por todas as escolas védicas, inclusive a Vedanta. Trata-se de um texto riquíssimo, de fácil aquisição e leitura fluida, que busca sintetizar muitas das ideias hindus acerca da relação entre mente, realidade e divindade tornando-se, portanto, uma referência para quase todas as escolas e leitura obrigatória para os interessados na filosofia e religião hindu.

As outras quatro das seis principais escolas védicas ortodoxas (exceto a Samkhya e a Vedanta, de que tratamos anteriormente) são:

1. **Nyaya:** Tem como livro básico o *Nyaya Sutra*. Fundada por um Gautama que não é o Buda, conhecido em sua época como *Aksapada, o de olhos fixos nos pés*. A escola data do século II a.C. e tem característica estritamente analítica.

2. **Vaisesika**: fundada por Kanada, que viveu no século III a.C., tem como livro básico o *Vasesika Sutra*. Essa escola, junto com a Nyaya, é contra a maioria das escolas filosóficas indianas, e ambas têm como diferencial o fato de serem escolas analíticas não metafísicas.
3. **Mimansa**: fundada por Jaimini, que viveu entre o primeiro e o quinto século de nossa era (100 d.C.-450 d.C.). A principal obra é *Purvamimansa*. O termo *Mimansa* remete ao sentido sânscrito de "pensamento profundo". É atribuída a essa escola uma forma de argumentação muito semelhante a de Tomás de Aquino na *Suma teológica*. Sustenta a infalibilidade dos *Vedas*.
4. **Yoga**: Tem como principal obra os quatro livros de *Yoga Sutras*, atribuídos a Patânjali. Segundo Zimmer (1986, p. 204), "estas obras devem ser consideradas entre as mais notáveis obras filosóficas da literatura universal. Destacando-se não só pelo assunto exposto, mas, particularmente, por sua maravilhosa sobriedade, clareza, laconismo e flexibilidade de expressão".

3.4.3 Yoga

A *Yoga* é um dos elementos da cultura oriental mais difundidos no Ocidente, merecendo, portanto, uma análise mais acurada. A raiz sânscrita da palavra *Yoga*, *yuj*, tem como traduções possíveis para o português tanto a ideia de controle (remete ao princípio relativo à prática de autocontrole) quanto a de união (deriva o conceito de *Yogi*: "devoto", aquele que busca a união com deus). Assim, *Yogi*, em português, é *iogue*; e a prática, ioga, grafada com *i*, diferenciando-se da escola filosófica, nomeada *Yoga*, com *y*.

A ideia de união contida na palavra *Yoga* é proposta no *Baghavad--Gita*: "6.2. Krsna: Fique sabendo que aquilo que se chama renúncia é o mesmo que yoga, ou a união com o Supremo, [...] pois nunca pode tornar-se um yogī quem não renuncia aos gozos dos sentidos" (Prabhupāda, 2014, p. 323)

De forma geral, considerou-se que a escola Yoga tinha os mesmos princípios filosóficos que a Samkhya, da qual seria uma subdivisão. Mas, segundo alguns estudiosos, existem distinções consideráveis entre as duas darsanas. *Samkhya* propõe que o único caminho para a libertação (*moksha*) é o do conhecimento metafísico; *Yoga* enfatiza as técnicas de meditação, radicalizando a ideia de que o conhecimento intelectual não seria suficiente para proporcionar a liberação do espírito. Desenvolveram-se, então, as técnicas corporais e mentais que constituem o *corpus* da ioga. Segundo os *Yoga Sutras*, de Patânjali, existiriam oito etapas a serem cumpridas por quem aspira à iluminação. São elas:

1. **Yama**: Abstinência (não ser violento, não mentir, não roubar, não perverter o sexo, não ser possessivo).
2. **Nyama**: Autodisciplina (pureza, alegria, autoesforço, autoestudo e entrega ao absoluto).
3. **Asanas**: Posturas corporais.
4. **Pránáyáma**: Controle respiratório e da energia vital.
5. **Prátyáhára**: Controle das percepções sensoriais.
6. **Dhárana**: Fixação da atenção (meditação com análise).
7. **Dhyána**: Concentração prolongada (meditação sem análise).
8. **Samádhi**: Identificação, união, iluminação.

Alguns estudiosos identificam o nascimento da escola filosófica da Yoga na comunidade religiosa dos **renunciantes**, ou *ascetas*, muito importante na cultura hindu. Daí surge a elucubração de que, "por ter subvertido a tradição védica, o Yoga seria o ponto de partida das escolas filosóficas que irão romper com a ortodoxia védica e o sistema de castas, originando as escolas heterodoxas: Budismo, Jainismo e o materialismo Cárvaka" (Henriques, 1991, p. 28).

Não devemos confundir essa proposta de exercícios espirituais com um certo espírito mercadológico que contagiou a absorção ocidental das práticas da Yoga. Ou seja, há uma grande diferença entre praticar Yoga com direcionamento espiritual ou simplesmente praticá-la porque a academia do bairro oferece, ou porque está na moda, é *cult*, *VIP*, *vintage*, ou qualquer que seja o *slogan* publicitário a ela associado.

3.5
Os quatro estágios clássicos da vida segundo o hinduísmo

A tradição hindu sugere que todo homem deveria percorrer quatro etapas muito distintas entre si, cada uma delas correspondente a um determinado nível de consciência intelectual e com uma função social específica:

1. Brahmacharin: Em que o jovem se torna um aprendiz do conteúdo da religião brahmânica, etapa que dura da infância até o momento do casamento. Nesse período, é dada especial atenção ao estudo dos três ramos mais antigos dos *Vedas*, à abstinência sexual e ao afastamento do contato feminino.
2. Grihastha: Quando, após ser examinado em seus conhecimentos védicos, o jovem é considerado habilitado para casar com uma esposa escolhida pelos pais ou pelo mestre-guru. É a fase do devoto que realiza rituais diários previstos pela religião e o momento de atuação social mais intensa.
3. Vanaprastha: É uma fase indicada pelos primeiros sinais de velhice, quando o indivíduo deve retirar-se do seio familiar e ir para uma floresta para dedicar-se inteiramente à meditação e à devoção. Nessa fase, é prescrita uma dieta estrita: o indivíduo não pode se alimentar de produtos que tenham sido cultivados

nem aceitar alimentos de outras pessoas, tampouco ingerir carne, mel e cogumelos. É uma espécie de preparação espiritual para a morte, com uma série de regras rituais que têm em vista conduzir à iluminação.

4. **Samnyasin**: Trata-se da última etapa. Ao indivíduo que está nessa fase, só cabe uma escolha – morrer. Essa passagem começa com uma caminhada rumo ao norte, andando noite e dia, apenas bebendo água. Pode-se optar por se tornar um renunciante (significado original do termo *samnyasin*), cujo objetivo é a realização do vazio na consciência em busca da libertação ou *moksha*.

Essas quatro fases, que se aplicam apenas aos homens, revelam uma das características mais fundamentais da sociedade indiana até hoje: o patriarcado. A preponderância do protagonismo social e espiritual dos homens em relação às mulheres é uma questão polêmica. Alguns historiadores a refutam, alegando que existem *rishis* mulheres ou salientando a importância das deusas nessa cosmologia. Nós, porém, acreditamos que a caracterização de patriarcado aplicado à cultura hindu – assim como a diversas instituições do Ocidente – é incontornável. Na literatura hindu, principalmente nos *dharmas*, o dever prescrito para a mulher (*stri-dharma*) é cuidar dos afazeres do lar e dos filhos e acompanhar o marido, em vez de seguir os diferentes varnas. Ela deve ser "protegida": pelo pai, quando criança; pelo marido, quando casada; e pelos filhos, quando idosa[1].

Outra questão implícita nessa subdivisão das fases da vida, segundo a tradição védica, diz respeito ao elitismo da estrutura de varnas ou castas indianas. Apenas aos brâmanes (ou seja, nobres, filhos da casta sacerdotal) era permitido seguir o caminho como anteriormente exposto.

---

1 Comentário do pesquisador, devoto e amigo Leon Adam.

3.6
Alguns conceitos fundamentais da cultura hindu

Antes de finalizarmos este capítulo, faremos uma breve enumeração de alguns dos conceitos fundamentais presentes na cultura hindu. São termos e definições implícitos nas diversas correntes e interpretações que estudamos até agora, os quais, pela importância que têm para a compreensão geral do tema, merecem um enfoque mais detalhado. Vejamos a seguir.

- *Karma*: Esse conceito está presente em uma obra muito influente da cultura hindu chamada de *Código de Manu* (*Manusmriti*). No texto, o primeiro sentido para *karma* é a ideia de ação, mas, em seguida, a palavra "passou a designar a pressão subconsciente resultante de um conjunto de ações realizadas anteriormente sob impulso dos desejos, pressão esta capaz de determinar acontecimentos posteriores num processo de causa e efeito" (Tinôco, 1992, p. 116). Seria, pois, uma lei natural que liga nosso *atma* (alma, eu interior) ao desejo por resultados fruitivos presentes em nossas mentes quando realizamos ações. Assim, praticar o mal e dar vazão a desejos puramente egoístas evocam o mau *karma*. Do mesmo modo, realizar caridades e boas ações trazem o bom *karma*. No entanto, na concepção hindu de liberação, a meta é se livrar de ambos.
- *Samsara*: Trata-se praticamente de um derivado lógico do conceito de *karma*. Se o *karma* é um obstáculo para a liberação, condenando-nos a sofrer constantemente os efeitos de nossas ações, a metafísica hindu prevê que as almas não liberadas retornem para novas encarnações. Daí surge a imagem da roda

de *samsara*, que representa a constante reencarnação a que estamos todos submetidos até atingirmos a iluminação, alcançada quando queimarmos todo o nosso *karma*.

Figura 3.4 – A roda da vida

Pocholo Calapre/Shutterstock

- *Maya*: Esse conceito está ligado a outro que vimos anteriormente, *prakriti*, que naquele momento denominamos de *mundo fenomênico* ou *modos relativos à natureza material*. Em resumo, nossa mente (ou nossa subjetividade) tende a ver o mundo em grande parte ofuscado pela rede de desejos tecida por nossos egos singulares. Isso ocorre porque a consciência está incontornavelmente submetida aos três modos da natureza material (bondade, paixão e ignorância), razão por que não enxergarmos a realidade como ela é, ficando submetidos aos fenômenos e suas contradições. O conceito ficou popularmente conhecido como *véu de maya*, ou seja, uma espécie de névoa que encobre a realidade de forma que não possamos enxergá-la por detrás das aparências.

- **Prana:** É um conceito muito utilizado entre os praticantes da Yoga. Refere-se à energia vital difusa no cosmos, presente também na atmosfera, a qual ingerimos por meio da respiração. No entanto, são necessárias técnicas específicas de respiração para que sejamos capazes de ativar o prana dentro dos nossos pulmões.
- *Chakras*: Assim como o prana, esse conceito ficou muito associado aos praticantes de Yoga, mas também encontra reverberação em diversas terapias integrativas. Trata-se de centros de energia vital localizados em seis pontos de nosso corpo e num sétimo que se encontra acima da cabeça. Diz respeito a técnicas de ativação de todo o nosso potencial psíquico e energético, com o uso de uma técnica que é, ao mesmo tempo, corporal e psicológica.

Figura 3.5 – Disposição dos *chakras* no corpo humano

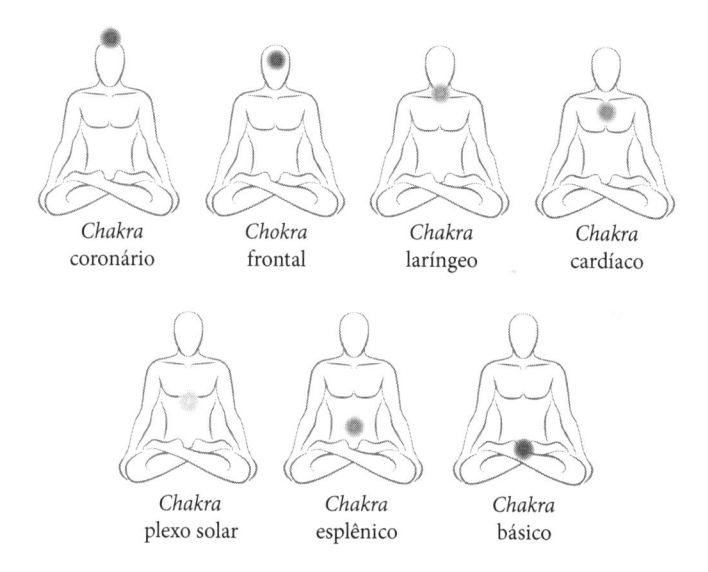

| Chakra coronário | Chokra frontal | Chakra laríngeo | Chakra cardíaco |

| Chakra plexo solar | Chakra esplênico | Chakra básico |

Peter Hermes Furian/Shutterstock

3.7
The International Society for Krishna Consciousness (ISKCON), Sri Chaitanya e Movimento Hare Krishna

Nas idas e vindas entre as escolas ou doutrinas, existe um movimento mais recente, conhecido dos brasileiros: o Hare Krishna. Desenvolvido a partir do século XV, essa linhagem tornou-se popular no Ocidente a partir da década de 1960. Fez parte do caldeirão da contracultura daquele período, tendo nos Beatles os principais divulgadores, e hoje se faz presente em quase todas as grandes cidades do Brasil.

Um dos rituais mais conhecidos da doutrina Hare Krishna consiste em cantar em público o hino à Krishna, também conhecido como *Maha Mantra*. Segundo Chaitanya, seria a maneira mais simples e eficaz de atravessar a era de Kali, ou Káli-yuga. Trata-se do famoso: "Hare Krishna, Hare Krishna, Krishna, Krishna, Hare, Hare. Hare Rama, Hare Rama, Rama, Rama, Hare, Hare".

O grande pensador do Krishna foi o erudito, filósofo e místico Sri Nimai Pandit, ou simplesmente *Vishwambara Prabhu*. Posteriormente, foi nomeado como *Sri Krsna Caitanya Mahaprabhu*. Hoje, normalmente nos referimos a ele como *Sri Caitanya* ou *Chaitanya*.

A esse pensador, que nasceu na cidade de Nadiya, região de Navadvipa, é atribuído o corpo argumentativo do **teísmo devocional** – uma das interpretações teológicas baseadas na literatura védica. Essa linha defende como o melhor caminho para a liberação a *bhakti-yoga*, conceito que pode significar "união devocional e amorosa com a suprema personalidade de Deus". Este não seria outro senão o senhor Krishna, tal como este se apresenta no capítulo 6 do *Mahabharata*, também chamada de *Bhagavad-Gita*.

Por isso, o *Bhagavad-Gita* e o *Bhagavata Purana* tornaram-se os textos fundamentais da doutrina. Neste último, inclusive, Chaitanya baseou sua teologia da devoção. O fato de ressoar um texto que remonta aos séculos IV a.C. e II a.C. demonstra a interpenetração entre essas doutrinas e o movimento teórico pendular que lhe é característico. O mesmo *Bhagavad-Gita* será requisitado por muitas outras escolas como texto fundamental, pois, segundo a grande maioria, é a síntese mais completa dos *Vedas*. Portanto, o teísmo devocional defendido por Chaitanya seria mais um desdobramento do antigo *vaishnavismo* em chave de relação amorosa e devocional à Krishna. Segundo esse desdobramento, Krishna deixa de ser apenas um avatar de Vishnu para se tornar a suprema personalidade de Deus.

O Capítulo 9 do *Bhagavad-Gita* é o mais ligado a essa leitura. Intitulado *O conhecimento mais confidencial*, nele Krishna se apresenta em todo seu esplendor como a suprema personalidade de Deus. Nesse capítulo, lemos passagens como a que trata do conhecimento mais puro, aquele capaz de conceder uma experiência direta do eu (de Krishna). Seria, portanto, a perfeição da religião, que se traduz pela prática do amor devocional (Prabhupāda, 2014). Também podemos encontrar o trecho que diz que as grandes almas, que não se iludem, "se ocupam completamente em serviço devocional porque sabem que Eu sou a original e inexaurível Suprema Personalidade de Deus" (Prabhupāda, 2014, p. 477). Em outra passagem, temos: "Se alguém me oferecer, com amor e devoção, uma folha, uma flor, frutas ou água, eu as aceitarei" (Prabhupāda, 2014, p. 491).

O movimento Hare Krishna, portanto, faz parte dessa linha e se coloca como uma continuidade. No século XX, o principal líder foi o grande erudito Srila Prabhupada (1896-1977), também conhecido como *A. C. Bhaktivedanta Swami Prabhupada*. Foi o fundador da International

Society for Krishna Consciousness (ISKCON), a instituição religiosa que atualmente embasa e dá suporte ao Movimento Hare Krishna. Muitas das melhores traduções diretas do sânscrito da literatura devocional hindu (o *vishnava*) saíram de suas mãos. Em muitos casos, são as únicas disponíveis. Isso sem contar os textos e comentários relativos às diversas doutrinas. Grande parte dessas obras foi publicada pela editora fundada pelo Movimento Hare Krishna, a Bhaktivedanta Book Trust. Sediada nos Estados Unidos desde 1966, ano em que Prabhupada chegou ao país, o selo divulga o trabalho de vários eruditos de diversos países.

Síntese

Neste capítulo, adentramos no vasto oceano da cultura hindu. Começamos com o estudo das primeiras populações que ocuparam a região, os drávidos, responsáveis pelas grandes e pujantes cidades de Harappa e Mohenjo Daro, cuja semente cultural veio a florescer posteriormente por meio de um sincretismo com a cosmologia ariana. Essa cosmologia teria sido responsável pela subsequente estruturação da sociedade em varnas ou castas, a qual teve por base a escrita dos *Vedas*, os quatro textos clássicos da cultura hindu abordados ao longo do capítulo.

Em seguida, passamos a uma análise filosófica das proposições metafísicas presentes na tradição do pensamento hindu. Pudemos perceber que se trata não de uma, mas de várias escolas religiosas. Partindo todas da mesma tradição literária, os *Vedas*, traçam diferentes caminhos para suas especulações e proposições metafísicas. Entre elas, demos especial destaque às influentes escolas Samkhya e Vedanta. Apresentamos o contexto histórico de seu surgimento e analisamos o pensamento de seus principais expoentes.

Vimos também que um aspecto fundamental da religiosidade hindu diz respeito à trimúrti, ou três formas de Deus. São as três maneiras de conceber a Ele e às suas três energias absolutas. Uma questão de suma importância diz respeito à visão dualista da realidade, dividida entre *prakriti e purusha*, marcando a distinção entre as duas principais escolas mencionadas. Essa questão, por sua vez, passa diretamente pelas duas formas de conceber a relação entre alma humana (*atma*) e *brahma*: uma escola afirma que são realidades paralelas e irredutíveis; a outra, que apresentam uma imanência interdependente.

Para um pensador ocidental, talvez a questão da cultura hindu diga respeito à natureza da realidade, tocando de maneira muito perspicaz em alguns elementos da teoria do conhecimento. O que a cultura hindu afirma, de maneira bem geral, é que a investigação da realidade deve partir da investigação do eu. Por isso os vários comentadores dos *Vedas* citados nesta obra utilizam a expressão *jornada interior*. Logo, trata-se de uma cultura religiosa com ampla complexidade filosófica e metafísica, mas que considera o autoconhecimento a etapa mais importante de qualquer ensinamento.

Por fim, vimos uma série de conceitos dessa tradição de pensamento, fundamentais para uma compreensão mínima da metafísica hindu, e repassamos a biografia de alguns dos principais mestres das escolas mais importantes. Com isso, esperamos ter despertado a curiosidade de ler alguns textos da tradição hindu. Sugerimos, para uma primeira aproximação, o *Bhagavad-Gita*. É importante ainda salientar que, sem um conhecimento seguro de vários aspectos da cultura hindu, será impossível compreender o capítulo seguinte, que versará sobre o budismo e o jainismo.

Indicações culturais

Documentários

EU MAIOR. Direção: Fernando e Paulo Schultz. Brasil, 2013. 90 min. Esse documentário traz entrevistas com trinta personagens, entre intelectuais e líderes espirituais, e tematiza as perguntas mais fundamentais sobre o "eu" e o sentido da vida.

HINDUÍSMO. Direção: Luis Florencio Tapia. 1998. 47 min. Excelente documentário que nos dá uma visão geral e bastante ampla das práticas milenares ligadas ao hinduísmo, desde suas origens até seus desdobramentos contemporâneos. Aborda de forma muito cuidadosa e precisa os fundamentos culturais e religiosos dessa tradição de pensamento. Disponível em: <https://www.dailymotion.com/video/x1r0vqv>. Acesso em: 14 out. 2018.

Filmes

> DALIT INTOCÁVEL. Direção: Benoit Jacquot. França, 2006. 78 min.
>
> O filme conta a história de uma jovem atriz que viaja à Índia para conhecer seu pai. A obra tematiza o sistema de castas, o choque cultural e a busca pelo sentido da vida.
>
> O MAHABHARATA. Direção: Peter Book. 1989. 171 min.
>
> Longa metragem baseado no épico hindu de mesmo nome.
>
> SAMSARA. Direção: Pan Nalin. França/Suíça/Itália/Índia/Alemanha, 2002. 138 min.
>
> O filme conta a história de um jovem monge tibetano, Tashi, que, após um retiro total de três anos, se vê atormentado pela paixão por uma dançarina e entra em profundo conflito moral com os preceitos religiosos que buscava seguir.

Atividades de autoavaliação

1. Sobre o povo que habitava a região do Vale do Rio Indo antes da chegada dos arianos, é correto afirmar:
   a) Só houve civilização de fato com a chegada dos arianos.
   b) A região era constituída de grandes cidades muito bem estruturadas (com ruas largas e água encanada nas casas, por exemplo) habitadas por povos de pele escura chamados de *drávidos*.
   c) Esse povo formou a civilização ariana mais antiga da história.
   d) Eram povos que desconheciam a escrita e ainda não dominavam o fogo.
   e) A população foi completamente destruída pelos bombardeios arianos durante a Segunda Guerra Mundial.

2. Ao tratarmos da tradição de pensamento hindu, um tema incontornável relativo aos fundamentos da sua filosofia e religião são os *Vedas*, que constituem:
   a) um grupo de quatro grandes profetas arianos responsáveis pelo monoteísmo hindu.
   b) a estrutura formal das grandes proibições que marcaram a doutrina hindu. Indicavam aquilo que era proibido, ou aquilo que se veda.
   c) um conjunto de quatro textos canônicos que marcaram a filosofia e religião hindus posteriores.
   d) a tradição indiana para o monoteísmo ético de Zaratustra.
   e) o nome das 33 principais divindades indianas.

3. Um dos conceitos mais importantes relacionados ao pensamento e à religião hindus é o de trimúrti. Neste capítulo, pudemos observar que ele se refere:
   a) à Santíssima Trindade cristã, composta por Pai, Filho e Espírito Santo.
   b) às três formas ou expressões da divindade absoluta, representada por Brahma, Vishnu e Shiva.
   c) ao livro sagrado ou bíblia hindu.
   d) ao deus principal no monoteísmo indiano.
   e) à dimensão material e concreta da existência.

4. Cada povo ou cultura constrói critérios para investigar a realidade. Mesmo que a ciência tenha se colocado como discurso dominante na nossa sociedade, a ela subsistem concepções de base metafísica, como o pragmatismo materialista. Neste capítulo, vimos que um aspecto fundamental na cosmologia metafísica hindu, ou seja, na estrutura de seu modo tradicional de investigação da realidade, diz respeito à divisão entre:

a) mundo das ideias, mundo humano e submundo (inferno).
b) *prakriti* (matéria, subdividida em realidade subjetiva e objetiva) e *purusha* (espírito).
c) lunar, sublunar e supralunar.
d) divina, sagrada e amaldiçoada.
e) luta de classes, superestrutura e infraestrutura.

5. Neste capítulo, ao investigarmos os primórdios da cultura indiana, deparamo-nos com a forte influência cultural exercida pelo povo ariano. Com base no que foi lido, é possível estabelecer alguma relação entre a invasão ariana na região e o sistema de varnas (castas) implantado?
    a) Não, porque os arianos têm uma organização militarizada que transforma todos em soldados de Hitler.
    b) Sim, pois os arianos gostavam de ter muitas mulheres e os indianos preferiam as castas.
    c) Sim, já que foi após a invasão ariana que se estabeleceu, no Vale do Rio Indo, a estrutura de divisão da sociedade em três classes (sacerdotes, guerreiros e agricultores), a qual depois deu origem ao sistema de varnas ou castas.
    d) Não, pois os arianos eram um povo muito religioso, que só se preocupava em expandir sua fé por meio da oração.
    e) Sim, porque foi durante a Segunda Guerra Mundial que os arianos dominaram a região com a ajuda dos Aliados e passaram a oprimir o povo nativo por meio do sistema de castas.

Atividades de aprendizagem

Questões para reflexão

1. Do seu ponto de vista, é possível fazer uma distinção entre o conteúdo religioso e os conceitos propriamente filosóficos do hinduísmo? Para entender melhor essa questão, escreva um pequeno texto que estabeleça uma relação entre o conceito de *maya* e o significado de *ilusão* no Ocidente. Busque analisar se o que entendemos geralmente por *ilusão* coincide ou não com o conceito de *mayatal* como este se apresenta no hinduísmo.

2. Neste capítulo, que versou sobre a vasta tradição da cultura hindu, vimos a preeminência de Brahman como divindade associada à totalidade da experiência espiritual. No entanto, não seria correto firmar que Brahman está para o hinduísmo assim como o Deus de Abraão está para o cristianismo. Escreva um pequeno texto que indique as similaridades e as diferenças estruturais entre os dois conceitos de divindade.

Atividade aplicada: prática

1. *Hinduísmo* é o nome dado a uma tradição religiosa e filosófica que se perpetuou através dos séculos em várias formatações. Um dos conceitos fundamentais que embasam essa tradição de pensamento é o *karma*. Prepare um plano de aula com base no qual se busque traçar um paralelo entre o conceito hindu de *karma* e o conceito cristão de culpa, salientando as semelhanças e as diferenças filosóficas e culturais relativas a cada um deles.

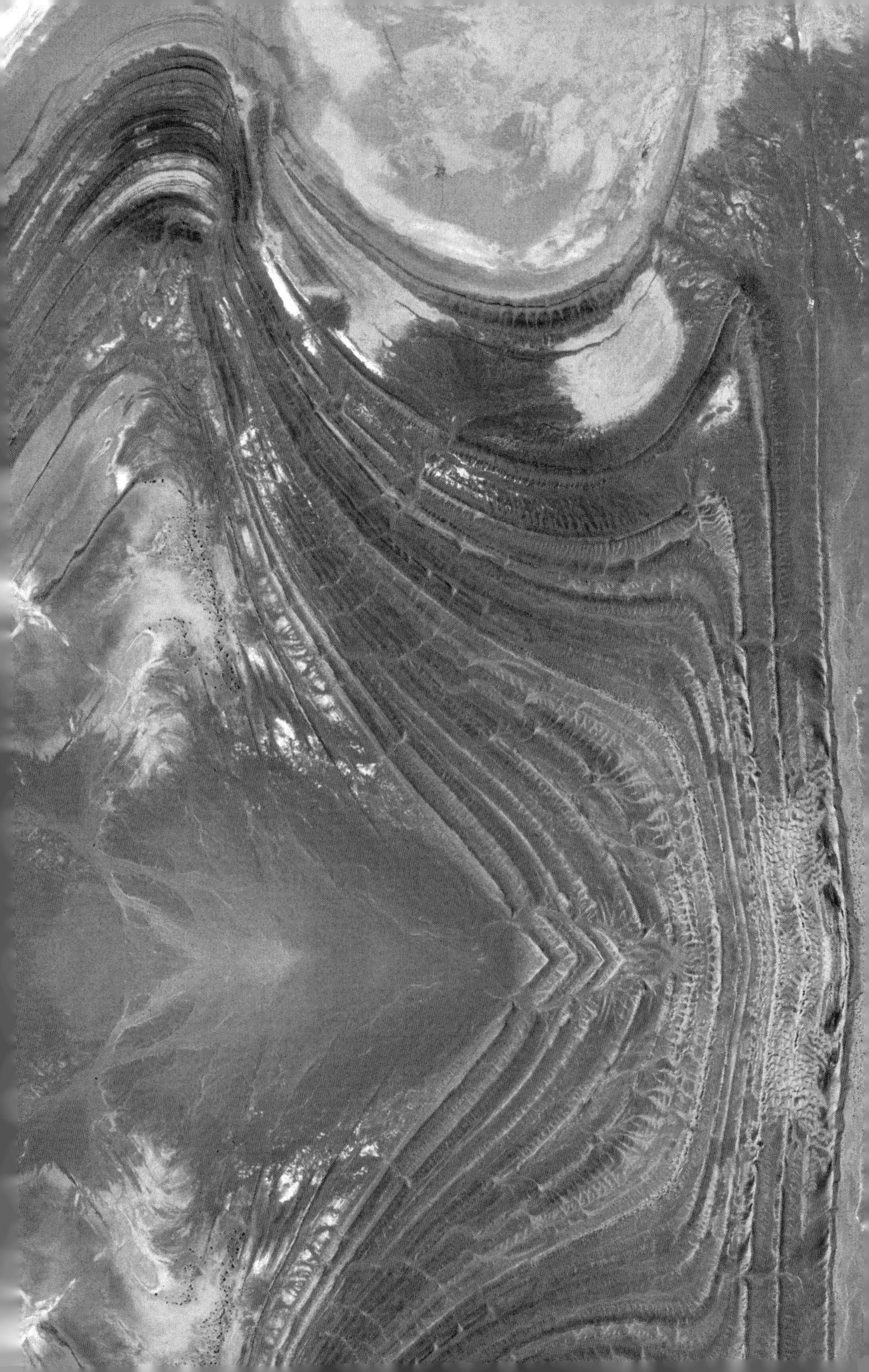

4 Budismo e jainismo

Neste capítulo, estudaremos o budismo e o jainismo, que são escolas filosóficas, religiões ou tradições de pensamento intimamente ligadas ao hinduísmo, que os cerca e precede. Na verdade, essas escolas representam duas grandes críticas ao sistema religioso tradicional e duas propostas de especulação metafísica bastante inovadoras e complexas. É interessante, ainda, pontuar que o levantamento histórico insinua que os dois grandes pensadores e líderes do budismo e do jainismo foram contemporâneos e habitaram regiões relativamente próximas do território indiano.

Comecemos, portanto, por uma análise do budismo, cuja origem remonta à biografia de Sidarta Gautama. Em seguida, veremos as nuances e especificidades propostas pela doutrina jainista.

Figura 4.1 – Tian Tan Buddha, também conhecido como O Grande Buddha: estátua de bronze em Ngong Ping, Lantau, Hong Kong

ThaiWanderer/Shutterstock

4.1
Budismo

O budismo, como escola filosófica e movimento religioso, passou a existir com o advento da iluminação do então asceta Sidarta Gautama, o Buda, que viveu no século VI a.C. (entre 558 a.C. e 483 a.C). Logo perceberemos que o desenvolvimento filosófico do budismo está intrinsecamente ligado à biografia de seu fundador. A narração de como ocorreu o despertar de Sidarta Gautama, ocorrido aos 35 anos, é fonte substancial de conteúdo para a religião. A íntima e inseparável relação da mensagem com o testemunho fica evidente quando analisamos o caráter prático ou pragmático dos conceitos budistas. Como salienta Eliade (citado por Gonçalves, 1995, p. 40), "o budismo é a única religião cujo fundador não se declara nem profeta de um Deus, nem o seu enviado, e que, além do mais, rejeita até a ideia de um Deus (Ser Supremo). Contudo, tal fundador proclama-se 'Desperto' (Buddha) e, por conseguinte, guia e mestre espiritual".

4.1.1 Biografia de Sidarta Gautama

Até hoje não sabemos o nome exato pelo qual esse homem era chamado em vida, pois todas as denominações pelas quais se tornou conhecido são termos que já supõem, desde o início, o seu destino reservado pela história. Encontramos frequentemente a referência a *Sakiamuni* (principalmente entre as escolas budistas orientais), cujo significado seria "o sábio do clã dos Sakia". A palavra sânscrita *Siddharta*, por sua vez, teria o sentido de "meta alcançada" ou "justiça feita". Tal como *Sakiamuni*, é mais um epíteto associado à figura do futuro Buddha (ou *Buda*, em português) do que um nome próprio. Também não podemos nos esquecer que o termo *Buddha* corresponde a outra palavra sânscrita, cujo significado original seria "o desperto".

Esses nomes têm em comum o fato de serem todos epítetos, menções honrosas e veneráveis, que se referem não ao homem histórico, mas a seu futuro como líder de uma das religiões mais importantes da humanidade. Lenda e religião pairam como uma sombra sobre a figura histórica, dificultando uma reconstituição histórica mais precisa. Jurado e Borges (1985, p. 25) afirmam: "A verdade, por escandalosa que seja, é que aos hindus importam mais as ideias do que as datas e os nomes próprios". Por convenção, iremos nos referir ao homem histórico cujo destino era se tornar Buda como *Sidarta* (de forma aportuguesada para simplificar), que nasceu na família de sobrenome Gautama, integrante do clã Xátria (guerreiro) dos Sakias. A região em que Buda nasceu fica ao sul do que hoje é o Nepal. Naquela época, os Sakias eram senhores de um pequeno estado semiautônomo cuja capital estava em Kapilavastu – dependente de um reino maior, Koshala, situado a oeste. É importante lembrarmos que a Índia antiga tinha um território muito maior que a atual e estava dividida em 16 reinos, entre os quais se destacavam Magadha, Koshala, Vajji, Vatsa e Avanti (Ikeda, 1982).

Sidarta teria nascido nos arredores de Kapilavastu, capital do reino, mais precisamente nos Jardins de Lumbini. O nome da cidade ao redor da qual Sidarta cresceu nos dá uma valiosa informação acerca da influência de uma doutrina filosófica muito importante entre as escolas védicas, chamada de *Samkhya*, que teve por fundador, justamente, o sábio Kapila; daí o nome *Kapilavastu*[1]. Por ora, é importante retermos que Sidarta nasceu em uma família real ou nobre, que dominava ou dirigia um dos reinos menores da Índia.

Conta a tradição que a mãe de Sidarta, a rainha Maya, morreu cerca de uma semana após dar à luz. A criança foi criada por uma tia materna, Mahaprajapati. O nome da mãe de Sidarta, *Maya*, tem grande significado religioso e filosófico: seu substrato é o conceito de ilusão ou percepção parcial da realidade[2]. O nome do pai, *Sudhodana*, vem de "arroz puro" ou "o que tem alimento" e pode sugerir, como propõem alguns historiadores, o fato de não se tratar exatamente de um rei, mas sim de um nobre ou importante senhor feudal, cuja riqueza estaria ligada à agricultura (Jurado; Borges, 1985).

---

1 Quanto a esse assunto, recomendamos a revisão do tópico 3.4.1, que versa sobre a fundamentação teórica da escola Samkhya, a qual irá exercer forte influência sobre o budismo.

2 O tópico 3.6 trata especificamente desse conceito.

A tradição relata que esse rei ou nobre senhor, após o nascimento do filho, teria convocado um adivinho para saber sobre o destino da criança – um costume corrente na época. O adivinho, de nome *Asita*, constatou sinais de distinção na criança e teria previsto um futuro grandioso para ela. No entanto, e essa advertência é particularmente importante para o desenrolar da história, Asita não saberia precisar se o caminho de grandeza daquela criança estaria ligado à carreira das armas ou a uma vida religiosa. Ao constatar a vontade do rei em ter um grande líder militar como filho, o adivinho o orienta a isolar a criança de todas as mazelas do mundo, para que não se compadeça das dores humanas.

Sidarta passou a gozar a vida abastada de um jovem rajá, recebendo a melhor instrução possível para a época. Aprendeu sobre os textos védicos, geometria, astronomia, equitação e demais artes. Até que, com a idade de 19 anos, ao cumprir a primeira etapa de instrução clássica prevista pelos *Vedas* (*brahmacharia*), casou-se com sua prima, Yassodhara. No decorrer dos dez anos seguintes, "pode-se imaginá-lo ocioso e galante, ocupado em torneios, caçadas, combates de fronteira [...] um jovem rajá, entre tantos outros jovens rajás dos Estados em luta na Índia" (Mondadori, 1970, p. 34). Ikeda (1982, p. 40, tradução nossa, grifo do original) ressalta:

> Os membros da classe alta, que eram principalmente pessoas pertencentes a classe brahmânica, dividiam a vida em quatro períodos distintos: 1) o período de *brahmacharia*, ou período de estudo, que começava aos sete ou oito anos e durava doze anos; 2) o período de *grhasha*, ou vida em família, que durava cerca de trinta anos, nos quais o indivíduo devia cumprir seu papel social como chefe de família; 3) o período de *vanaprastha*, ou vida no bosque; e 4) o período de *samyasin*, ou distanciamento e peregrinação, em um estado de completa miséria, dependendo de esmolas para sua subsistência.

É justamente nesse momento, dez anos após seu casamento e o anúncio da chegada de seu primeiro filho, Rahula, que a profecia de

Asita ganhou sua máxima carga dramática. Esse episódio é conhecido na tradição budista como **quatro encontros**. O jovem Sidarta teria saído escondido do palácio em quatro oportunidades. A fim de poder conhecer a sociedade ao seu redor, Sidarta fez essas saídas acompanhado de seu cocheiro e escudeiro, de nome *Xanna*. Em cada uma das quatro escapadelas teve um encontro que marcou profundamente sua visão da vida humana e postura no mundo.

Na primeira, viu um homem enrugado e trêmulo caminhando com a ajuda de uma bengala, deparando-se com a velhice em estado de decrepitude; na segunda, encontrou um doente agonizando na calçada; na terceira, avistou um enterro. A cada encontro, segundo a tradição, temos um ingênuo Sidarta horrorizado e estupefato com o que vê. Em todas as as saídas, ele fez a seguinte pergunta a seu cocheiro Xanna: "O que é isto?". E o servo respondeu por três vezes com as mesmas palavras: "É a vida, meu senhor".

Figura 4.2 – Monge asceta indiano

Na quarta saída, Sidarta se deparou com algo muito diferente, mas igualmente desconcertante: ele viu um homem bastante magro, com a roupa em farrapos, carregando uma tigela de esmolas. Em seu olhar, Sidarta identificou uma força e uma paz de espírito até então desconhecidas para ele. Xanna informou que se tratava de um monge asceta, ou seja, uma pessoa pertencente a um grupo de homens que renunciaram à vida na sociedade e às suas famílias para se engajar inteiramente na busca espiritual. Sidarta, então, teria começado a decidir-se pelo seu caminho.

Pouco depois desses quatro encontros, o filho de Sidarta, Rahula, nasceu. Houve uma grande festa com muita pompa e celebração no palácio. Mas o fato é que o jovem Sidarta já havia sido profundamente tocado pela impressão de que tudo aquilo era passageiro, não apenas a festa e a riqueza, mas o próprio corpo humano. A tradição diz que ele pressentiu a velhice e a morte oculta até nas jovens e garbosas dançarinas do castelo. Para ele, tudo o que lhe dizia respeito teria como destino a dor, a doença e a morte. Sidarta resolveu, assim, renunciar a tudo e partir em busca do único caminho que lhe parecia valer a pena, o da busca espiritual. Nesse mesmo dia, na calada da noite, mais uma vez acompanhado de Xanna, Sidarta deixou o palácio para tornar-se um asceta ou renunciante.

Após ter percorrido uma distância considerável, Sidarta entregou seu cavalo a Xanna, cortou os cabelos com a espada (um símbolo de renúncia), trocou suas roupas com um mendigo e entrou na floresta, decidido a seguir o caminho da busca espiritual. Sobre a decisão de partir, Ikeda (1982, p. 38, tradução nossa) alerta que,

> no que se refere à decisão de Sidarta de abandonar seu lugar para entregar-se à vida religiosa, deve-se ter em conta que, na antiga Índia, semelhante passo nunca supunha uma atitude de pessimismo ou

desespero [...] pois na antiga Índia, se contava com uma larga e bem estabelecida tradição de ascetismo e busca espiritual. No tempo de Sidarta era completamente normal que homens de inclinação intelectual abandonassem seus lares e adentrassem em uma selva para tratar de descobrir a verdade da existência humana. Longe de ser algo excêntrico, essa conduta era considerada quase como uma parte normal da vida neste mundo.

Seis anos se passaram. O jovem se consultou e recebeu ensinamentos de diversos monges ascetas veneráveis, ouvindo atentamente as suas pregações. No entanto, nenhum deles o convenceu completamente de ter encontrado o caminho que levava à iluminação. Sidarta passou, então, a praticar rigorosas mortificações e drásticas dietas por conta própria. Naquele momento, a meta era dominar o corpo e o vulcão de prazeres que encerrava: passou meses dentro de uma caverna, praticamente imóvel, alimentando-se com um grão de arroz por dia, determinado a atingir o *atman* (eu interior). Algumas versões alegam que, pela severidade e impassibilidade com que Sidarta encarou essas diversas práticas de mortificação, ele teria passado a gozar de uma certa reputação. Segundo Mondadori (1970, p. 37), o que ocorre é que os outros passaram a venerar

> essa imagem poderosa da vontade humana, que venceu a luta contra si mesmo. Mas, por dentro, Sidarta sente que não mudou. Continua perplexo e certo de que não progrediu [...] seis anos se passaram, e começa a acreditar que a única coisa que conseguiu foi ficar doente. Pior: pensa que acabou enredado em outra forma de ilusão. Não é, porventura, agradável poder admirar a própria força de vontade e ser tão respeitado pelos outros? Talvez houvesse trocado o conhecimento da verdade por uma nova e obscurecedora nuvem de orgulho.

Essa inquietante constatação o teria feito renunciar àquela via. Para grande espanto de seus companheiros de ascetismo, Sidarta separou-se deles e resolveu que voltaria a comer, mas não antes de se purificar com um banho no rio mais próximo, Nairanjana (prática cultural até hoje muito recorrente na Índia). Conta-se que, nesse momento, o ex-príncipe estava tão debilitado que mal teve forças para retornar à margem após o banho. Ao sair da água, encontrou uma tigela com arroz cozido no leite, um prato típico da região que uma jovem moradora chamada *Suyata* lhe ofereceu.

Acredita-se que Sidarta teria ouvido um professor de música ensinar ao seu aluno que um instrumento, para tocar de forma afinada e harmoniosa, não poderia ter suas cordas nem retesadas nem frouxas demais. Por isso, especula-se que Sidarta teria intuído que o melhor caminho para guiar o espírito era o caminho do meio – ou seja, sem martirizar o corpo nem se deixar levar pelos prazeres sensoriais. Por isso, teria voltado a se alimentar.

Reenergizado pelo alimento e purificado pelo banho de rio, Sidarta sentou-se embaixo de uma frondosa figueira, resolvido a só sair dali quando tivesse alcançado a iluminação (ou despertar). Essa árvore ficou conhecida como *Árvore Bodhi* (ou *Bodh Gaya*). Narra a tradição que, nesse momento, Mara (espécie de rei dos demônios) resolveu pessoalmente tentar impedir que aquele asceta de nome *Sidarta* se iluminasse. Primeiro, enviou seu exército de demônios, que não conseguiram atingi-lo, pois sua pureza e força espiritual emanavam uma espécie campo de forças impenetrável para as forças do mal. Mara resolveu, então, tentar Sidarta com a imagem de mulheres extremamente sensuais e luxuriosas. Ele não se moveu, pois alcançou um estágio em que já não tinha mais nenhum apego pelas coisas do mundo. Logo, o rei dos demônios saiu de cena derrotado, embora sem ter se dado por vencido.

Figura 4.3 – Pintura que busca retratar as tentações de Sidarta Gautama no momento de sua iluminação, embaixo da Árvore Bodh

Friedrich Stark/Alamy/Fotoarena

Nesse momento, diz-se que uma sensação de júbilo percorreu Sidarta. Ele se dera conta de que finalmente havia despertado: vencera de uma vez por todas a dor, o mal e a luxúria (talvez possamos dizer que venceu o ego). A lenda acrescenta que Sidarta, agora já tendo se tornado Buddha, ou *O Desperto*, viu diante de si todas as suas encarnações anteriores e passou a intuir, de imediato, todos os segredos do universo. Ikeda (1982, p. 92, tradução nossa) relata que no segundo estágio de sua iluminação (após a rememoração das transmigrações anteriores), Sidarta teria alcançado a sabedoria a respeito do futuro:

Adquiri o supremo olho celestial e contemplei o mundo inteiro como se estivesse em um espelho imaculado. Vi a morte e o renascimento de todas as criaturas segundo seus atos, se foram bons ou maus. Aquele seres cujos atos eram pecaminosos passavam a uma esfera de miséria, aqueles cujas ações eram boas ganhavam um lugar no triplo céu. Compreendi claramente que não se pode encontrar segurança alguma neste fluxo de existência samsárico e que a ameaça da morte está sempre presente.

Nessa citação, o termo *samsárico* vem de *samsara*, que em sânscrito significa "perambulação". Refere-se ao ciclo de encarnações ao qual estamos submetidos.

Quanto às exortações de Mara, existe um texto das escrituras budistas em que figura o seguinte discurso:

Sidarta se dirigiu a Mara, sem titubear, nos seguintes termos: "Amigo do preguiçoso, Maligno, vieste aqui por tua própria conta. Eu não tenho nenhuma necessidade de méritos. Eu tenho fé, heroísmo, sabedoria. [...] Contempla a pureza do meu ser! A sensualidade e os prazeres formam teu primeiro exército, o segundo se chama Aversão. Teu terceiro exército é a fome e a sede, o quarto o desejo. Teu quinto exército é a preguiça e a indolência, o sexto, a covardia. Teu sétimo exército é a dúvida, o oitavo a hipocrisia e a estupidez. Ganhos, fama, honras, glória falsamente obtidas, o elogio de si mesmo e o menosprezo dos demais; este é teu exército Maligno. Os covardes não conseguem vencê-lo, mas o que o vence alcança a felicidade. [...]. Para mim é melhor morrer em batalha que viver derrotado. Alguns ascetas e brahmanes lançados nesta luta foram vencidos: eles não conheciam o Caminho pelo qual vão os virtuosos, os bons. Observando o exército por todos os lados enfrentarei Mara disposto em ordem de batalha com elefante. E Mara não me fará mover de meu posto. (Ikeda, 1982, p. 84, tradução nossa)

O enfrentamento de Mara lembra a Tentação de Cristo (Mateus 4:1-11, Marcos 1:12,13 e Lucas 4:1-13). Porém, é importante diferenciar que, na teologia cristã, o diabo é uma figura de *status* ontológico, ou seja, algo com existência no mundo exterior e cuja origem remonta à rebelião de Lúcifer. Na doutrina budista original, Mara seria, na verdade, uma emanação dos males que habitam o interior de cada homem. É nesse sentido que nos fala Ikeda (1982, p. 85, tradução nossa, grifo do original): "a aparição de Mara frente a Sidarta (Sakiamuni), em vésperas de alcançar este a condição de Buda pode ser interpretada como a percepção dessa verdade por Sidarta; quer dizer, percebeu em sua verdadeira forma os demônios que moravam no interior de seu próprio espírito".

O anúncio de que um homem havia alcançado o estágio de Buda na Terra encheu todo o universo de júbilo, comovendo todos os deuses e semideuses. Mara, entretanto, ainda faria uma última tentativa. A iluminação já havia ocorrido, mas o deus maligno buscava impedir que fosse propagada.

Esse também é um acontecimento muito importante na trajetória de Sidarta. A constatação da distância que havia entre o seu *status* de iluminado e o ambiente de paixões e ignorância no qual vivia a humanidade talvez tenha sido o primeiro grande desafio enfrentado pelo recém-desperto. Segundo a tradição, nesse momento Buda duvidou de sua missão. Como professar a mensagem entre pessoas que ainda se encontravam completamente iludidas pelo mundo material e pelos desejos do corpo? Alguns creditam a Mara essa dúvida. Mas se Mara, como vimos antes, é uma manifestação exterior das tentações que vivem interiormente no espírito de cada um, podemos dizer que a dúvida foi mesmo o primeiro grande desafio de Buda. Esse episódio ficou conhecido como *a solidão do realmente iluminado*.

Após muito meditar, ainda sob a figueira na qual tinha alcançado a iluminação, Buda teria por fim afirmado o seguinte:

> seja aberta a todos a porta da Eternidade. – Ouça quem tiver ouvidos! – Eu pensei em minha própria mágoa e foi por isso que hesitei em revelar aos homens a nobre verdade. Venho ao mundo para a salvação de muitos, da pena do mundo, para a prosperidade, a redenção, a alegria dos deuses e dos homens. Ao mundo envolto nas trevas da ignorância eu darei o belo clarão da melhor ciência. – Libertá-lo-ei da velhice, da morte e da dor. (Kharishnanda, 1978, p. 93)

E assim se iniciou a jornada de Sidharta Gautama, desde então Buda - o iluminado, de transmissão de sua mensagem de libertação da humanidade dos males da dor, da velhice e da morte, cujo conteúdo gira em torno do seu testemunho acerca da possibilidade da iluminação, como caminho passível de ser traçado por qualquer ser humano.

4.1.2 A iluminação

Explicar o conteúdo da iluminação é uma tarefa muito desafiadora. Como dissemos anteriormente, a lenda religiosa paira sobre a figura histórica de Buda de maneira quase indissociável. Em uma das versões desses relatos, Buda teria encarnado desperto e ainda recém-nascido. Após dar setes passos, teria afirmado em tom de exclamação: "Eu sou o primeiro e o melhor, este é o meu último nascimento e venho dar fim à dor, à doença e à morte!". Consta ainda que o futuro Buda teria, do céu, escolhido a família na qual iria nascer. Mas como nosso ponto de vista é laico e o budismo prega uma espécie de ateísmo, estamos livres para interpretar o advento da iluminação sob um enfoque menos místico e mais filosófico. Não estamos sós. Vários comentadores adotam essa postura, e seus trabalhos são validados e estudados.

Figura 4.4 – Buda meditando

Luciano Mortula - LGM/Shutterstock

Nesse sentido, a iluminação a que chegou Sidarta não foi um feito milagroso, e sim resultado de uma vontade particularmente forte. É bom recordar que Sidarta se destacou entre os ascetas, cuja determinação e inteireza de espírito tornaram-no capaz de **despertar**. No entanto, em que consiste de fato esse *despertar*, que geralmente encontramos associado às palavras *nirvana* e *samadhi*? Vejamos melhor cada um desses conceitos a fim de ter um vislumbre do que se trata a iluminação de Buda.

Samadhi é uma palavra sânscrita cujo significado é "contemplação". Na literatura védica anterior ao budismo, o termo está ligado a uma das etapas da Yoga, como previsto nos *Yoga Sutras* de Vyasa, e corresponde ao controle completo (*samādhana*) das funções da consciência, que resulta em vários graus de aquisição interna da verdade. Segundo Vyasa, "Yoga é *samādhi*". Podemos inferir, portanto, que *samadhi* seria um estágio contemplativo avançado no qual se alcança a profunda contemplação das verdades do universo. No budismo, *samadhi* é o último elo ou a última etapa percorrida pela doutrina do caminho óctuplo: a concentração correta. Como essa é uma técnica de meditação, não parece atender plenamente ao nosso desejo de tematizar a singularidade da iluminação de Buda.

As escrituras se referem à iluminação de Sidarta com a expressão em sânscrito *Anuttara-samyak-sambodhi*, que significaria "sabedoria perfeita e insuperável". No entanto, a palavra mais usada para se referir a esse fenômeno é *nirvana*, termo que ficou muito conhecido depois de se tornar nome de uma importante banda de *rock'n'roll* estadunidense oriunda de um movimento cultural chamado *grunge*.

Mas o que vem a ser o nirvana? Muitos autores alegam que a consciência ordinária é como a chama de uma vela, que crepita e oscila animada pela ilusão e pelo desejo. O nirvana seria, portanto, o apagar da chama dessa vela de forma a manter-se a consciência em um estágio superior de esclarecimento. Uma forma de exemplificarmos o sentido de nirvana seria pensar na figura de um músico ou artista muito talentoso. Uma vez completamente absortas na produção de sua arte, essas pessoas teriam alcançado um estágio mais profundo de concentração e entrega. Imagine um solista em uma orquestra, ou um dançarino inteiramente absorto em sua *performance*, ou um poeta em plena inspiração. Esse seria o estágio mais profundo de concentração e entrega a que estamos nos referindo.

O fazer artístico, diferente das ciências físicas ou matemáticas, tem na concentração um componente de absorção racional. Quando um artista verdadeiramente comprometido alcança esse estágio de contemplação e absorção profunda, passamos a perceber que o nosso espírito é capaz de uma consciência muito além daquela que usamos ordinariamente. A iluminação de Buda, portanto, seria como se um exímio pianista pudesse ver seu conhecimento de harmonia musical estendido a todos os elementos do universo. Talvez esta seja uma das verdades mais profundas dadas pelo testemunho de Sidarta, antes e após a sua iluminação: a de que o estágio de contemplação profunda e graciosa do universo é possível de ser alcançado por qualquer um, desde que a pessoa esteja completamente comprometida com a superação do ego e do desejo, elementos que no budismo são chamamos de *sede*.

Essa questão fica mais clara quando descobrimos que, depois de se iluminar, o então Buda passou os 45 anos seguintes de sua vida vivendo como qualquer ser humano. Tinha necessidade de comida e bebida, se locomovia de uma cidade para a outra caminhando, até vir a morrer após uma crise de estômago agravada pela ingestão de cogumelos. Esse episódio é um exemplo que não deixa nenhuma dúvida acerca da demasiada humanidade de Buda.

O conteúdo da iluminação de Sidarta e o sentido do nirvana serão desenvolvidos ao longo deste capítulo, à medida que analisamos os ensinamentos contidos nos sermões (também chamados de *sutras*), base dos conceitos fundamentais apresentados pelo budismo. Por enquanto, prosseguimos com o relato biográfico.

4.1.3 Sermão de Benares

Uma vez desperto e decidido a divulgar sua mensagem, Buda resolveu procurar seus cinco antigos companheiros de ascetismo. Iria iniciar por eles a propagação de seu recém alcançado conhecimento. Nessa busca, descobriu que os cinco ascetas haviam se dirigido para a cidade de Benares. Buda os seguiu.

Figura 4.5 – Sermão de Benares

Godong/Alamy/Fotoarena

Ao avistá-lo, os antigos companheiros teriam desdenhado daquele irmão. Anteriormente, parecia-lhes tão proeminente no caminho espiritual pelo rigor e pela impassibilidade nas práticas ascéticas. Pensavam, entretanto, que havia caído em tentação e desgraça ao voltar a se alimentar normalmente. Sidarta havia sido uma espécie de líder desse grupo pelo seu exemplo, mas desde então perdera todo o prestígio: "ele quebrou seu voto e abandonou a santidade. Não é mais um *bhikkhu* (mendicante), é Gotama [Gautama], um homem que vive na abundância e faz concessões aos prazeres mundanos" (Ikeda, 1982, p. 73, tradução nossa). A presença de Buda exalava tal nobreza e santidade que os cinco companheiros, por não serem capazes de manter aquela postura, receberam-no com educação, mas sem reverência. Buda passou a professar a verdade da sua iluminação por dias e dias, até convencê-los. Esse episódio ficou conhecido e condensado no texto intitulado *O sermão de Benares*.

Buda ensinou a esses cinco ascetas a verdade superior do **caminho do meio**, ou seja, um caminho que propõe um perfeito equilíbrio entre a mortificação do corpo (práticas ascéticas) e a entrega aos prazeres sensoriais. Outra questão, fundamental para o futuro da doutrina, diz respeito à negação da tradição védica. Nas palavras atribuídas ao próprio Buda, temos a seguinte pregação sobre o caminho do meio:

> nem abstinência de peixe ou carne, nem nudez, nem cabeça raspada ou cabelos entrançados, nem roupas grosseiras, nem o cobrir-se de lama, nem fazer sacrifícios a Agni purificarão o homem que não está liberto das ilusões. Ler os *Vedas*, levar as oferendas aos sacerdotes ou sacrifícios aos deuses, mortificações pelo calor ou frio, e tantas outras penitências realizadas visando à imortalidade não purificarão o homem que não está liberto das ilusões. Cólera, embriaguez, obstinação, hipocrisia, falsidade, inveja, amor-próprio, injúria, arrogância e más intenções constituem máculas; não porém, o fato de comer carne. Um caminho do meio, ó *bhikkhus*, evitando os dois extremos, foi descoberto pelo Tathagata [epíteto mais usado pelo Buda para referir-se a si mesmo, que tem o significado ambivalente de **o assim ido** ou **o assim vindo**] – um caminho que abre os olhos, e dá compreensão, que conduz à paz interior, à alta sabedoria, ao completo esclarecimento, ao Nirvana. (Agathão, 1995, p. 68-69, grifo nosso)

A pregação acerca de um caminho do meio contém uma boa dose de iconoclastia com relação à liturgia védica anterior. Para o budismo, não adianta cumprir todos os rituais previstos pela liturgia e continuar iludido pelo ego, à mercê de cólera, embriaguez, obstinação, hipocrisia, falsidade, inveja, amor-próprio (que talvez seja melhor traduzido por *egoísmo*), injúria, arrogância e más intenções. Começou a ser delineada uma das diretrizes mais fundamentais da religião ou escola filosófica budista: a postura pragmática a respeito do comportamento humano. De um certo ponto de vista, não importam suas crenças ou convicções metafísicas, apenas seu comportamento e suas ações. Por esse motivo, o budismo é também referido como a explanação de uma forma de Yoga prático. Segundo Henriques (1991, p. 44), é, "antes de mais nada, uma filosofia prática das mais profundas sobre a vida".

4.1.4 Pressupostos culturais e filosóficos do budismo: uma abordagem analítica

Segundo uma colocação deveras precisa de Jurado e Borges (1985, p. 42), "da mesma maneira que a doutrina de Jesus pressupõe o Velho Testamento, a de Buda pressupõe o hinduísmo". Nesse sentido, para entendermos o budismo em sua completude, é fundamental um conhecimento prévio das vertentes do hinduísmo que o antecedem, entre as quais se encontra particularmente influente, na região em que se Sidarta nasceu, a doutrina Samkhya, atribuída ao sábio Kapila. Como a maior parte desse material já está presente no capítulo anterior, faremos apenas uma breve recapitulação de pontos essenciais para a compreensão do budismo como novidade histórica e filosófica.

Como já dissemos, o nome da cidade em que o Buda nasceu, *Kapilavastu*, é uma referência ao sábio Kapila, tido como fundador de uma das escolas da ortodoxia védica chamada de *Samkhya*. A sua principal referência teórica é o influente texto conhecido como *Samkhya-Sutra*. Essa escola defendia o dualismo radical entre dois conceitos fundamentais no hinduísmo, *prakriti* (mundo material) e *purusha* (espírito absoluto). É interessante constatar que, apesar de se tratar de uma escola ortodoxa, o Samkhya já defendia uma espécie de ateísmo ao negar a existência necessária de um espírito absoluto, ou deus supremo. Isso se dá porque, no hinduísmo, "a ortodoxia não se define pela crença em uma divindade pessoal, mas, sim pela veneração dos *Vedas*" (Jurado; Borges, 1985, p. 30). Esse ateísmo, portanto, não era agressivo. Excluía-se um Deus todo poderoso, mantendo-se as inumeráveis divindades da mitologia popular.

Já estaria presente no Samkhya uma certa indisposição anticlerical com a liturgia védica, que depois foi radicalizada no budismo. Lemos no *Samkhya-Sutra* que "Kapila enumera diversas servidões humanas, afirmando que uma das mais perniciosas é a daqueles que têm que dar presentes aos sacerdotes" (Jurado; Borges, 1985, p. 30). Outra questão particularmente importante na Samkhya, e que exerceu forte influência no budismo posterior, é a concepção de *prakriti* como mundo fenomênico – esfera da ilusão e do engano, portanto. Isso não quer dizer que *prakriti* seja uma ilusão em si, mas que nossa percepção dele, por ser subjetiva e estar imersa nos três modos da natureza material, é necessariamente ilusória. Vejamos, agora, alguns conceitos centrais para entendermos a relação do budismo com o hinduísmo que o precede.

Purusha (espírito absoluto)

Uma clara marca de distinção entre o budismo e o hinduísmo que o precede é a negação de *purusha* ou do espírito absoluto. Esse é um tema no qual o ateísmo iconoclástico do budismo se apresenta em sua forma mais radical. Talvez por se tratar de uma doutrina obssessivamente prática, nega-se a fazer especulações sobre temas que estejam muito além da vida cotidiana ou das possibilidades de compreensão humana ordinária. Segundo a análise de Eliade (1978; citado por Agathão, 1995, p. 24), veremos que, "no que toca ao Samkhya e ao Yoga, Buda retoma e desenvolve a análise dos mestres Samkhyas e as técnicas contemplativas dos yogues, rejeitando-lhes, porém, as pressuposições teóricas, antes de mais nada a ideia de *Purusha*".

A doutrina do Buda nos apresenta um diálogo sobre essa ânsia por explicações de caráter metafísico e elucubrações sobre questões teóricas as mais diversas. Trata-se de uma conversa com um monge discípulo do budismo chamado *Malunkyaputta*. Este queixava-se do fato de o bem-aventurado deixar sem resposta para problemas como: É o universo eterno ou não eterno? Finito ou infinito? É a alma a mesma coisa que o corpo ou é diferente? Malunkyaputa solicita ao mestre, então, que precise o seu pensamento e, se for o caso, reconheça que não sabe responder. Buda, não se deixando arrastar por tais especulações, rebate com a parábola do homem e a flecha envenenada.

Um homem havia sido ferido por uma flecha contendo veneno em sua ponta. Os seus amigos e parentes trazem um cirurgião, mas o homem grita: "Não consentirei que esta flecha seja extraída enquanto não souber quem me feriu, se foi um xátria ou um brâmane, a que família pertence, se é grande ou pequeno, ou de estatura média, de que aldeia ou cidade vem; não deixarei que a retirem antes de saber de qual espécie é o arco, que corda foi utilizada, que pena posta na flecha, de que modo é feita a ponta da flecha". A narrativa segue com o Buda dizendo: "Esse homem iria morrer sem saber tais coisas, tal como aquele que se recusa a seguir a voz da santidade antes de resolver tal ou qual problema filosófico".

Essa era, portanto, a razão por que Buda se negava a se emaranhar em especulações metafísicas: "porque isso não é útil, não está ligado à vida santa e espiritual e não contribui para o desgosto do mundo, para o desprendimento, a eliminação do desejo, a tranquilidade, a penetração profunda, a iluminação, o Nirvana" (Buda, citado por Agathão, 1995, p. 113). No fim do diálogo, Buda ainda teria acrescentado que de fato só tem uma coisa a ensinar: **as quatro nobres verdades**, as quais veremos no próximo tópico deste capítulo.

Karma (ação)

Outra inegável influência filosófico-teológica dos *Vedas* sobre o budismo vem não da escola Samkhya, mas da Vedanta, e diz respeito ao conceito de *karma* e à doutrina da transmigração da alma (ou doutrina das reencarnações). Como explicita Ikeda (1982, p. 91, tradução nossa): "segundo a doutrina da transmigração (da alma), exposta no brahmanismo desde tempos remotos, a vida de um ser humano de nenhuma maneira é algo que se limite ao presente". Ou seja, Buda recebeu a doutrina da transmigração da alma como uma verdade reafirmada por sua própria observação do fenômeno humano, e esta é uma continuidade inegável com a perspectiva mais ampla do hinduísmo. Assim, "para o Buda, cada um de nós já percorreu um número infinito de vidas, mas pode evitar de percorrer infinitas vidas futuras se logra a libertação ou Nirvana" (Jurado; Borges, 1985, p. 48).

O conceito de *karma* implica o que o famoso monge Radha Krishna definiu como *a lei da conservação da energia moral*, o princípio de continuidade da existência para além da morte do corpo físico. Essa é uma concepção genuinamente hindu, ou seja, pré-budista, conforme vimos no Capítulo 3 deste livro.

Anatta ou anatman (não eu)

O conceito budista de *anatta* ou *anatman* também é fruto do diálogo entre o budismo e o hinduísmo que o precede, porém marcando um importante distanciamento entre essas religiões. Para a religião fundada por Gautama, o conceito de *atman* é muito influente e pode ser traduzido por "alma" ou "eu interior". Já para o hinduísmo, as divergências se encontram na relação do *atma* com o espírito absoluto ou *brahma*, e na participação do corpo nesse processo, como vimos no capítulo anterior. O budismo parte de uma negação radical do princípio de uma alma ou eu interior imutável, pois isso estaria diretamente relacionado à ilusão da identidade, e essa ilusão produz o apego e o ego que reforçam os sofrimentos deste mundo.

Pratītya-samutpāda (originação dependente)

Em contrapartida ao princípio de um eu interior imutável, que nos levaria a pensar na defesa de uma identidade do ser, o budismo nos oferece o conceito de originação dependente (ou interdependente). Esta é considerada uma das maiores contribuições teóricas do budismo para a metafísica em todo o mundo.

Esse conceito define o princípio de impermanência da realidade, que implicaria mutuamente (e daí o princípio de interdependência) a subjetividade e a realidade material. Nesse sentido, para os budistas, trata-se de um conceito aceito por todas as doutrinas budistas. Não há nada fixo nem na realidade nem no eu, e ambos – realidade e eu – passam a existir com base na interdependência que os enlaça. Esse conceito parece nos remeter ao rio de Heráclito, mas de uma perspectiva muito singular, pois o que muda não é o homem ou o rio, porém toda a realidade na qual os dois estão imersos, já que não há identidade a ser mantida pelo homem quando este muda; tampouco há uma realidade independente dos graus da percepção humana.

Essa discussão nos leva a um debate contemporâneo muito instigante acerca do conceito de salvação, e a ele dedicaremos um último subtópico.

Salvar a si mesmo × perdão divino: choques de perspectiva

Essa questão merece especial atenção antes de entramos nas teorias originais do budismo, pois diz respeito à ideia de que o homem salva a si mesmo. É uma ideia muito desafiadora para a imaginação cristã ocidental. Dizemos *desafiadora* porque nossa formação ocidental, mesmo que laica, está impregnada pela ideia de que a salvação da alma humana é atribuída a Deus, ou seja, algo que vem de fora e que nos redime ou salva pela força de Sua graça.

Com base no conceito de *karma* levado ao extremo pelo ateísmo budista, o homem mesmo é o responsável único por sua salvação. No entanto, segundo a originação dependente, não podemos nos esquecer que não há uma identidade, ou seja, um eu mesmo, ao qual o homem em busca da iluminação (e não da salvação) possa se remeter. Lemos nos ensinamentos de Buda: "cada um pagará a si mesmo pela má ação que cometeu. Praticando uma boa ação, cada qual se purificará a si mesmo. Não se podem purificar uns aos outros" (Agathão, 1995, p. 6). Esse entendimento é derivado da reflexão combinada dos conceitos de transmigração da alma (reencarnação), *karma, anatma* e originação independente, embasados no princípio de um ateísmo radical. Nesse sentido, "não existe uma divindade de tipo jurídico que distribui castigos e recompensas. Cada ato carrega em si o germe de uma recompensa ou de um castigo que podem não ocorrer imediatamente, mas que são fatais" (Jurado; Borges, 1985, p. 49).

Isso não é o mesmo que concordar com o orientalista inglês Christmas Humphreys, ex-presidente da Sociedade Budista de Londres, citado por Jurado e Borges (1985, p. 49). O escritor afirma, talvez na tentativa de radicalizar a diferença entre budismo e cristianismo, que: "ao pecador, não o castigam por seus pecados, são estes que o castigam. Por conseguinte, o perdão não existe e ninguém pode outorgá-lo". Se é correta a ideia de que, pela lei do *karma*, são nossos maus atos (pecados) que nos castigam nessa ou em encarnações futuras, não é correto, ao nosso ver, afirmar que no budismo não há perdão. O fato é que o perdão não vem de Deus, mas da própria capacidade do ser humano de se desvencilhar do apego ao ego (a identidade ou *atma*), uma vez que tenha alcançado um certo nível de esclarecimento da natureza enganadora deste mundo (sua impermanência intrínseca, na qual reina a dor e o apego). Podemos fazer uma leitura na qual os sentimentos de culpa e perdão, basilares ou fundamentais do cristianismo, apenas reificam a identidade. Já o budismo prega a desconstrução ou a inexistência do ego como algo real, fixo e permanente.

A questão de o homem salvar a si mesmo já deu margens a diversos mal-entendidos sobre a doutrina budista na sua relação com o Ocidente. Em geral, foi atribuída ao budismo uma perspectiva deveras individualista ao pensar a salvação sob uma perspectiva autônoma. Acusaram-no de falta de compaixão, de egoísmo, ou seja, de um autocentrismo obsessivo. É preciso, no entanto, frisar que *salvação* não é o mesmo que *iluminação*.

A título de contraexemplo, pensemos em como é contestador, para o hinduísmo, a perspectiva de que existiria um povo eleito por Deus como o único digno de ser salvo após a morte ou no juízo final. Poderiam estes ser os hebreus antigos ou burgueses modernos, calvinistas e protestantes. Também é polêmica para aquela religião a ideia de que a vida humana, com sua curta duração, seria a única oportunidade de a alma evoluir na prática do bem e na compreensão do mistério da criação.

Por fim, para que não se acuse de maneira desonesta o budismo de individualista, a prática do bem é um primeiro e fundamental sinal de distinção na compreensão do universo, ou seja, marca a superação do estágio egoísta da personalidade. A caridade é amplamente predicada pelo Buda. Há até um sermão da caridade entre seus ensinamentos, no qual constam as seguintes palavras:

> O homem caridoso é amado por todos. A sua amizade é de grande apreço; na morte o seu coração está em paz e cheio de alegria, porque ele não sofre de arrependimento. Ele recebe a flor aberta da sua recompensa e o fruto amadurecido. Difícil é entender: ao darmos a

nossa comida ficamos mais fortalecidos, dando roupa a outros ficamos mais bonitos, doando asilos de pureza e verdade adquirimos grandes riquezas. (Carus, 2007, p. 75-76)

Por isso os mosteiros e templos budistas constantemente realizam atos para mitigar a miséria e o sofrimento do povo por todo o Oriente, fazendo distribuição sistemática de comida e alimentos, recebendo enfermos etc.

4.1.5 As quatro nobres verdades

Chegamos agora ao conteúdo principal ou, por assim dizer, ao "miolo" dos ensinamentos de Buda, com os quais todas as outras concepções estão conectadas pelos seus desdobramentos lógicos, que são as **quatro nobres verdades**. Estas encontram-se expostas no chamado *Sutra do girar a roda do **dharma***, pregado no parque dos cervos.

Originalmente, as quatro nobres verdades foram formuladas da seguinte maneira:

1. Na **primeira nobre verdade**, Buda diz: "Monges! Nascimento é sofrimento, velhice é sofrimento, doença é sofrimento, morte é sofrimento". "Estar unido ao que se detesta é sofrimento. Separar-se do que se ama é sofrimento. Não se obter o que se deseja é sofrimento. Resumindo, apego aos cinco agregados é sofrimento". "Esta é a Nobre Verdade do Sofrimento". (Monja Coen Roshi, 2003). Assim é apresentado o conceito de *dukkha*, ou seja, o postulado de que **a realidade é sofrimento** (aflição, ou tudo aquilo que faz chocar o desejo, a expectativa, com a natureza essencialmente cambiante da realidade).

2. A **segunda nobre verdade** apresenta a causa do sofrimento, que vem a ser "o apego que leva ao renascimento, conectado à alegria e ganância, continuamente encontrando deleite e prazer ora aqui,

ora ali. É o apego por satisfações sensuais, apego à existência e apego à não existência". "Esta é a Nobre Verdade da Causa do Sofrimento". (Monja Coen Roshi, 2003). A essa segunda nobre verdade está associado o conceito de **sede, desejo** (*tanhã*), como algo a que nós, seres humanos, estamos essencialmente e necessariamente submetidos. É desse desejo insaciável e inconstante que se origina o sofrimento, o conteúdo da segunda nobre verdade.

3. A **terceira nobre verdade**, por sua vez, vem nos dizer que é possível livrar-nos do sofrimento inerente à vida desde que aprendamos a suprimir o apego e a fazer cessar o desejo insaciável. Portanto: "O apego pode ser afastado e destruído, abandonado e rejeitado. Libertar-se e livrar-se dos apegos (é possível)". "Esta é a Nobre Verdade da **Extinção do Sofrimento**" (Monja Coen Roshi, 2003).

4. A **quarta** e última **nobre verdade** indica qual é o caminho para se alcançar a extinção do sofrimento. O **caminho óctuplo**, diz Buda: "Monges! Esta é a Nobre Verdade sobre o Caminho de Exterminar o Sofrimento: ponto de vista correto, pensamento correto, fala correta, ação correta, meio de vida correto, esforço correto, atenção correta e concentração correta" (Monja Coen Roshi, 2003).[1]

Muitos historiadores veem uma espécie de protocolo médico na confluência das quatro nobres verdades. Parte-se primeiramente do diagnóstico da doença, que vem a ser o fato de que a realidade, como ordinariamente percebida pelos seres humanos, é dor, aflição, sofrimento (*dukkha*). Em seguida, detecta-se a causa da doença, que é o desejo insaciável (*tanhã ou sede*), que nos impregna e nos impede de ver com clareza, de despertar. Depois, apresenta-se a possibilidade de cura, que trata da supressão da causa da doença (*tanhãkkhaya*, extinção da

---

[1] Textos coletados no *site*: <https://www.monjacoen.com.br/textos/textos-da-monja-coen/137-quatro-nobres-verdades>. Acesso em: 23 mar. 2018.

sede). E, por fim, o prognóstico, ou seja, o método para curar a doença, que vem a ser o **caminho óctuplo**.

Esse caminho se encontra descrito de forma sumária e constitui o conteúdo mais prático dos preceitos budistas. Uma simples enumeração – ponto de vista correto, pensamento correto, fala correta, ação correta, meio de vida correto, esforço correto, atenção correta e concentração correta – pode ser substituída pela seguinte reflexão atribuída a Buda:

> Qual o caminho da salvação? É a retidão; é a meditação; é a sabedoria. Penetrada pela retidão, a meditação torna-se fecunda; penetrada pela meditação, a sabedoria torna-se fecunda; penetrada pela sabedoria, a alma totalmente se liberta de qualquer apego: apego ao desejo, apego ao vir a ser, ao erro e à ignorância. (Agathão, 1995, p. 49)

Com isso, queremos aludir a um princípio epistemológico fundamental no budismo: relacionar a iluminação, ou o **ver com clareza**, ao conhecimento. Sua exortação vai diretamente contra a ilusão, pois o mundo do sofrimento, ou *dukkha*, é oriundo da ilusão do apego, do ego e da busca incessante por prazer etc. É nesse sentido que a lei do *dharma*, a lei mais fundamental para o budismo, se constitui da máxima expansão do princípio de causalidade. Logo, vemos ressurgir com toda sua potência os conceitos de *anatma* (o não eu, o qual postula que o apego ao ego, à identidade, é ilusão) e de **originação dependente** (o qual postula uma interdependência entre todas as coisas e os graus de clareza da subjetividade humana), de que tratamos anteriormente.

Existe uma passagem nos textos atribuídos posteriormente à escola Theravada que aborda essa questão de uma maneira deveras esclarecedora. Chamada de *Os doze elos da corrente da causalidade*, é uma resposta analítica à pergunta: Por que o homem está submetido à velhice e a morte? Os doze elos, apresentados de forma inversa, trazem a seguinte resposta:

12) A velhice e a morte são causadas pelo nascimento, pois sem o nascimento não haveria morte. Logo, segue a pergunta: Como surge o nascimento? 11) O nascimento é causado pela existência; 10) A existência por sua vez é causada pelo apego; 9) O apego é causado pelo desejo; 8) O desejo é causado pela sensação; 7) A sensação é causada pelo contato; 6) O contato é causado pelos seis órgãos dos sentidos; 5) Os seis órgãos dos sentidos são causados pelo nome e a forma; 4) O nome e a forma são causados pela consciência; 3) A consciência é causada pelo Karma; 2) O Karma é causado pela ignorância; 1) A ignorância é o último elo da corrente, a fonte a partir da qual surgem todas as dores e sofrimentos. (Ikeda, 1982, p. 95, tradução nossa)

Temos assim nesta citação, uma concatenação lógica ou analítica, a qual relaciona os principais pontos da doutrina Budista: nascimento, existência, apego, karma e ignorância, de forma didática e deveras contundente.

4.1.6 Budismo após a morte de Sidarta Gautama

Após pregar por mais de quarenta anos a sua mensagem de paz e circunspecção, de meditação e entrega, de compaixão e desapego, Sidarta Gautama veio a falecer por volta dos 80 anos. Essa é uma informação por si bastante provocadora. O Ocidente, cujo imaginário está acostumado à ideia de milagre e martírio, tem dificuldades em imaginar que o líder de uma das religiões mais importantes do planeta viveu até ficar bem velho e morreu de uma doença no estômago. É importante ressaltar, no entanto, que há desmembramentos do budismo que tendem a encará-lo de um ponto de vista mágico-miracular. Dessa forma, podemos encontrar leituras radicalmente exotéricas que atribuem ao Buda histórico todos os poderes espirituais e mágicos possíveis.

O fato é que, durante a vida, Sidarta Gautama construiu uma ordem religiosa chamada *Sangha*, que instituiu pela primeira vez o regime de monastérios na região onde viveu. Ikeda (1982, p. 153-154, tradução nossa) diz que:

> No princípio a Sangha era constituída simplesmente por uma comunidade de monges. Mais tarde se estabeleceram o conjunto das monjas, aos quais se somaram mais dois grupos: os devotos e devotas laicos. Tudo isso tendo ocorrido ainda com o Buda vivo. Mas a divisão entre devotos monges e os laicos não os eximia a todos de um nítido princípio unitário, representado pelo seguinte mandamento: "todos os membros da Ordem estavam obrigados a guardar o máximo respeito pelos chamados Três Tesouros: Buda, o Dharma e a Sangha, apesar de que na prática religiosa a ênfase estava posta na meditação ou Dhyana, no cultivo do conhecimento, ou Prajna, e no cumprimento dos preceitos.

Figura 4.6 – Buda, em seu leito de morte, rodeado de discípulos

Com a morte de Buda, surgiu a dúvida sobre o futuro da instituição: Quais os rumos que iria tomar e quem seria seu novo guia? Conta-se que Ananda, primo e predileto entre os mais próximos discípulos de Buda, principalmente nos seus últimos 20 anos de vida, teria encontrado um brâmane que lhe questionou acerca do novo líder da instituição.

Ainda em vida, Buda teve que lidar com as dissensões em sua ordem. Devadatta, irmão de Ananda e primo de Sidarta, resolveu que deveria assumir a liderança da ordem e traiu o Buda de maneira vil. Primeiro, persuadiu um nobre da região a matar Sidarta. Como não teve êxito, tentou fazê-lo pessoalmente. Após malfadadas tentativas, tramou internamente um cisma na comunidade de devotos, que foi logo resolvido com a intervenção de dois dos mais eminentes monges do primeiro período: Shariputra e Mahakashyapa. Se dissensos já acometiam o budismo enquanto o líder estava vivo, imagine qual seria o destino da doutrina após a sua morte.

Uma primeira medida para conter as divisões foi convocar todos os membros mais eminentes da Sangha para um grande concílio. Deveriam ser registrados o conteúdo dos ensinamentos ou sermões do Buda em seu formato clássico, documento que ficou conhecido como *Tripitaka*, ou *cânone budista*. Essa assembleia, convocada por Mahakashyapa, ficou conhecida como o *Primeiro Conselho* que reuniu cerca de 500 monges e monjas. Nele foram fundamentais as contribuições de Upali e Ananda.

Upali, monge deveras circunspecto e rigoroso, foi responsável por rememorar as regras e os regulamentos prescritos por Buda e adotados pela comunidade em um conjunto de preceitos que ficou conhecido como *Vinaia*. Ao segundo, Ananda, coube a recitação dos *Sutras*, ou seja, os diversos sermões que Sidarta deu nos últimos 20 anos de sua vida de pregação do *dharma*. A função foi dada, portanto, a um discípulo muito próximo de Buda, entre os mais queridos por ele e dotado de uma memória impecável. Por fim, o *Tripitaka* foi dividido em três partes: os *Sutras*, ou ensinamentos de Buda; a *Vinaja*, ou disciplina; e os *Shastras*, ou comentários.

O método adotado por esse conselho consistia em fazer uma prévia recitação individual de um dos responsáveis por cada um dos temas, seguida por um debate para depurar o consenso entre todos os membros. Uma última recitação coletiva fixava o conteúdo no coração e nas mentes de cada um dos ouvintes. Esse caráter oral está presente em todos os textos, os quais geralmente são iniciados pela seguinte formulação: "assim eu ouvi". Na grande maioria dos *sutras*, esse *eu* se refere a Ananda.

4.1.7 As duas grandes escolas: Theravada e Mahayana

O Segundo Grande Conselho ocorreu cem anos após o primeiro e foi nele que se iniciou o cisma que marcou o budismo posterior. Surgiram, em oposição, as duas grandes correntes do budismo: Theravada (do sânscrito, "doutrina dos anciãos" ou "ensinamento dos sábios") e o Mahasanghika ("membros da grande ordem"), que posteriormente ficou conhecido como *Mahayana* ("grande veículo"). A divisão entre essas duas vertentes foi se acentuando no decorrer do tempo, mas teve como base duas perspectivas claramente distintas acerca da vida e do legado do Buda.

A primeira vertente, Theravada, considerada clássica porque se refere aos anciãos, teve como preponderante a perspectiva da vida dentro dos mosteiros. A rotina de absorção e introspecção, entendem como sendo a forma mais genuína de realizar a mensagem de Buda. O ideal a ser buscado é o *arhat*, ou "homem santo": alguém cujos atos e pensamentos, por estarem completamente imersos nos estudos e na prática monasterial, não projetariam mais nenhum *karma*. Portanto, é alguém que não voltará a nascer. Ao morrer, entrará no nirvana.

A segunda vertente, Mahasanghika, depois denominada *Mahayana*, como já citamos, defende como ideal a imagem do *bodhsatva*, ou seja, a ideia de que é possível despertar ainda que vivendo no seio da sociedade. É um processo de salvação individual mais lento, já que o contato com o mundo gera *karma*. Segundo Ikeda (1982, p. 90, tradução nossa), "os seguidores do Movimento Mahayana diferiam das seitas mais antigas, insistindo que era necessário não só trabalhar a própria vida religiosa e a salvação, mas, simultaneamente, disseminar os ensinamentos tanto quanto possível entre as massas mergulhadas no sofrimento e na ilusão".

A questão acerca da diferença entre os ideais de *arhat* e *bodhsatva* encerra uma polêmica que anima os debates budistas até hoje. De um lado, os teóricos da escola Theravada acusam os da escola Mahayana de, ao perseguirem o ideal de *bodhsatva*, se perderem na impermanência das coisas mundanas e não prestarem a devida honra ao legado de Buda. De outro lado, os teóricos da escola Mahayana alegam que a busca pelo ideal de *arhat* é egoísta. Ao se buscar apenas a iluminação individual, os seguidores da escola Theravada se fecham aos problemas da sociedade, critica a corrente. De nossa parte, não precisamos tomar partido, embora seja interessante conhecer os argumentos apresentados por ambas as partes.

As duas escolas ainda têm em comum "as três características do ser (impermanência ou fugacidade, sofrimento e irrealidade do Eu), as quatro nobres verdades, a transmigração, o Karma e o caminho do Meio" (Jurado; Borges, 1982, p. 68). Podemos dizer que são caminhos diferentes partindo da mesma fonte, mas que comportam concepções de vida espiritual nitidamente distintas. Assim como é distinta uma terceira ramificação do budismo que deu origem ao budismo tibetano, também chamado de *dalai-lamismo* ou "veículo do diamante". Essa ramificação seria, nas palavras de Jurado e Borges (1985, p. 93), uma "curiosa extensão teocrática, hierárquica, política, econômica, social e demonológica do Mahayana". Infelizmente, não teremos tempo de comentar essas especificidades identificadas. Dois dos mais importantes nomes do budismo ainda aguardam nosso tratamento.

4.1.8 O imperador Asoka

Uma das personalidades políticas mais importantes do budismo é o imperador Asoka, que governou a Índia no século III a.C. Até 1915, aproximadamente, havia uma grande dúvida se o imperador era um personagem histórico ou lendário, mas foram descobertos diversos vestígios arqueológicos que não deixam dúvida sobre sua existência e importância.

Antes de chegar ao poder, Asoka era um general exímio na arte militar e um político sagaz. Por suas palavras e feitos de combate, gozava de prestígio na corte. Tornou-se imperador após vencer o sangrento combate pelo controle do Estado indiano independente de Calinga. Mas, enquanto buscava a unificação, constatou com seus próprios olhos os horrores da guerra. Converteu-se então ao budismo e adotou uma política pacifista. Seus anos no poder foram marcados por investimentos voltados para melhorar a qualidade de vida dos governados. Alargou estradas, construiu poços, plantou árvores frutíferas etc. Adotado como religião oficial, o budismo passou a se propagar com mais força na região.

Por ser um imperador que se converteu e trabalhou pela propagação de uma religião, Asoka é muitas vezes comparado a Constantino, imperador romano que aderiu ao cristianismo em 325 d.C., oficializando-o como a religião do Imério Romano. Mas, segundo Ikeda (1977, p. 52), tal comparação não deveria ser feita, pois,

> ao passo que Constantino tornava o cristianismo a doutrina oficial do Estado e tomava medidas ativas para eliminar todas as demais religiões do Império romano, Asoka demonstrou muito maior tolerância, na verdade cumulando de donativos e honrarias brâmanes, jainistas, *ajivikas*, e outras seitas.

Asoka é um personagem importante em nossa análise porque o pensamento político esteve presente em todas as doutrinas ou escolas filosóficas e religiosas. Em cada uma delas, o exercício do poder por devotos era uma escolha pessoal, e não uma determinação da doutrina. Podemos supor as capacidades e limitações políticas que restringiam a aplicação desses preceitos sobre amplos territórios. Por isso, Asoka pode ser considerado um dos maiores estadistas de todos os tempos. Pregou a paz, exercitou a tolerância e o respeito por todas as demais religiões, e teve a peculiaridade de ser budista.

Após a morte do imperador, o noroeste da Índia caiu sob o jugo dos reis gregos da Ásia Ocidental. Um dos mais importantes, o rei Menandro (ou *Milinda*, em páli), governou na segunda metade do século II a.C. Tornou-se importante vetor de encontro entre Ocidente e Oriente, pois tinha formação grega clássica e se tornara governador de uma parte importante da Índia. Esse rei, versado nas artes da retórica e da dialética, era capaz de vencer qualquer debate sobre questões materiais ou espirituais, causando embaraços a grandes lideranças religiosas da época. Certa vez, foi convocado um monge, de nome *Nagasena*, para representar o budismo ante a iconoclastia do rei. Uma dessas disputas foi registrada no idioma páli sob o título de *As perguntas do rei Milinda*.

4.1.9 Nagarjuna

A última das figuras de importância para o budismo que apresentaremos é Nagarjuna, que viveu entre o segundo e o terceiro século da nossa era. Filho de uma importante família brâmane do sul da Índia, desde cedo teria demonstrado um enorme talento para o estudo teórico, dominando ainda jovem os *Vedas* e demais ensinamentos bramânicos. Após renunciar ao hinduísmo bramânico e se converter ao budismo, resolveu peregrinar por toda a Índia em busca de textos que o ajudassem a sistematizar o conteúdo filosófico dessa escola. Muitos historiadores alegam que, se não fosse o empenho de Nagarjuna, a escola Mahayana não teria alcançado o prestígio que goza desde então. É possível imaginá-lo como um jovem erudito tocado profundamente por uma mensagem, à qual devotou toda a sua vida para formatá-la de maneira filosoficamente mais consistente.

Figura 4.7 – Nagarjuna

Nagarjuna chegou a ser conhecido como o segundo Buda, dada a sua importância filosófica. Mas sua maior contribuição foi a compilação e a codificação de textos e doutrinas budistas, criando uma escola chamada *Madhyamaka*, da linha Mahayana. Também formulou o influente conceito de **sunyata** (*vacuidade*). Segundo Jurado e Borges (1982, p. 70), "Nagarjuna reduziu o Caminho do Meio às seguintes negações: não há aniquilação, não há geração, não há destruição, não há permanência, não há unidade, não há pluralidade, não há entrada, não há saída". Sua especulação partiu do conceito de originação dependente (*pratītya-samutpāda*), defendido pelo próprio Buda como base fenomênica da lei do *dharma*, e, a partir daí, desenvolveu uma potente reflexão com uma concepção equidistante entre o substancialismo e o nominalismo, para chegar à conclusão de que toda experiência fenomênica é vazia não porque não exista, mas porque sua existência é vazia. É uma projeção ilusória despida de realidade ontológica, como num sonho.

Segundo Ikeda (1977, p. 152-154), o *sunyata* de Nagarjuna

> é descrito como «vazio» ou como «vacuidade» porque nega todas as possíveis características ou qualidades que poderiam ser geralmente usadas para descrevê-lo, mas é totalmente diferente em sua natureza essencial, do tipo de nada costumeiramente associado ao pensamento niilista. Esse simples nada, ou não ser, que é o oposto do ser, seria naturalmente negado no pensamento de Nagarjuna com todos os demais conceitos. O verdadeiro "vazio" da Doutrina Intermediária é, por conseguinte, um nada que transcende por igual o não ser e o ser [...] Coisa alguma pode nascer do mero nada. Mas do "vazio" da Doutrina Intermediária, que é um tipo de potencialidade infinita, qualquer coisa e todas as coisas podem nascer ou serem produzidas, dependendo de que causas venham a afetá-la [...] Falamos de todas as coisas como vazias, já que são dependentes em sua originação. Mas esse vazio não é mais do que uma hipótese relativa. Este é o verdadeiro Caminho do Meio, disse Nagarjuna. O verdadeiro Caminho do Meio, por conseguinte, consiste desse processo de negação perpétua. Constitui uma tentativa de descrever a interdependência de potencialidade e lugar postulando continuamente o que não é.

A Nagarjuna também é tributada a formulação clássica da **doutrina das duas verdades**: verdade relativa e verdade absoluta. A primeira seria um contato inicial com os fundamentos do budismo. O princípio absoluto já se insinua, mas ainda não se revela de maneira plena. A segunda seria resultado de um grande comprometimento com o caminho. Essa formulação se tornou basilar para a escola Mahayana, pois subentende que, no contato com o mundo exterior, haverá sempre graus de percepção dessas verdades, que são uma e a mesma, mas cuja compreensão depende do grau de comprometimento e clareza do indivíduo.

Além disso, são creditadas a Nagarjuna as seguintes obras:

- *Mūlamadhyamaka-kārikā* (*Versos fundamentais do caminho médio*);
- *Śūnyatāsaptati* (*Sete versos sobre o vazio*);
- *Vigrahavyāvartanī* (*O fim das disputas*);
- *Vaidalyaprakaraṇa* (*Pulverizando as categorias*);
- *Vyavahārasiddhi* (*Prova de convenção*);
- *Yuktiṣāṣṭika* (*Sessenta versos sobre o raciocínio*);
- *Catuḥstava* (*Hino à realidade absoluta*);
- *Ratnāvalī* (*Dádiva preciosa*).

A despeito de ter morrido com apenas 32 anos, Nagarjuna é tido como um dos filósofos mais importantes da história do budismo.

4.1.10 Zen

O Zen é uma vertente do budismo que recebeu forte influência do pensamento chinês. É a corrente que marca a penetração da filosofia budista na China, principalmente a partir dos séculos I e II da nossa era. Os textos budistas mais traduzidos para o chinês são da vertente Mahayana. Trata-se, portanto, de uma apreensão do budismo pelos chineses, com particular influência do pensamento taoísta de Chuang-Tzu.

Figura 4.8 – Símbolo do Zen

A origem do Zen remonta a um dos mais importantes sutras (ou sermões) do Buda Sidarta Gautama, conhecido como o *Sermão silencioso* ou *Sermão da flor*. Conta-se que o Buda, uma vez tendo reunido seus discípulos no alto de um monte, teria lhes estendido, com a mão aberta, uma flor. Sem dizer mais nada, passou as horas seguintes sorrindo em silêncio observando ora a flor, ora os discípulos. Estes últimos ficaram bastante intrigados e se perguntavam qual seria o conteúdo daquela mensagem e por que o Buda permanecia calado. Essa história tradicional relata que o monge Kashyapa, posteriormente conhecido por *Mahakashyapa*, teria sido o único a compreender a mensagem silenciosa de Buda, cujo conteúdo posteriormente daria origem ao Zen.

De fato, o *Sermão silencioso* ou *Sermão da flor* enquadra-se perfeitamente na mensagem do zen-budismo, que valoriza, acima de tudo, a capacidade de apreensão meditativa e silenciosa, o não intelectualismo e a primazia da intuição na busca das verdades mais profundas. À parte essa lenda, o monge Kashyapa ficou historicamente conhecido como o primeiro patriarca do budismo, sendo reconhecido por todas as escolas.

Já o Zen, por sua vez, teria como patriarca o monge Bodhidarma, que foi o 28º patriarca do budismo e o primeiro da escola C'han (versão chinesa do nome *Zen*). Segundo Ikeda (1982, p. 119),

> o Zen nasceu de fato através de Bodhidarma, que foi o 28º patriarca do budismo e o 1º da Escola C'han (Zen), que, em 520 d.C., viajou da Índia à China, onde introduziu um budismo essencialmente prático, tentando resgatar o budismo original de Sidarta Gautama, feito de vivência e meditação, ou seja, de ação física e mental.

A fundação do mosteiro Shaolin é creditada ao monge Bodhidarma, que concebeu a primeira formatação chinesa da escola C'han na China. É a origem do famoso estilo Shaolin de *kung fu*.

O nome *Zen* tem origem na palavra sânscrita *dhyana*, um conceito central do budismo que significa "meditação" ou "concentração". Foi a tradução desse conceito para o chinês (*Ch'an-na*) que originou o termo *zenna*, em japonês, que, por sua vez, derivou a escola do zen-budismo tal como a conhecemos hoje.

Como introduzimos anteriormente, o Zen nasceu de uma espécie de fusão entre o budismo indiano e o taoísmo chinês, ganhando sua formatação clássica no Japão. A influência intelectual mais forte no zen-budismo é de Chuang-Tzu (ou Chuang-Tsé), um pensador chinês que, "ao rejeitar o intelectualismo e o moralismo, radicaliza o Wu-Wei de Lao-Tsé, de forma que influenciará o budismo dando origem ao Zen" (Ikeda, 1977, p. 93). A título de esclarecimento, *wu wei* é um conceito central do taoísmo, que remete à ideia de não ação que veremos em profundidade no capítulo seguinte.

O budismo de acento notadamente chinês (um budismo taoístico, poderíamos dizer) chegou ao Japão no século VI d.C. (por volta de 552 d.C.). Com a ascensão do imperador Shotoku, que reinou entre os anos 600 d.C. e 621 d.C., tornou-se a religião oficial do país. Daí em diante começou a se desenvolver as características japonesas dessa escola budista, que radicalizou o princípio intuitivo e prático da busca espiritual. Mais uma vez, de acordo com os apontamentos de Ikeda (1982, p. 123, tradução nossa), podemos dizer que "no Zen não há dogmas ou livros sagrados, não há interesse por Deus e a alma, ou pela salvação e o pecado, nele nada se ensina. Ou melhor, o Zen se vive, assim só pode ser ensinado e aprendido na prática".

A escola rejeitou a explicação racional, entendendo que ela não alcança a sutileza e o sublime da mensagem religiosa. Desenvolveu, então uma metodologia própria de ensinamento que, ao lado das práticas meditativas e dos preceitos da vida em comunidade, efetivou-se por meio dos *koans*, espécie de charadas espirituais que desafiam nossa lógica e razão com o objetivo de despertar uma percepção intuitiva mais direta da realidade. Ikeda (1977, p. 124) salienta: "O Koan surgiu na China no séc. XII e foi sistematizado no Japão no séc. XIII. A palavra significa *exame público*, no sentido de ser um critério de avaliação do nível de consciência do discípulo". Seu objetivo, como ensinamentos passados de mestre a discípulo, é suscitar o *sartori*, um relâmpago intuitivo capaz de mostrar a verdade de forma imediata.

De forma geral, o zen-budismo impactou profundamente a cultura japonesa, pois sua influência se faz presente nas artes plásticas (pinturas, gravuras etc.), na literatura (os *haikais*) e, de modo bastante marcante, nas artes marciais. Originou a doutrina do *bushido* (literalmente, "caminho do guerreiro"), com influência adicional do confucionismo. Enfim, podemos dizer que a doutrina dos samurais japoneses, homens que buscavam o máximo de concentração e, ao mesmo tempo, uma entrega intuitiva à arte da guerra, tem por substrato nítido princípios do zen-budismo.

4.2
Jainismo

A origem histórica do jainismo é também a Índia do século VI a.C. Seu fundador foi **Vardhamana Jnatriputra**, contemporâneo de Sidarta Gautama. Ambos os pensadores são originários da região leste da Índia (o jainismo teria como base o reino de Magadha, o primeiro visitado por Buda). Segundo alguns historiadores, essa região teria recebido de maneira menos drástica os efeitos da dominação ariana, permitindo a formulação dessas duas vertentes heterodoxas da filosofia védica. Ambas as religiões ou escolas filosóficas, portanto, têm como substrato cultural o hinduísmo em seu período védico clássico, embora o princípio de organização da sociedade estivesse já em decadência. Por esse motivo, tanto o budismo quanto o jainismo podem ser lidos como uma reação à tradicional hierarquização ou estratificação social prevista pelos *Vedas* (as *varnas* ou *castas*) e ao domínio religioso dos brâmanes e sua inflexão menos litúrgica da busca espiritual.

Figura 4.9 – Ahimsa, símbolo da doutrina jainista da não violência

NirdalArt/Shutterstock

Assim como Sidarta Gautama, Vardhamana Jnatriputra também cresceu em uma família xátria (de nobres guerreiros) e viveu como nobre. Sua infância, adolescência e primeira juventude foram rodeadas de luxo e opulência. Aos 30 anos, renunciou a tudo em busca de sua espiritualidade e passou os 12 anos seguintes vivendo como um monge asceta e se submetendo a severas penitências. Ao fim desse período, alcançou a sua libertação espiritual e se tornou um *tirthankara* (em sânscrito, "fundador de um **tirtha**", que é uma passagem para o outro lado do mar de nascimentos e mortes intermináveis, o *samsara*). Seria o equivalente ao estágio de Buddha, ou "desperto".

Jnatriputra ficou posteriormente conhecido como *Mahavira* (*grande herói*) e homenageado com o título de *Jainamatam* (do sânscrito *jaina* = "vencedor" e *mata* = "doutrina"), do qual derivou o termo *jainismo*.

No entanto, Vardhamana ou Mahavira é, para os jainistas, não o primeiro, mas o 24º *tirthankara*. Ele trouxe à luz um conhecimento que, para os fiéis, é sem história ou além do tempo. Uma verdade eterna e imutável, transmitida aos homens através das eras pelo aparecimento desses seres que alcançaram a iluminação. A história reconhece apenas a existência dos dois últimos. Anterior a Mahavira, que foi o último *tirthankara*, atesta-se a existência de Parshvanâtha, que teria vivido cerca de 250 anos antes. Atribui-se a Parshvanâtha quatro dos principais princípios do jainismo: a doutrina da *ahimsa* (ou não violência), honestidade, não roubar e não possuir coisas. A esses princípios Mahavira teria incluído a castidade.

4.2.1 Fundamentos do jainismo comuns ao budismo

O jainismo, assim como o budismo, tem por substrato o hinduísmo. Veremos que alguns conceitos ou temas básicos dessa linhagem estarão presentes na estrutura daquele. O jainismo compartilha não apenas com o hinduísmo, mas também com o budismo, o conceito de que a vida humana tem como meta alcançar a iluminação (nirvana ou *moksha*), dando fim ao ciclo de transmigrações da alma (*samsara*) por meio principalmente de práticas de meditação e do jejum.

Talvez o preceito mais característico do jainismo seja o da não violência (*ahimsa*) pensada de maneira universal, ou seja, aplicada a todos os seres, o que faz dos jainistas vegetarianos e veganos por excelência. Na sua linhagem mais radical, alguns monges cobrem a boca com gases para não correr o risco de aspirar pela boca algum pequeno inseto e, ao matá-lo, cometer uma heresia. A esse respeito, é interessante apontar que se deve à comunidade jaina da Índia a fundação de vários hospitais veterinários, entre os quais o importante Jain Charity Birds Hospital, em Delhi.

Outro conceito do hinduísmo que se encontra igualmente presente entre jainistas e budistas é o de *karma*. No sentido metafísico, é uma premissa lógica para o conceito de *samsara*. O acúmulo de *karma* (como lei da causalidade moral) nos mantém na roda de *samsara* (ciclo teoricamente infinito de transmigrações da alma). A maneira como os monges jainistas adotam esse princípio os levou a uma grande severidade ascética, desenvolvendo práticas de jejum e mortificação para eliminar o *karma* e de máxima circunspecção para evitar a formação de qualquer *karma* futuro.

Após o cisma da doutrina em 79 a.C., essa leitura levou a uma adoção radical desse preceito. Os monges da linha **Digambara** andam completamente nus, entendendo que a alma perfeita pode passar sem alimento e sem qualquer traje para a proteção. Outra característica da linha Digambara é a de negar a possibilidade de salvação para as mulheres. A outra ala é conhecida como **Sventabara** (os que se vestem de branco). Mais moderada, recusa a nudez, a rigidez dos jejuns e aceita a salvação das mulheres. Além dessa divisão, existem ainda os fiéis laicos, que usam trajes civis.

Uma outra teoria acerca do cisma aponta para um evento que teria ocorrido por volta do ano 350 a.C., quando a fome teria matado muitos monges jainistas. Com eles, teria se perdido a memória de diversos textos. A seita Digambara, mais radical, afirmou que todos os *Agamas* (textos principais provindos diretamente dos *tirthankaras*) se perderam. Já os Sventabaras acreditam que a maior parte dos textos sobreviveu. Devemos minimizar essas diferenças em prol do profundo sentido de unidade que perpassa a todos os fiéis.

4.2.2 Raízes filosóficas do jainismo

Podemos classificar o jainismo como um materialismo ético, cuja física se destaca como altamente especulativa. Essa parte da doutrina afirma que o universo é dividido em duas categorias independentes e eternas, lembrando vagamente os conceitos védicos de *prakriti* e *purusha*, sem, no entanto, coincidir com eles. No caso do jainismo, o dualismo se dá nos termos de *jiva*, que se refere às almas dos seres vivos, incluídas nessa categoria as forças naturais como a chuva, o vento, o fogo etc.; e de *ajiva*, que contém tudo aquilo tido como inanimado, dos quais fazem parte o espaço, o tempo e a matéria. O conceito de *jiva* propõe uma subdivisão entre os *jivas* propriamente ditos, que corresponderiam às almas dos seres vivos, ricas de emoções e sem matéria visível, e *pugdala*, referente à matéria sem emoção. Para completar a doutrina das **três *dravyas* ou substâncias do universo**, teríamos as substâncias sem matéria nem emoção: o tempo (*kala*), o espaço (*akasha*), o princípio do movimento (*dharma*) e o princípio do repouso (*adharma*).

Essa peculiar concepção do universo, aliada a uma disciplina monástica rígida, "fez dos monges jainistas grandes estudiosos, que contribuíram para a literatura medieval hindu de cunho moral, para a linguística, em relação com as línguas vernaculares, e para com a astronomia e a matemática" (Henriques, 1991, p. 37). No âmbito da física, os monges jainistas conceberam "uma noção não euclidiana de espaço e tempo, muito próxima da física moderna. Para ela o espaço é composto de instantes atômicos e infinitos números de pontos. Tudo é composto de átomos infinitesimais que, quando isolados, não possuem dimensão" (Henriques, 1991, p. 37-38). Essas concepções, aliadas à perspectiva que nega a existência de um deus todo poderoso criador do universo, levou os cientistas jainistas à afirmação de que o universo se regeria apenas por leis naturais, numa doutrina que podemos chamar de *atomismo jainista*, que descreveremos a seguir.

4.2.3 Atomismo jainista

Tinôco (1992), em sua introdução ao pensamento védico, faz uma descrição do atomismo jainista ligeiramente diferente desta que apresentamos. Ele diz que o jainismo concebe um universo

> composto por seis elementos: a) Jiva: o conjunto das incontáveis mônadas vitais, sendo cada uma delas incriada e imperecível, onisciente e plena de beatitude. Guardam entre si semelhança absoluta, sendo maculadas em sua perfeição devido ao perpétuo influxo ou contato com o elemento oposto, que é b) Ajiva: tudo o que não é a mônada vital. Ajiva é o espaço (akasa) e outros elementos deste (pradesa); c) Dharma: o meio que possibilita o movimento. Dharma é comparável a água na qual os peixes se movem; d) Adharma: o meio que torna possível a imobilidade. Adhara é a terra, onde os seres vivos podem deitar ou ficar em pé; e) Kala: o tempo que torna possível a mudança; f) Pugdala: a matéria, composta de átomos minúsculos denominados paramuru. (Tinôco, 1992, p. 91)

Muitos pesquisadores alegam que o jainismo estaria entre as escolas filosóficas ou religiosas consideradas animistas ao propor que cada coisa ou fenômeno do universo, incluindo a chuva, a água, o fogo, o vento etc., contém uma alma vivente, com *jiva* presidindo os processos do mundo físico. Devido à peculiaridade e à complexidade da teoria atômica jainista, podemos colocar essa conclusão sob suspeita. Ela é importante, porém, por facilitar a compreensão de alguns aspectos da doutrina.

O jainismo não cultua nenhum deus, mas os 24 homens que anteriormente se iluminaram ou alcançaram o estado de *tirthankara*. Cultuados como verdadeiros ídolos, foram erguidos estátuas e templos em sua memória e honra. Segundo a liturgia jainista, para que sejam purificadas de qualquer mal, as estátuas dos *tirthankaras* devem ser lavadas diariamente com algum néctar ou a combinação de todos os cinco néctares: leite, coalhada, manteiga líquida de leite de búfala, açafrão e água.

Figura 4.10 – Monge lavando os pés da estátua de um *tirthankara*

Alguns elementos do jainismo trouxeram consequências práticas bastante singulares para o futuro da doutrina. A primeira e mais importante foi a proibição da posse dos textos clássicos da doutrina pelos devotos. Vigente por muito tempo, a determinação ocasionou uma perda irreparável de textos e ensinamentos importantes. Restaram 45 textos, escritos em prosa e verso no dialeto *ardhamagadhi*. Estes são considerados os mais sagrados, pertencendo todos aos Sventabaras. Vale lembrar que a oralidade domina a cultura hindu. O ensinamento é passado sempre em forma de diálogo. Deve ser gravado na mente e no coração do ouvinte, para que não precise recorrer à leitura. Hoje, no entanto, já é permitido aos fiéis ter livros com os textos sagrados da doutrina.

Outra questão, derivada da adoção radical do princípio de *ahimsa* (ou não violência), diz respeito às profissões aceitáveis pelos fiéis. Ficou-lhes proibida a associação com qualquer atividade que envolvesse morte ou ferimentos de seres vivos de uma maneira geral (tudo que contivesse *jiva*). Os jainistas não podiam ser agricultores (pois essa atividade implicaria a morte de insetos), madeireiros, pescadores etc., de forma que a grande parte dos jainistas, desde os princípios de dispersão da doutrina com Mahavira, se especializaram no comércio, constituindo-se como uma comunidade próspera.

A ética jainista possui cinco grandes votos: a sinceridade, a honestidade, a castidade, não possuir coisas e a não violência, que representam o ideal de uma conduta de vida. Dentre os votos, a não violência (*ahimsa*) é o núcleo central de toda a doutrina. A perspectiva quase obsessiva de não causar mal a nenhum ser vivo para não acumular *karma* levou os janistas a um posicionamento existencial bastante singular, com implicações sociais, éticas e políticas.

4.2.4 Realidade relativa e a doutrina dos muitos lados

A perspectiva de alcance da verdade da doutrina jainista tem um ponto de vista bastante peculiar. Na apreensão epistemológica do conteúdo da doutrina, surge o conceito de *anekantavada* (ou "realidade relativa"), que postula a limitação humana relativa à apreensão dos conteúdos do universo. Ou seja, o conhecimento humano tem limites previamente fixados por sua natureza material. Para os jainistas, a própria realidade terrestre é múltipla, de forma que a verdade absoluta só seria apreensível pela alma totalmente liberta (Henriques, 1991). Podemos associar a doutrina jainista a uma perspectiva relativista acerca da verdade, baseada num conceito chamado *syadvada* (doutrina dos muitos lados), que propõe sete respostas possíveis para qualquer questão, pois toda formulação estaria condicionada por um determinado posicionamento existencial (ou perspectiva).

Para encerrar, elencaremos as quatro virtudes cardinais do jainismo:

1. *maitrî* – a amizade por todos os seres vivos;
2. *pramoda* – a felicidade de ver os seres mais avançados do ponto de vista da liberação do ciclo das reencarnações;
3. *karunya* – a compaixão pelas criaturas que são infelizes; e
4. *mâdhyasthya* – a tolerância (ou indiferença, no sentido de permanecer impassível) perante aqueles que agem de maneira descortês ou com maldade.

Figura 4.11 – Gandhi, líder político e religioso devoto do jainismo

Atualmente, a religião jainista conta com cerca de dez milhões de fiéis pelo mundo, entre ascetas, monges e laicos. A maioria vive na Índia. Estima-se a presença de cerca de 30 mil jainistas na Europa e 100 mil nos Estados Unidos. O conteúdo dessa religião ganhou certa notoriedade no Ocidente a partir do século XX, por estar associado à mensagem do grande líder político e espiritual **Mohandas Karamchand Gandhi** – posteriormente conhecido como *Mahatma Gandhi* (*Mahtatma*, do sânscrito, quer dizer "grande alma"). Formado em Direito na Inglaterra, Gandhi sempre esteve ligado à luta por direitos trabalhistas (primeiro na África do Sul e depois na Índia) e pela dignidade dos povos. Líder político com tintas religiosas, reconheceu a inspiração direta da sua doutrina da não violência (*ahimsa*) no jainismo. Com ela, promoveu uma luta pacífica e bem-sucedida pela independência da Índia, arregimentando milhões de seguidores. Na última etapa da sua vida, passou a trajar a túnica branca característica aos fiéis dessa religião.

Síntese

Neste capítulo, estudamos duas escolas filosóficas e religiosas com perspectivas bastante diferentes quanto ao caminho e à meta da iluminação pessoal, a despeito de terem uma raiz cultural comum, centrada na tradição do hinduísmo. Ambas trazem um posicionamento crítico sobre a tradição herdada e propõem questões metafísicas inteiramente novas.

Vimos primeiramente a doutrina oriunda do testemunho da vida do príncipe Sidarta Gautama, cujo conteúdo parte da possibilidade de uma iluminação pessoal fora dos padrões estabelecidos pelo hinduísmo. Fizemos uma rápida retrospectiva da trajetória de vida de Sidarta. Analisamos em seguida o conteúdo da doutrina filosófica do budismo: seus principais conceitos e postulados metafísicos. Vale destacar: as quatro nobres verdades; o caminho do meio; *dukkha*, *tanhã* e *tanhãkkhaya*; *dharma*; *anatma*; a originação dependente; e o nirvana.

Abordamos alguns dos principais desdobramentos da doutrina budista, desde a especulação metafísica de Nagarjuna, passando pela divisão dos fiéis em duas escolas (Theravada e Mahayana), até o surgimento tardio de um budismo japonês com forte influência taoísta, que deu origem ao Zen.

Em seguida, analisamos um pouco dos fundamentos da doutrina jainista, seus marcos religiosos, metafísicos e a biografia de seu principal expoente, Mahavira. Vimos que o jainismo tem como cerne a doutrina da não violência (*ahimsa*), entre outros preceitos éticos diretamente ligados à busca espiritual. O corpo teórico dessa doutrina destaca os postulados metafísicos sobre a relatividade da verdade (*anekantavada*), a perspectiva animista presente na divisão do universo entre aquilo que contêm *jiva* e o que não a contêm (*ajiva*), além de um atomismo que pode nos remeter à teoria das mônadas, de Leibniz.

Por fim, deixaremos algumas indicações culturais que podem ajudar o leitor a visualizar alguns aspectos presentes nos conteúdos estudados, tornando mais claros os elementos filosóficos aludidos. Vale a pena ressaltar, no entanto, que a verdadeira apreensão dos conteúdos abordados só ocorrerá se a leitura for acompanhada de pesquisas complementares e, sobretudo, da leitura direta de parte dos textos clássicos referidos.

Indicações culturais

Filmes

GANDHI. Direção: Richard Attenborough. EUA/Índia/Reino Unido, 1982. 188 min.

Esse filme biográfico narra a história de vida de Mohandas Karamchand Gandhi.

O PEQUENO Buda. Direção: Bernardo Bertolucci. França/Liechtenstein/Itália/EUA, 1993. 135 min.

O filme conta a história de dois monges zen que viajam do Nepal para Seattle em busca da reencarnação de um memorável Lama.

PRIMAVERA, verão, outono, inverno... primavera. Direção: Kim Ki-Duk. Coreia do Sul/Coreia, 2003. 103 min.

O filme conta a história de um garoto criado por um monge budista num mosteiro afastado da civilização. Quando jovem, esse garoto se apaixona e resolve sair em busca da realização de seus desejos até que se arrepende. A obra traça um paralelo entre as fases da vida e as estações do ano.

ZEN. Direção: Banmei Takahashi. Japão, 2009. 128 min.

Esse filme narra a história do fundador da escola Zen Soto no Japão pelo mestre Dogen Zenji (1200-1253), um dos maiores nomes da doutrina zen de todos os tempos.

Livro

HESSE, H. **Sidarta**. Rio de Janeiro: Record, 1982.
Esse livro aborda a história de iluminação do buda Sidharta Gautama adaptada para o contexto do século XX. É uma excelente "porta de entrada" à temática tratada neste capítulo.

Atividades de autoavaliação

1. Neste capítulo, analisamos o budismo segundo sua origem e proposições metafísicas. Com relação à figura do Buda histórico, é correto afirmar que ele foi:
   a) o Messias ou enviado de Deus na Terra, responsável por propagar a mensagem que salvará os homens.
   b) um homem incomum dotado de poderes mágicos que realizou diversos milagres em sua vida.
   c) um jovem nascido de uma família aristocrática que, após anos de renúncia e meditação, alcançou a iluminação (ou despertar).
   d) um líder guerreiro que, após vencer diversas batalhas, recebeu a visita de um arcanjo que o guiou para o caminho religioso.
   e) um filósofo erudito que, no recanto de seus livros, compôs os textos que formaram o cânone budista (ou *Tripitaka*).

2. Ao estudarmos as origens do budismo, deparamo-nos com a figura histórica (e mítica) de seu fundador: Sidarta Gautama. Com base no que foi explanado neste capítulo acerca da figura do Buda histórico, é correto afirmar que ele foi:
   a) mais um dos grandes profetas do monoteísmo, ao lado de Zaratustra e Abraão.

b) um homem que, após se entregar de maneira comprometida e abnegada ao caminho da espiritualidade, um dia alcançou a iluminação e passou o resto da vida ensinando o que aprendera.

c) um jovem rajá que cresceu cercado de luxo e cheio de excentricidades, entre as quais a de se autoproclamar Buddha (o Desperto).

d) o único Messias da verdadeira religião, que prega a paz, o amor e o vegetarianismo.

e) um monge ambicioso que não se contentou com a vida de sacerdote do brahmanismo e resolveu criar sua própria religião.

3. Ao adentrarmos no conhecimento acerca da estrutura de pensamento presente na religião budista, salta aos nossos olhos o conteúdo das quatro nobres verdades. Sobre essa parte da doutrina, é correto afirmar:

a) Trata-se da tradução hindu dos primeiros quatro mandamentos de Moisés: amar a Deus sobre todas as coisas; amar ao próximo como a ti mesmo; não matar e não roubar.

b) Constitui um verdadeiro tratado metafísico, postulando que a existência é sofrimento, que o sofrimento provém do desejo, que é possível superar o desejo e que o caminho dessa superação é o caminho óctuplo.

c) Trata-se da adição budista à trimúrti hindu, na qual temos: Brahma, Vishnu, Shiva e Buddha.

d) Postula que a única saída para o sofrimento inerente à existência é a negação da vida (*dukkha*).

e) Propõe que a verdade religiosa ou espiritual só pode ser alcançada por pessoas de origem nobre.

4. Neste capítulo, vimos que o budismo, como religião e sistema de pensamento, herdou muitos conceitos do hinduísmo que o precede. Entre eles está o de *karma*, cujo significado é:

a) *gravidade*, por isso a lei do *karma* é a forma indiana de se referir à lei da gravidade.
b) *pecado*, e o budismo é a primeira religião a defender a expiação dos pecados por meio de penitências e da confissão.
c) *lei da conservação da energia moral*, no sentido de que as boas e as más ações, quando realizadas no modo do apego, ficariam ligadas à alma das pessoas e causariam boas ou más reações nesta ou em outras encarnações.
d) uma justificativa ao sofrimento dos que nasceram com problemas físicos ou financeiros.
e) *a vida é sofrimento*, ou *dukkha*.

5. Neste capítulo, vimos que o budismo, após se consolidar como religião, esteve sujeito às vicissitudes históricas presentes em todas as instituições humanas. Essas vicissitudes surgiram devido a divergências acerca do conteúdo mesmo da doutrina, por parte de seus fundadores, o que muitas vezes provocou cismas ou divisões. Com o budismo, isso ocasionou a divisão em duas escolas, Theravada e Mahayana. Com base no que lemos neste capítulo, podemos afirmar como principal ponto de divergência entre essas duas escolas:
a) A primeira corresponde àqueles que acreditam que os monges budistas devem participar da sociedade; a segunda defende a reclusão e o mínimo de contato com a sociedade.
b) Uma defende que o Buda foi apenas mais um profeta e a outra acredita que ele foi o verdadeiro Messias do budismo.
c) A primeira defende a busca do ideal de *arhat*, ou homem santo, como aquele que se purificou e tende a não mais reencarnar; a segunda defende a busca do ideal de *bodhsatva*, ou seja, a possibilidade de se alcançar uma iluminação igual à do Buda na convivência em sociedade.

d) É uma divisão meramente formal, pois ambas acreditam nos mesmos princípios e no mesmo caminho para se alcançar a iluminação.

e) Uma prega o caminho espiritual; a outra, o caminho material para se alcançar a iluminação.

6. Um dos tópicos abordados neste capítulo diz respeito ao surgimento de uma tradição de pensamento conhecida como Zen. Sua origem está ligada a:

a) certas escolas de meditação que praticam a ioga e diversas outras terapias curativas.

b) fusão ou interpenetração entre o budismo indiano e o taoísmo chinês da escola C'han.

c) forma irônica de se referir às pessoas que não gostam de locais barulhentos ou de entrar em conflitos por serem naturalmente calmas (zen).

d) fusão entre o kung-fu e o karatê, da qual nasceu uma escola de artes marciais.

e) uma escola artística que valoriza a contemplação da natureza e a harmonia presente no universo.

Atividades de aprendizagem

Questões para reflexão

1. O budismo pode ser visto como um desmembramento crítico e radical do hinduísmo, que o envolve e precede. Faça um pequeno texto que busque elencar alguns elementos que marcaram o distanciamento do budismo em relação ao hinduísmo e alguns pontos de convergência entre ambos.

2. O jainismo é uma tradição de pensamento pouco conhecida e difundida no Ocidente. No entanto, ganhou grande repercussão com a luta de Gandhi pela libertação da Índia. Escreva um pequeno texto que relacione a forma como Gandhi liderou essa luta ao conceito jainista de *ahimsa*.

Atividade aplicada: prática

1. *Zen* é uma palavra e um conceito cujo uso indiscriminado fez com que paulatinamente se fosse perdendo seu significado original. Quando usamos a expressão "uma pessoa zen", por exemplo, geralmente não conhecemos o conteúdo da doutrina que deu origem à palavra. Prepare um plano de aula que, ao partir do significado atribuído pelo senso comum ao termo *zen*, busque explanar a raiz e os conceitos fundamentais da escola ou doutrina Zen.

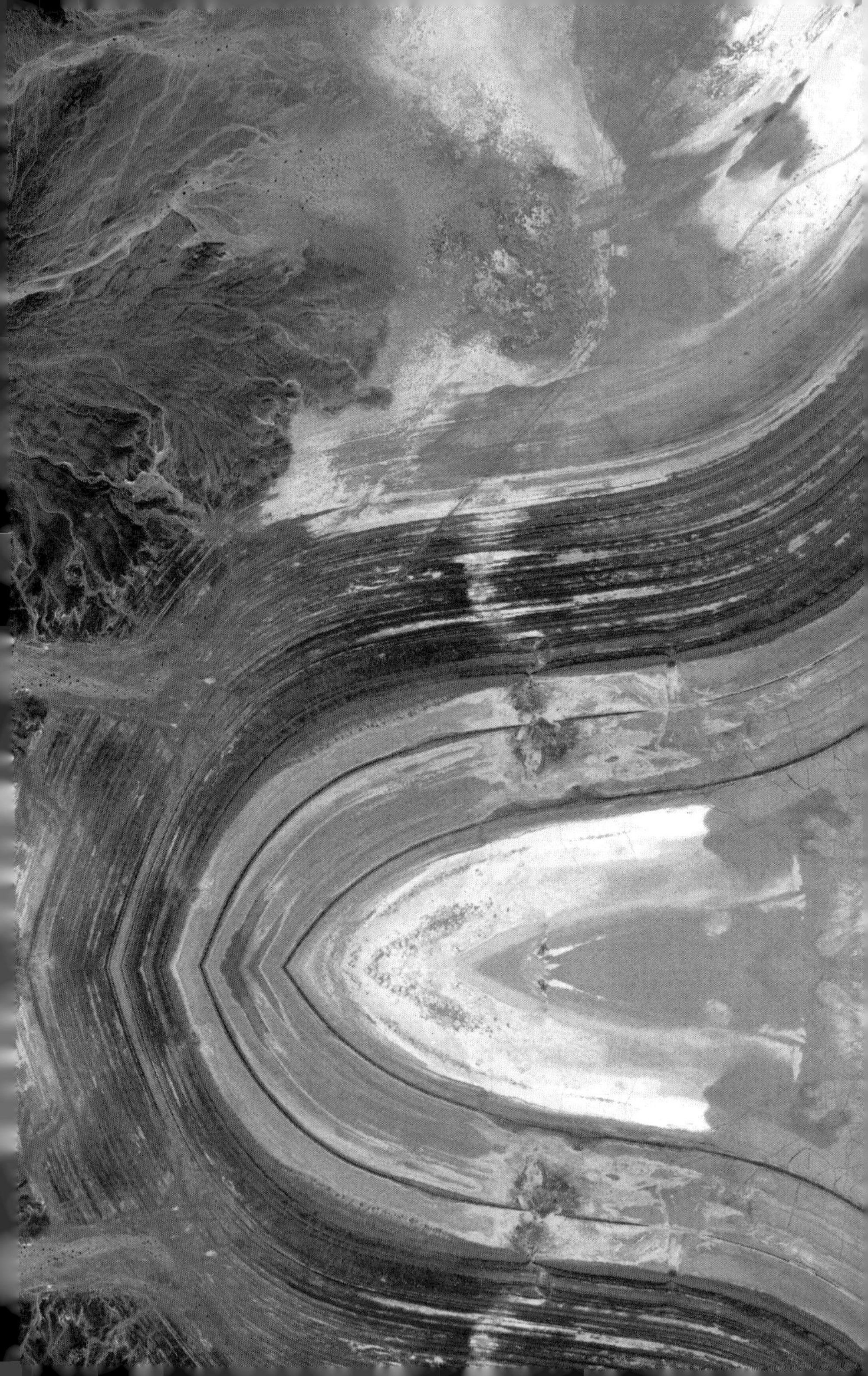

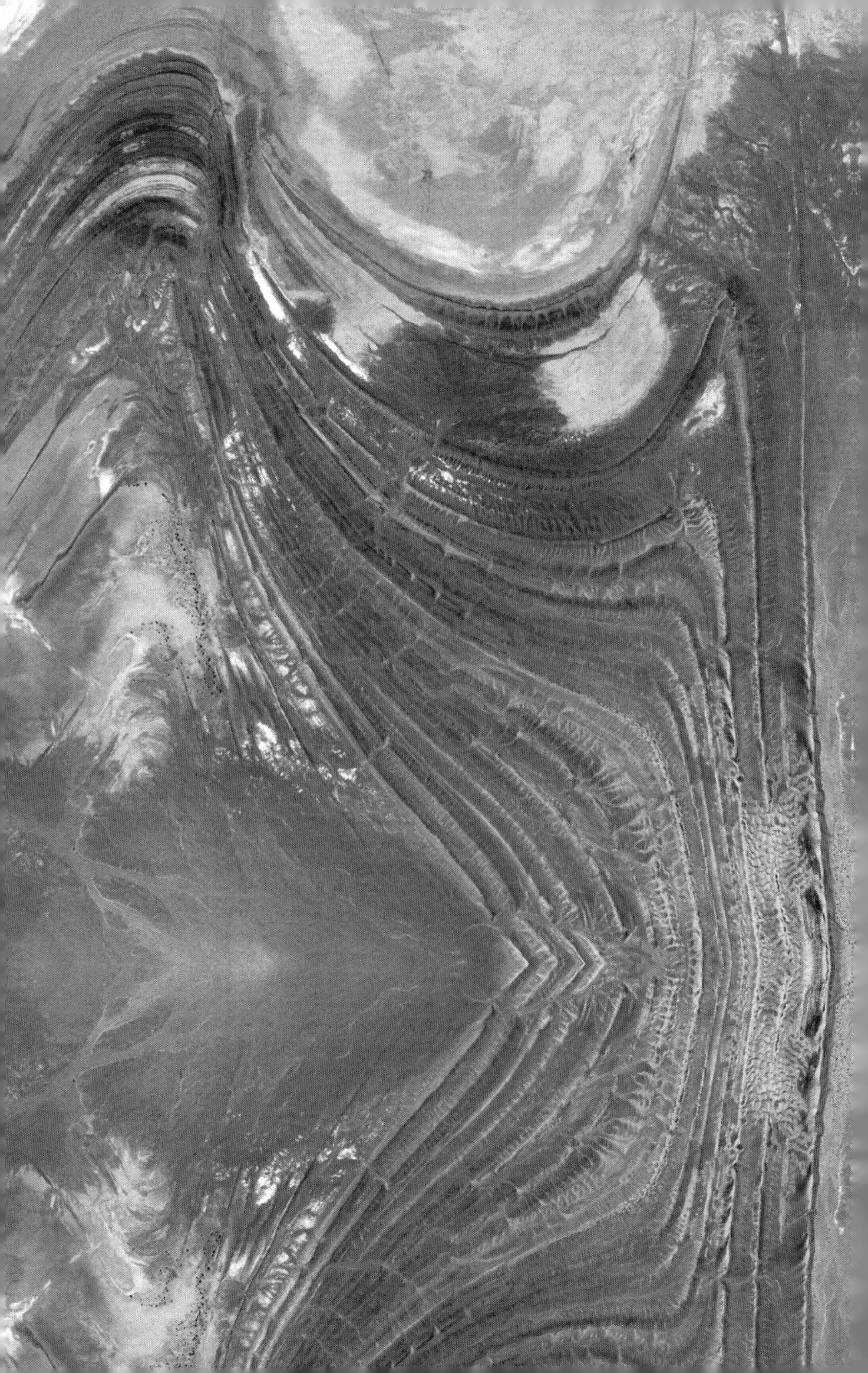

5

China: raízes históricas, culturais e filosóficas

Chegamos ao penúltimo capítulo dessa viagem filosófica rumo ao pensamento do Extremo Oriente. Nestes dois momentos finais, nosso assunto será a China, imensa região que constituiu no passado o maior império do planeta e que ainda hoje se mantém como o terceiro maior país do globo terrestre.

Do ponto de vista geográfico, segundo Zieres (1985, p. 7), trata-se de uma porção de terra

> limitada pelo mar amarelo, a leste, pelo mar da China Meridional, a sudeste, pelo Imalaia e outras cadeias montanhosas da Ásia central, estepes, desertos, como o Gobi, a noroeste e a leste, e que, incluindo as províncias da Manchúria, Mongólia, turquestão Ocidental (Sinkiang) e Tibet, se estende por cerca de 10 milhões de quilômetros quadrados.

Mapa 5.1 – Mapa da China

Base cartográfica: Atlas geográfico escolar: ensino fundamental do 6º ao 9º ano. Rio de Janeiro: IBGE, 2015. pág. 93. Adaptado.

Fonte: THE UNIVERSITY OF TEXAS AT AUSTIN, 2007.

O povo chinês é intrinsecamente ligado à história do país. A tradição milenar perpassa costumes, economia, religião, ciência e, obviamente, filosofia. A referência mais remota talvez seja o par de oposições conhecido como *Yin* e *Yang* (masculino-feminino; luminoso-sombrio etc.) e no conteúdo da obra mais tradicional de toda a literatura e filosofia chinesa, conhecida como *I-Ching* (*Livro das mutações*). Analisaremos esses temas com atenção nas páginas que se seguem.

Dois grandes pensadores se tornaram fundamentais para a compreensão da origem e dos desdobramentos da filosofia chinesa: Lao-Tsé (ou Lao-Tzu) e Confúcio (ou K'ung-Fu-Tzu). Esses filósofos embasam as duas maiores e mais importantes correntes de pensamento: o taoísmo filosófico e místico de Lao-Tsé e o humanismo ético de cunho tradicionalista de Confúcio. Podemos comparar a influência desses pensadores às presenças de Heráclito e Parmênides (ou Platão e Aristóteles) na filosofia ocidental. O paralelo é apenas em relação à importância para as respectivas culturas, pois um dos pontos de clara convergência entre Confúcio e Lao-Tsé seria a perspectiva da mutação como principal característica do cosmos.

Antes de enfrentarmos a complexidade da distinção entre as duas mais importantes escolas de pensamento chinês, seria interessante uma introdução mais geral acerca da história do povo chinês, das origens mais remotas até a formação do território unificado.

5.1
História geral da China

Os primeiros chineses teriam vindo do Turquestão, migrando para o território que viria a ser a China por causa do ressecamento progressivo da Ásia Central. Seria um povo de origem ocidental, portanto. Essa versão, ainda que muito difundida, não é amplamente aceita pelos próprios chineses, que reivindicam um passado ancestral autóctone e mítico. De fato, há evidências arqueológicas do *homo erectus* na China entre 500 mil e 300 mil anos antes de Cristo. A descoberta do espécime chamado *homem de Pequim*, em 1927, atesta essa presença de maneira irrevogável. O *homo sapiens* chegou à região entre 200 mil e 50 mil antes de Cristo; já a presença do *homo sapiens sapiens* (nossa espécie atual) data de aproximadamente 40 mil a.C.

A figura mais remota na mitologia chinesa é Fu-hsi (ou *Fuxi*), considerado o fundador dessa civilização. A ele se atribui o início das atividades de caça e pesca, a utilização de ferro na confecção das armas e a invenção da escrita. Sua figura, envolta nas brumas da história e da lenda (2852 a.C. -2737 a.C.), marca de maneira arquetípica a assunção do patriarcado na civilização chinesa. A mitologia em torno dessa figura está inserida numa narrativa maior chamada de *os três soberanos* ou *três Augustos*, que seriam os três lendários reis fundadores.

Fu-hsi é considerado o primeiro dos **três reis lendários** (ou *três Augustos*, ou *três soberanos*). Assim, após Fu-hsi temos Chen-mung (ou Shennong), a quem se atribui a invenção do compasso, e Huang Di (ou Huang-Ti), mais conhecido como o *Imperador Amarelo* (2697 a.C. -2597 a.C.), o qual figura como introdutor do calendário chinês e se constitui como a primeira referência do taoísmo. Toda essa mitologia, obviamente, está intrinsecamente ligada à dinâmica histórica da oralidade, por tratar-se de uma narrativa acerca das origens da civilização chinesa.

Após os três Augustos, a narrativa ainda reservou uma atenção especial para **os cinco imperadores**, que seriam os lendários cinco reis sábios de moral perfeita e que, nessa mitologia, correspondem tanto aos cinco elementos fundamentais a partir dos quais toda matéria se origina (**metal, água, madeira, fogo e terra**) quanto aos cinco pontos cardeais (**norte, sul, centro, leste e oeste**). Após essas figuras míticas, cuja datação estaria entre os anos 2850 a.C e 2205 a.C, surgiram "as dinastias semilendárias dos Hia, ou Xia (2220-1650 a.C.), e dos Chang, ou Xang (1650-1122 a.C.)" (Henriques, 1991, p. 7). É nessa última, a dinastia Chang, que ocorre a passagem da Idade da Pedra para a Idade do Bronze, também denominada de *Era Yun*.

Como a lista de dinastias é longa e remonta a dois mil anos antes de Cristo, vamos nos ater aos períodos mais significativos intelectualmente, quando foram produzidas, comentadas ou editadas as obras mais importantes da tradição intelectual chinesa. É Zieres (1985, p. 14) quem mais uma vez nos esclarece que:

> Os verdadeiros fatos históricos tornam-se mais claros e sua datação mais precisa a partir do século XII a.C. Mas é apenas a partir de 841 a.C., quando surgem os *Pensamentos Históricos Notáveis* do antigo historiador chinês Sima Qian, que se conhecem datas exatas.

Sima Qian (145 a.C.-90 ou 85 a.C.), mencionado na citação anterior, foi astrônomo, matemático e historiador chinês da dinastia Han do Oeste (206 a.C.-220 d.C) e é considerado o primeiro grande historiador chinês. A obra *Pensamentos históricos notáveis*, portanto, constitui um marco na historiografia dessa civilização e é a ela que os pesquisadores da Antiguidade chinesa vão recorrer como fonte remota mais segura ou precisa.

Após o período das semilendárias dinastias Xia e Shang, que estiveram no poder entre os anos de 2100 a.C. e 1042 a.C., surgiu a dinastia Chou (ou Zhou), a mais longa da história do país (durou mais de oitocentos anos). Nela começou a tomar forma a obra literária mais importante dessa cultura, o *I-Ching* ou *Livro das mutações*. Também vieram à luz o pensamento de Lao-Tsé e Confúcio. Segundo a introdução da tradução para o português do *I-Ching*, a tradição atribui os primeiros textos que irão compor o *I-Ching* ao rei Wen (que teria escrito a seção intitulada

Julgamento) e ao Duque de Chou (a seção dedicada às linhas), que inicia a dinastia Chou". (Wilhelm, 2006). Os comentários desses autores ao texto foi tão decisivo que a tradição das mutações, anteriormente designada por *I*, passou a ser conhecida como *Chou I*, tornando-se uma referência à dinastia cujo início coincide com a redação desses textos (I-Ching, 2006).

Foi com esse título, de *Chou I*, que o conteúdo da tradição das mutações chegou ao conhecimento de Lao-Tsé e Confúcio no século VI a.C. Lao-Tsé, na escrita do seu clássico *Tao-Te King*, apropria-se e recria grande parte do conhecimento contido naqueles textos. Confúcio, com a sua determinação de preparar uma edição de todos os textos clássicos da literatura chinesa, a qual foi chamada de *Os cinco clássicos*, está ligado de maneira seminal a esse texto. Os cinco clássicos editados por Confúcio são: *Shu-King*, livro clássico da história; *Shih-King*, livro clássico da poesia; *Y-King*, livro clássico das mutações; *I-King*, livro clássico da memória dos ritos; e *Chun-Tchiu*, anais da primavera e do outono.

Nessa demonstração de erudição, rigor historiográfico e compromisso com a memória da cultura, Confúcio deu o formato final e o título por meio do qual recebemos o *I-Ching*: "na literatura chinesa, quatro sábios são citados como autores do Livro das Mutações: respectivamente Fu-hsi, Rei Wen, o Duque de Chou e Confúcio" (Wilhelm, citado por I-Ching, 2006, p. 10).

A participação de Confúcio na formatação tradicional do pensamento chinês não deve ser menosprezada. Com relação ao *I-Ching*, além de lhe atribuir o nome que foi, daí em diante, o tradicional, Confúcio desenvolveu uma hermenêutica da leitura e da interpretação de seu conteúdo (em geral, ligada apenas à dimensão oracular, mística e mágica) conhecida como *As dez asas* ou *Dez comentários clássicos*. Esses comentários acompanham até hoje as constantes edições e reedições dessa obra.

A dinastia Chou durou de 1028 a.C. a 256 a.C. e é considerada como um "período áureo do pensamento chinês, no qual a cultura tradicional chinesa se desenvolveu completamente" (Henriques, 1991, p. 76). Foi durante o seu domínio que a sucessão do trono foi regulamentada, determinando que o título seria herdado pelo primogênito da primeira esposa. Nesse período, também se estabeleceu uma espécie de sistema feudal que veio a substituir a monarquia absolutista dos Chang. Foram ainda os príncipes Chou que apresentaram um sistema de impostos mais justo e uma espécie de reforma agrária às populações dominadas e espoliadas dos campos. Construíram-se estradas, canais e barragens para conter o "dragão amarelo" (Zieres, 1985, p. 17).

Sobre o papel da religião no embasamento do mandato dos governadores (príncipes e imperadores) chineses, Granet (1979, p. 34-35) nos faz o seguinte esclarecimento:

> O poder de toda dinastia resulta de uma virtude (Tô) ou de um prestígio (Tô-yin) que passa por uma época de plenitude (Tcheng ou Cheng), declina (ngai) e, depois de uma ressurreição (hing) efêmera, esgota-se e se extingue (mie). A dinastia deve então ser extinta (mie), suprimida (tsue ou mie-tsue: exterminada), pois ela não tem mais o Céu a seu favor (pou Tien): o Céu (Tien) cessa de tratar seus reis como filhos (tsen). Uma família só pode fornecer Reis, Filhos do Céu (T'ien Tsen) à China durante o período em que o Céu lhe outorga uma investidura (ming). Esta investidura, este mandato celeste, é sempre temporário.

A esse esclarecimento, soma-se a seguinte colocação de Zieres (1985, p. 14):

> Essas representações de um povo de camponeses, racionalistas, estão, desde a pré-história e a antiguidade, impregnadas de animismo ou crença em espíritos, deuses da natureza, culto dos antepassados e credo nos poderes dos elementos Vento e Água. Disso resulta [e esta parte é a que mais nos interessa] ser a China a única das grandes civilizações que não se caracteriza por religiões baseadas na fé, mas antes no

comportamento. Estas assumem a forma de sistemas éticos, filosóficos e sociais, com as suas regras, mas que diferem substancialmente das igrejas e seus dogmas.

A obra *Taoístas e imortais*, de Chu Shao-hsien, apesar de conter a essência das volumosas escrituras taoístas (*tao tsang*), não dedica um único parágrafo às divindades. Parece que estas se agregam ao *corpus* de textos e práticas taoístas de maneira acidental, podendo ou não ser levadas em conta.

Isso demonstra a maneira muito peculiar desse povo organizar sua metafísica e sua teologia. Mesmo com a forte influência do budismo a partir do século II a.C., não se perdeu o princípio de resistência à figura religiosa de um deus onipotente. Segundo Blofeld (1979, p. 16), "na Ásia oriental, a noção de um ser supremo, essencial para as religiões ocidentais, costuma ser substituída pela de um 'estado supremo do ser', perfeição impessoal. Os seres (inclusive o homem) estão separados apenas ilusoriamente". O autor completa esclarecendo que "os deuses, embora alvo de ampla crença, carecem de importância maior; como os demônios, animais e peixes, constituem uma ordem à parte, tão sujeitos como o homem à lei inexorável da impermanência" (Blofeld, 1979, p. 16).

Voltaremos às questões metafísicas mais adiante. Comecemos por analisar um dos elementos de maior singularidade dessa cultura.

5.1.1 Língua

O mito que atribui a invenção da língua chinesa ao lendário patriarca Fu-hsi relata que este criou os primeiros ideogramas com base nos sinais existentes na carapaça de tartarugas. A Lao-Tsé, atribui-se a afirmação que essa escrita ideogramática teria sido precedida por uma forma anterior de escrita feita com nós. Segundo Granet (1979, p. 117-118):

O chinês não surge mais como uma língua isolada e misteriosa. Ele se integra numa família bem definida, da qual parecem fazer parte o tibetano, o birmanês e, talvez, o tai. Tende-se a admitir que a família divide-se em dois ramos: o tai e o chinês formando o primeiro grupo linguístico, enquanto que o birmanês e o tibetano formariam um segundo grupo.

Figura 5.1 – Alguns logogramas chineses e seus significados

愛	笑	好	喜
Amor	Sorriso	Bom	Feliz
友	少	讀	思
Amigo	Jovem	Ler	Pensar
吻	腦	甜	士
Beijo	Cérebro	Doçura	Pessoa
睡	哭	家	新
Dormir	Chorar	Lar	Novo

colortone/Shutterstock

É interessante pontuar que, segundo o *I-Ching* (2006, p. XI) "para a China antiga, o nome de algo era considerado não apenas como um rótulo arbitrariamente atribuído, mas, antes, uma expressão do ser mesmo daquilo que em seu nome se deixa ver, se desvela" (I-Ching, 2006, p. XI). Essa consideração nos dá uma valiosa indicação da forma como devem ser analisados os sinogramas ou logogramas da escrita tradicional.

A língua é naturalmente a técnica ou maneira por meio da qual aprendemos a pensar. Utilizamos intuitivamente a linguagem como código ou codificação da atividade de pensar. Nós, ocidentais, compartilhamos um sistema gráfico que, por mais diferentes que sejam as línguas, tem uma fonética comum. As palavras podem ser subdivididas em pequenas unidades de som (fonemas).

Os povos com grafia **logogramática**, ou seja, com um sistema de escrita tradicional em que os símbolos não se referem a sons, mas a conceitos e imagens (como é o caso dos chineses, japoneses e sul-coreanos), possuem uma outra imagem ou outro procedimento mental acerca da atividade de pensar. Isso, claro, não supõe nenhuma vantagem ou desvantagem intelectual, constituindo apenas um importante traço de sua peculiaridade.

Na composição do vocabulário, temos que:

> a língua chinesa é monossilábica. A acentuação musical e o modo de ligação das palavras proporcionam-lhe variadas formas de expressão e múltiplos significados. Um último aspecto relativo a este assunto diz respeito ao caráter unificador da língua chinesa, que apesar das lutas internas pela hegemonia de determinadas regiões, conseguiu-se constituir a unidade deste vasto território pelo fato de que, ali, todos falavam a mesma língua, ou simplesmente conseguiam se entender apesar das diferenças regionais. Com o correr dos tempos, surge, a partir dos dialetos de Nanquim, Pequim, Wu-Fu-Kien ou Cantão, a língua comum – o chinês de Pequim [...]
> Da reunião de cerca de 214 ideogramas com quase mil sinais fonéticos nascem aproximadamente 40 mil caracteres. Os letrados devem adquirir o conhecimento de todos eles, embora, correntemente, sejam utilizados apenas de 2 a 3 mil desses caracteres. (Zieres, 1985, p. 8, 12)

5.1.2 Agricultura

A agricultura comunitária de subsistência está no primeiro plano da dinâmica civilizatória da China antiga. Segundo Granet (1979, p. 237): "Os chineses, desde os primeiros dias conhecidos de sua história, aparecem como um povo de agricultores". O autor ainda acrescenta que, seguramente, "a criação de animais deve ter tido outrora mais importância do que em nossos dias, mas era da cultura de cereais que viviam os antigos Chineses e, também, a seu lado, as populações que consideravam bárbaras" (Granet, 1979, p. 237). Granet (1979) também alude ao modelo que chama de *jardins*, que reúne vários cultivos. Preferiam o trabalho manual com a enxada e a pá àquele que se utiliza de tração animal e da charrua.

Figura 5.2 – Plantação tradicional de arroz em terraços na China

O relevo predominante na região, acidentado e extenso, demandava um grande contingente de agricultores. A coletivização facilitou a construção de canais e regos para dividir e dispersar a água das chuvas, prevenindo ou revertendo desabamentos de terras etc. No sentido inverso, essas melhorias solidificaram hábitos de ajuda mútua e trabalho em comum. O indivíduo mantém profundo respeito pela comunidade ou povo. O trabalho nos campos tende a valorizar a tradição e a hierarquia. O dever era recompensado com grandes festas coletivas de caráter orgiástico – momentos ocasionais de suspensão das normas sociais e das leis regulares. Poderíamos abandonar o rigor histórico para comparar essas celebrações com o carnaval brasileiro. Segundo Granet (1979), os filósofos as condenaram desde o primeiro momento. Confúcio, entretanto, soube reconhecer seu valor benfazejo, pois teria dito que "não se deve 'manter o arco sempre tenso, sem jamais afrouxá-lo... ou sempre afrouxado, sem jamais esticá-lo'" (Granet, 1979, p. 259).

Outra tradição fundante é o modelo de **exogamia**. Espécie de lei universal da antropologia, postula que os casais devem se formar a partir de famílias diferentes em todas as coletividades humanas. Irmãos não devem se casar entre si; a mulher deve provir de um outro núcleo familiar: "A regra da exogamia [na China] tem um alcance doméstico: ela tem também um alcance territorial. Ela proíbe o casamento dos jovens nascidos na mesma aldeia. [...] Para se casar, uma moça deixa irmãos e parentes" (Granet, 1979, p. 262). Essa regra é confirmada pelas exceções mágicas, de origem mitológica ou lendária.

Na exogamia chinesa, a futura noiva é quem deveria deixar sua casa para adentrar no núcleo familiar do esposo. Além disso, a separação entre os sexos se dava de maneira muito radical e "iniciações e esponsais faziam-se sob o controle da comunidade inteira" (Gramet, 1979, p. 260). Mesmo as relações entre casais já consumados eram cheias de regulações e precauções infinitas. De um modo geral, nessa dinâmica agrária, "cabia aos homens a perigosa tarefa de abrir a terra com o risco de irritar as forças misteriosas do solo e, em compensação, só as mulheres sabiam conservar nas sementes o princípio de vida que as fazia germinar" (Granet, 1979, p. 260).

5.2
Filosofia chinesa

A maior peculiaridade da filosofia chinesa é que ela tem um fundamento organizador que perpassa todas as correntes: É o princípio da mutação permeada pelo equilíbrio dinâmico (ou seja, em movimento) do par de opostos primordiais, chamados de *Yin* e *Yang*. Segundo Wilhelm, tradutor para o alemão da versão mais recomendada do *I-Ching* e do *Tao-Te King*, de Lao-Tsé, "o fator decisivo no pensamento chinês é o reconhecimento da mutação como essência primordial, ao passo que na Europa toma-se o puro Ser como ponto de partida fundamental" (Wilhelm, 1995, p. 7).

Para especularmos acerca de como se realizaria essa dinâmica entre ser e não ser, Gustavo Corrêa Pinto, na introdução de uma tradução portuguesa do *I-Ching*, tece o seguinte comentário: "Analisando-se a mutação, verifica-se que ela própria é invariável. Sendo onipresente e absoluta, a mutação é imutável. Por isso, "I" [ideograma chinês para *mutação*], significa mutação e não mutação" (I-Ching, 2006, p. XII).

Do ponto de vista conceitual, o grande conceito que subjaz ao princípio de mutação é T'ai Chi, que teria como sentido original "viga mestra". Essa viga encontra-se sobreposta a um círculo Wu Chi (ou *wuji*), que tem como significado "sem limites, infinito". Trata-se de um modelo especulativo que pensa a relação entre ordem e caos, finito e infinito de maneira complementar e harmônica. Afinal, a mutação como princípio cósmico primordial tende a arrastar toda a existência para seu equilíbrio dinâmico. Em termos de imagem, temos um círculo com uma viga mestra no meio, símbolo da racionalidade chinesa que se insere na ordem cósmica da fluidez e da mutação, por isso ela é curva. É daí que surge a famosa imagem Tei-gi, ou símbolo do Yin-Yang, como estamos habituados a concebê-lo.

Figura 5.3 – Tei-gi, ou símbolo do Yin-Yang

researcher97/Shutterstock

Segundo Zieres (1985, p. 12):

> O chinês considera o cosmos "o grande indescritível" e representa-o como uma circunferência – sem princípio nem fim (Wu ming). Aquilo que é material e mencionável é simbolizado por uma linha ordenada (Yu-ming) que divide o círculo (Wu-ki). A metade clara, positiva ou masculina deste círculo é o princípio Yang. A outra, escura, negativa ou feminina, constitui o princípio Yin. O diagrama da sua concepção do mundo mostra dois peixes de um só olho, no ato da cópula, de cuja união resulta a unidade.

Essa imagem contém um verdadeiro tratado de filosofia acerca da complementaridade das dualidades presentes no universo e, como diz a citação anterior, tem sua origem ligada à figura de dois peixes em cópula (provavelmente duas carpas). Da cópula entre Yin e Yang surge incessantemente o universo material.

5.3
Yin-Yang

A palavra *Yin* tem o sentido original de *nebuloso* ou *sombrio*. Yang é o inverso. Segundo o *I-Ching* (2006, p. 9), significa "'estandartes tremulando ao sol', ou seja, algo que 'brilha' ou 'luminoso'". Essas duas forças são responsáveis pela dinâmica primordial da mutação. Mais do que isso, a mutação é, na verdade, a constante transformação de uma força em outra, seguindo a lei de uma constante e incessante oscilação cósmica (o *tao*).

Dito de outra maneira:

> a postura chinesa é intermediária entre o budismo e a filosofia existencial ocidental. O budismo resolve toda a existência considerando-a uma mera ilusão, e a filosofia do Ser concebe a existência como uma realidade autêntica oculta pela ilusão do vir-a-ser – o que os torna, por assim dizer, dois pólos opostos. O pensamento chinês busca a reconciliação, acrescentando o elemento temporal: as duas condições irreconciliáveis entre si, encontram-se no tempo e se conciliam ao se sucederem, alternativamente, cada qual transformando-se na outra. [...] oposição e união são geradas em conjunto no tempo. (I-Ching, 2006, p. 8)

Para entendermos um pouco melhor a importância da relação entre Yin e Yang, Henriques (1991, p. 78) traz a seguinte explicação:

> A doutrina do Yin-Yang foi o ponto de partida de grande parte da ciência chinesa. A acupuntura (do latim, *acu* = ponto e *puntura* = fincar), por exemplo, que é uma medicina inteira e não apenas uma técnica terapêutica, supõe uma filosofia de fundo que não separa o homem do cosmos que o envolve.

A especulação cosmológica com base na dualidade Yin-Yang teve também uma vertente extremamente esotérica e mágica. Somada à chamada *religião popular da China*, que mescla um pouco de todos os cultos e crenças de que se tem notícia, deu origem a uma vertente do taoísmo, de cunho mais mágico e miraculoso. Segundo Zieres (1985, p. 7),

> O imenso território, que em épocas remotas apresentava-se coberto de florestas até regiões setentrionais e infestado de animais como tigres, leões, búfalos gigantes e elefantes, surgiu, desde o início,

nas representações místicas dos homens, como palco de forças elementares primitivas: os dragões amarelo, azul e vermelho simbolizavam respectivamente os rios caudalosos e barrentos, o céu e o vento, a tempestade, o fogo e a catástrofe.

A forma como o Yin e o Yang aparecem no *I-Ching* é bastante esclarecedora. É representado na oposição entre os trigramas do criativo (Ch'ien) e do receptivo (K'un), que nos remetem à relação entre masculino e feminino, mas de uma maneira mais formal e abstrata. Como salienta o *I-Ching* (2006, p. 11), "o yin é sempre aquele elemento de certo modo deduzido pela presença do yang", e este é o princípio de formação desses opostos, o que os torna fundamentalmente abstratos. No *I-Ching*, o Yin-Yang assume a forma gráfica de uma linha contínua (–) e outra partida (- -), com base nas quais teríamos a imagem gráfica das figuras do criativo e do receptivo da maneira apresentada na Figura 5.4, a seguir:

Figura 5.4 – Hexagramas Ch'ien (o criativo) e K'un (o receptivo)

Céu   Terra

Viktorija Reuta/Shutterstock

A combinação dessas linhas em pares de trigramas, que formam hexagramas, vai ter como resultado um quadro que contém os 64 hexagramas possíveis baseados nos oito trigramas básicos. Deve-se a James Legge, em sua tradução do *I-Ching* para o inglês publicada em 1882, a cunhagem dos termos *trigrama* e *hexagrama* para designar os *Kua* compostos por, respectivamente, três e seis linhas. "Nessas figuras lineares, estavam as sementes da cultura, de extraordinária complexidade e riqueza, que, ao longo dos milênios seguintes, viria a se desenvolver na China" (I-Ching, 2006, p. XI). Segundo o *I-Ching* (2006, p. 10), "dentro do universo das oposições polares, o polo positivo original é designado por uma linha inteira (yang) e o pólo negativo secundário por uma linha partida (yin)".

Figura 5.5 – Pa Kua (ou Ba gua): imagem que une o Yin-Yang aos oito trigramas básicos

Ao sobrepormos o *Tei-gi* (símbolo do Yin-Yang) aos oito trigramas básicos que compõem o *I-Ching*, temos a imagem anterior. Os oito trigramas básicos constam na figura a seguir:

Figura 5.6 – Pa kua (ou Ba gua) com legendas

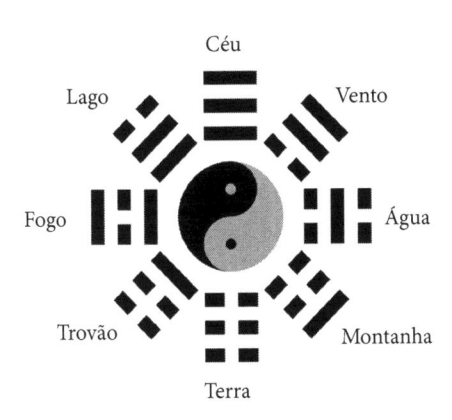

5.4
I-Ching (Livro das mutações)

Todos os historiadores, filósofos e pensadores que se debruçaram sobre a China em busca de seu conteúdo intelectual tiveram que, em algum momento, analisar o conteúdo da grande e enigmática obra que é o *I-Ching*. Acerca de sua composição, que remete à lendária figura de Fu-hsi, o I-Ching (2006, p. 10) nos diz que "o fato de ele ser indicado como o inventor dos signos lineares do Livro das Mutações significa que lhes é atribuída uma tal antiguidade que antecede à memória histórica". Os outros autores do *I-Ching*, aos quais já nos referimos anteriormente, são rei Wen, o Duque de Chou e Confúcio.

Wilhelm, tido entre os mais importantes sinólogos do século XX, afirma que "o Livro das Mutações [...] é, sem dúvida, uma das mais importantes obras da literatura mundial" (Wilhelm, 2006, p. 3) ainda aponta que "tudo o que existiu de grandioso e significativo nos três mil anos de história cultural da China ou inspirou-se nesse livro ou exerceu alguma influência na exegese do seu texto", e finaliza seu argumento dizendo: "Não é, pois, de estranhar que as duas vertentes da filosofia chinesa, o Confucionismo e o Taoísmo, tenham suas raízes comuns aqui" (Wilhelm, 2006, p. 3).

No entanto, a análise do *I-Ching* esteve por longo período relegada a uma visão mágica e oracular, o que de fato ela também é, mas não somente nem sobretudo. Se, de fato, a primeira parte desse texto está disposta a atender às demandas de quem o consulta por meio de um ritual, no formato de perguntas feitas a um oráculo, a obra contém também princípios fundamentais da metafísica chinesa, baseados na lei da mutação universal (*tao* ou *dao*) e na interação dos opostos Yin-Yang, promovendo a concretização de seu equilíbrio dinâmico. Essa imbricação do mágico com o metafísico se deve ao fato de que, como salienta Blofeld (1979, p. 9), estão mesclados, no interesse chinês sobre a obra, aspectos relacionados a "folclores, ciências ocultas, cosmologia, ioga, meditação, poesia, filosofia quietista e misticismo".

5.5
Taoísmo

Para a nossa análise, o taoísmo deve ser dividido em duas vertentes: de um lado, a escola filosófica de Lao-Tsé, Chuang-Tzu etc.; de outro, a doutrina especulativa animista, mesclada com a religião popular chinesa (na qual coincidem magia, alquimia e folclore). Neste primeiro momento, vamos nos ater ao taoísmo como vertente do pensamento chinês mesclada com a religião popular, para apresentarmos de maneira mais geral como se desenvolveu a especulação do *tao* com teor mais religioso. Deixaremos a parte propriamente filosófica para o próximo capítulo, no qual apresentaremos um pouco da biografia e do conteúdo da obra de Lao-Tsé e Chuang-Tzu e, posteriormente, o sistema e a escola de pensamento de K'ung-Fu-Tzu (Confúcio).

Figura 5.7 – Gravura taoísta de Lao-Tzu

World History Archive/Alamy/Fotoarena

De acordo com os apontamentos de Blofeld (1979, p. 17), "o conceito taoísta de escatologia é sublime, e nele se mesclam filosofia profunda, aspiração espiritual, poesia da natureza e reverência à condição sagrada de todos os seres e coisas". De acordo com esse autor, isso

nos indica que a religião taoísta propõe uma verdadeira reverência à natureza, no que ela tem de sublime e sagrada em si. E a grande busca espiritual à qual esta religião está ligada estará então comprometida com a compreensão e imersão nesta harmonia natural e plena. Pois, da natureza, segundo os taoístas, nada se pode tirar ou acrescentar, pois ela já é completa e harmônica em si e por si. Claro que isso não envolve uma passividade absoluta, afinal o homem, desde que surgiu, passou a ter um papel de destaque neste equilíbrio. O conceito que irá pautar esta postura taoísta, que é contemplativa mas não passiva, é Wu Wei, princípio cardeal dos taoístas, que significa literalmente não ação. Mas isto não no sentido de postar-se inerme como um tronco ou uma pedra; significa antes evitar ações que não sejam espontâneas, atuar plena e intensamente apenas naquilo que constitui a necessidade presente. (Bolfeld, 1979, p. 24)

Afinal, "existe um Tao (caminho) do céu, um Tao da terra e um Tao do homem. Este último é a vereda recomendada pela natureza da qual é sempre insensato e perigoso afastar-se" (Blofeld, 1979, p. 23). Nesse sentido, o caminho do homem deve estar em consonância com o caminho do céu e da terra, ou seja, deve buscar a harmonia com as forças celestiais e terrenas. O *tao* seria essa lei, ou força, que preside todas elas. Mas cabe perguntarmos o que vem a ser esse *tao*. Ainda segundo Blofeld (1979, p. 17), "o Tao é: T'ai Hsu (O grande vazio); T'ai I (O grande modificador); é também T'ien (o Céu), fonte do governo e da ordem". Essa definição do *tao* como T'ien, "céu", como fonte do governo e da ordem, talvez seja o ponto exato de divergência entre Lao-Tsé e Confúcio, do qual trataremos no próximo capítulo. Por ora, fiquemos com as definições de "grande vazio" e "grande modificador" para o *tao*, pois representa bem o princípio de mutação da metafísica chinesa.

Principalmente para nós, ocidentais, geralmente quando se aborda o *tao* (ou *dao*), fazemos referência ao que está presente no texto clássico de Lao-Tsé, o *Tao-Te King*, como se ele tivesse sido, além do filósofo, o criador dessa religião. Isso não é verdade, pois o que Lao-Tsé fez foi uma importante e potente especulação filosófica com base em princípios e textos já tradicionais na cultura chinesa, já que o taoísmo data de muito antes disso. Portanto, podemos deduzir, com base no *I-Ching*, que, "séculos antes do advento de Lao-Tsé, o Tao fora concebido como algo que atua por meio da interação yin-yang: um negativo, passivo, feminino, o outro positivo, ativo, masculino" (Blofeld, 1979, p. 18).

É por esse motivo que os taoístas reivindicam para si um fundador muito mais remoto que Lao-Tsé, que vem a ser Huang-Ti, o lendário Imperador Amarelo: "a portentosa figura do Imperador Amarelo assoma em meio às brumas do tempo, pois foi um dos cinco imperadores sábios da idade de ouro da China (2852-2255 a.C.) que presidiram ao nascimento do império, dotando-o com técnicas preciosas como o fogo, o arado, o tear" (Blofeld, 1979, p. 33). Assim, os taoístas se referem ao seu sistema como *Huang–Lao*, reverenciando tanto o Imperador Amarelo como o Sábio da Antiguidade.

No entanto, é forçoso reconhecer que, "sem o poderoso influxo de sabedoria proporcionado por Lao-Tsé e Chuang-Tsé, o taoísmo talvez tivesse perdido sua atração sobre os homens cultos e sofrido a sina da Seita do Mestre Celestial, quase toda absorvida pela antiga religião folclórica" (Blofeld, 1979, p. 64).

Do ponto de vista do panteão taoísta, é importante salientar que essa questão é deveras paradoxal, pois "pode-se atribuir-lhe um panteão tão vasto, que ninguém jamais soube os nomes de todas as suas divindades; e também se pode dizer que ele não possui nenhuma divindade e só reconhece a supremacia do sublime e impessoal Tao" (Blofeld, 1979, p. 105). Esta última foi a vertente mais ligada a Lao-Tsé e Chuang-Tsé, mas agora cabe nos determos um pouco mais acerca da linhagem mágica.

Outros conceitos são unânimes em qualquer vertente, tal qual a doutrina das três substâncias ou energias, de imensa importância, conhecidas como os três tesouros: *Ching* (essência), *Ki* (vitalidade) e *Shen* (espírito) (Blofeld, 1979). Entre eles, a doutrina da energia espiritual ou *Ki* teve larga implicação na medicina e nas artes marciais chinesas.

O taoísmo ficou amplamente conhecido na China como uma seita na qual seus iniciados praticavam a alquimia, visando transformar metal ordinário em ouro, e buscavam o elixir da vida eterna. Como quase tudo relativo à Antiguidade chinesa tem um sentido metafórico, devemos considerar que a alusão à alquimia também admite essa leitura. É de se duvidar que sábios reclusos nas montanhas estivessem interessados em fabricar ouro, apesar de muitos deles acreditarem poder dominar os segredos da matéria. Na busca pela vida eterna, é provável que, ao lado de alguns (e do vulgo) que se deixavam levar por tais crendices, estivesse em jogo um conceito muito sofisticado de superação da vida corpórea.

É nesse sentido que Blofeld (1979, p. 29-30) acena para a busca da imortalidade, ou seja, um estágio pleno de sabedoria capaz de alcançar o mistério da existência:

> Imortal é aquele que, fazendo valer ao máximo seus poderes físicos e mentais, calando a paixão e banindo o menor desejo, atingiu a existência livre e espontânea – um ser tão próximo da perfeição que seu corpo não passa de abrigo ou receptáculo para o puro espírito. Ele arcou com um renascimento espiritual. [...] desvanecido o ego, ele já não se vê como indivíduo, e sim como Tao imutável encarnado numa forma transitória. Quando a morte sobrevém, encara-a como a deposição de vestes muito usadas. Ganhou a vida eterna e está pronto a retornar ao ilimitado oceano do puro Ser.

Portanto, haveria dois objetivos ligados à fé taoísta, um presente e outro futuro:

> no presente, o adepto busca viver em harmonia com a natureza, alegrando-se aqui e agora, serenamente alheio ao que possa acontecer, pois o que vive sabiamente, tudo vai pelo melhor, venha a morte cedo ou tarde. [...] Quanto ao estágio final, o objetivo é o retornar a fonte através de uma apoteose que pode apenas ser sugerida por palavras. O ego ilusório desaparece, e não obstante nada de real é perdido. (Blofeld, 1979, p. 28)

Do panteão taoísta, além das figuras do Imperador Amarelo e de Lao-Tsé, consta ainda o venerável **Ko Hung** (ou Ge Hong), que viveu no século I a.C. Foi um importante monge e alquimista chinês. Diz-se que foi o maior dos mestres taoístas. Oriundo de família confucionista, dominou os quatro livros e os cinco clássicos e exerceu importantes cargos públicos. Em determinado momento, porém, renunciou a tudo para abraçar o caminho. Escreveu nada menos que 116 volumes de tratados alquimistas, especulações acerca do *tao*, rituais de magia e curas mágicas. Em seus ensinamentos, insistia que um bom mestre era decisivo para o progresso nos estudos taoístas e que os escritos não bastam. Ganhou fama com uma fórmula mágica curativa muito difundida pelos taoístas por séculos a fio. Em suas próprias palavras:

> As pessoas que apetecem a fama e a riqueza não lograrão praticar o Caminho, para o que se exige a máxima determinação. Não se obtém a longevidade e a imortalidade com ritos, recitações de fórmulas mágicas ou ingestão de filtros; a necessidade primeira é ser virtuoso e abster-se do mal. Os taoístas que só se ocupam em nutrir o corpo com práticas ióguicas estão fadados ao fracasso. Sem um excelente mestre, não saberão nunca o que significa **compor o elixir**. Confiar nos textos, que carecem de real importância, é malbaratar o tempo. (Blofeld, 1979, p. 46, grifo do original)

Outra figura de renome nessa tradição foi Wei Po-yang (século II d.C.), que escreveu a obra *Ts'an T'ung Ch'i* (*A união do três*), um manual esotérico que aborda a prática das alquimias interna e externa, o ponto nuclear do cultivo em diferentes níveis.

É por tal mescla entre especulação metafísica e a magia que o termo *taoísta* foi empregado por séculos para designar tudo o que dizia respeito à filosofia e à religião não especificamente confucionistas ou budistas. Era, portanto, um lugar conceitual que contemplava todos os divergentes das duas grandes linhas que se tornaram hegemônicas na China, o confucionismo e o budismo.

Quanto ao budismo, os mestres taoístas tiveram uma importante participação na construção conceitual do que posteriormente foi chamado de *zen-budismo*. Isso permitiu a Blofeld (1979, p. 49) afirmar que, "quanto ao taoísmo, a quase totalidade de suas mais elevadas práticas e ensinamentos foi sendo gradualmente absorvida pelo Chan (Zen) budismo". O autor também nos fala que "os mestres Chan (Zen), em grande medida herdeiros tanto do antigo taoísmo como do budismo indiano, ensinam métodos bem próximos do cultivo do Caminho, numa tensão maior do que se supõe", e finaliza sua argumentação afirmando que "a doutrina Chan de que a iluminação deve ser atingida aqui e agora corresponde exatamente à doutrina taoísta da aquisição da imortalidade em sentido próprio" (Blofeld, 1979, p. 64).

É importante pontuar que, durante a dinastia Han (25 d.C.-167 d.C.), surgiu uma figura lendária (um imortal). Seus descendentes haveriam de usufruir o *status* de papa taoísta por dois mil anos (o último foi expulso do território chinês pela Revolução Comunista em 1949). O primeiro dessa linhagem de **mestres celestiais**, ou *T'ien Shih*, foi Chang Tao--Ling. A crença popular afirma que ele se perpetuou pela reencarnação, à maneira do Dalai Lama, exceto pelo fato de que emprestava um corpo de sua própria prole. No entanto, "os seguidores do mestre celestial Chang recorrem a todo instante a auxílios mágicos ou divinos, ao passo que entre os cultivadores sérios do Caminho, o autodomínio e a autorrealização constituem a vereda única para o êxito" (Blofeld, 1979, p. 118).

A produção artística inspirada no Tao toma como princípio a contemplação da harmonia na natureza. A vertente mágica e folclórica do taoísmo teve papel estrutural na formação da estética chinesa, com influência na pintura, na música, na arquitetura e na poesia.

Agora que começamos a imergir no universo intelectual e metafísico chinês, estamos situados para fazer uma análise mais rigorosa da obra dos dois grandes pensadores chineses, Lao-Tzu e Confúcio. No último capítulo deste livro, vamos contrastar suas ideias, apontando distinções e convergências, entre elas.

Síntese

Começamos nossos estudos da civilização chinesa traçando um panorama histórico e cultural da região. Recuperamos seu passado remoto e mítico, elencamos versões sobre a origem de seu sistema linguístico tão singular e analisamos algumas de suas principais instituições culturais, como os modelos de agricultura e as formas de casamento. Realizamos um levantamento das principais dinastias históricas, com ênfase à fundamentação religiosa de seus mandatos. Concluímos que o pensamento chinês tradicional está fortemente ligado à natureza. Sua cosmologia, por exemplo, ressalta a importância dos cinco elementos fundamentais (metal, água, madeira, fogo e terra), a partir dos quais toda matéria se origina.

Percebemos que essa visão sobre a natureza implicou uma maneira particular de entender a estrutura da realidade. A acupuntura, por exemplo, é uma técnica médica embasada nesses princípios. Podemos, então, afirmar que o pensamento chinês parte de uma relação com os fenômenos naturais muito diferente da relação a que nós, ocidentais, estamos acostumados. A natureza, no pensamento chinês, não é algo estranho, cujas relações se dão de maneira aleatória e caótica. Pelo contrário: possui um princípio de equilíbrio dinâmico e harmonia interna, base de valiosos ensinamentos.

Assim surgiu a obra coletiva considerada a mais antiga do pensamento chinês: o *I-Ching*. O conteúdo é, ao mesmo tempo, filosófico e oracular. Estão presentes vários dos aspectos mais fundamentais e importantes do pensamento chinês, entre os quais surge, em primeiro plano, o postulado do equilíbrio dinâmico das forças do universo, separadas em Yin e Yang. A estrutura da linguagem chinesa, formada por logogramas, teria forte impacto nesse pensamento.

Por fim, analisamos brevemente o conteúdo de uma das escolas de pensamento mais importantes da China, o taoísmo, elencando os principais pensadores, seus postulados religiosos e princípios metafísicos.

Indicações culturais

Filme

> O MONGE desce a montanha. Direção: Chen Kaige. China/EUA, 2015. 119 min.
>
> O filme conta a história de um jovem clérigo taoísta forçado a deixar o mosteiro e a aprender a viver (ou sobreviver) na sociedade laica.

Atividades de autoavaliação

1. Neste capítulo, vimos que o *I-Ching* (ou *Livro das mutações*) é uma das obras mais antigas e importantes da cultura chinesa, referência fundamental de seu pensamento. A seu respeito, é correto afirmar:
    a) É uma obra que narra a história da China antiga com precisão, desde o passado mítico até o início da história propriamente dita.
    b) Trata-se de um livro composto por Lao-Tzu, que se tornou um clássico do taoísmo.
    c) Trata-se de um texto cuja origem perde-se no tempo e que desenvolve o princípio filosófico de mutação aplicado tanto às artes divinatórias quanto à sabedoria de vida.
    d) É o nome dado ao mais importante livro escrito por Confúcio.
    e) É considerado a bíblia chinesa, no qual se narra a criação do universo e do homem.

2. Quando nos vem à cabeça o pensamento chinês, logo nos lembramos da imagem do Yin e Yang. No entanto, além da figura presente em camisas, brincos, capas de livro etc., esse símbolo comporta um importante conteúdo filosófico. Neste capítulo, pudemos perceber o significado filosófico de Yin e Yang. marque a alternativa que apresenta esse significado:
    a) Para os chineses, o universo tem leis fixas e rígidas, podendo o homem escolher entre o caminho do bem (Yin) ou do mal (Yang).
    b) A maneira chinesa de expressar o dualismo radical como forma de explicar a presença do mal no mundo.
    c) Um princípio metafísico fundamental, que embasa todo o pensamento chinês posterior. Esse princípio é o da mutação (I), em que Yin e Yang são os polos opostos dessa mudança constante.
    d) Um princípio oriundo das artes marciais chinesas, especialmente o *kung fu*, no qual Yin é ataque e Yang, defesa.
    e) Um povo que pratica bastante a pesca e, por isso, associa imagens circulares a peixes.

3. Um dos aspectos mais interessantes quando penetramos na estrutura do pensamento chinês diz respeito à língua e seu peculiar modo de grafia. Do ponto de vista da linguagem, assinale qual a principal diferença entre a escrita chinesa tradicional e a ocidental:
    a) No Oriente, escreve-se de baixo para cima e de trás para frente.
    b) A estrutura logogramática dos símbolos chineses lhes confere uma outra forma de grafar o pensamento, com caracteres formados não pelos sons, mas por conceitos e imagens.
    c) Na sintaxe chinesa, não existe a letra *r* por isso tendem a falar "elado".

d) A grafia chinesa constitui-se um sistema de criptografia criado pelos chineses durante a Primeira Guerra Mundial.

e) A grafia chinesa é composta por símbolos que se originaram da observação da movimentação dos mestres de kung fu.

4. O taoísmo é:
    a) a mais antiga arte marcial chinesa.
    b) a religião dos mongóis que dominaram a China entre os séculos XIII e XIV.
    c) uma escola de pensamento místico e de especulação filosófica muito influente no pensamento chinês.
    d) um desdobramento do budismo na China.
    e) uma doutrina que defende uma divisão crucial entre corpo e mente, homem e natureza.

5. Um dos aspectos mais fundamentais do pensamento chinês tem relação com a doutrina do Yin-Yang, que diz respeito:
    a) a duas regiões que estiveram tradicionalmente em guerra durante toda a Antiguidade chinesa.
    b) à relação do povo chinês com o mar, marcada por grandes maremotos e fortes ressacacas marítimas.
    c) ao equilíbrio dinâmico presente na natureza, cujo movimento se dá por meio da oposição e da complementaridade.
    d) à luta mítica travada entre o imperador negro e o branco, os quais, ao final da batalha, cortaram as cabeças um do outro, como mostra o símbolo *Tei-ji*.
    e) à absorção chinesa da doutrina cristã, que simbolizava a luta do bem contra o mal.

Atividades de aprendizagem

Questões para reflexão

1. Escreva um pequeno texto que tematize a diferença de grafia entre a escrita chinesa e a ocidental, apontando as implicações das formas diferentes de descrever e pensar o mundo.

2. Yin e Yang são dois princípios basilares para se entender o pensamento filosófico e religioso chinês. Seu significado mais amplo diz respeito ao princípio de constante mudança ou mutação. Escreva um pequeno texto que relacione esses dois princípios ao conceito ocidental de progresso e analise as diferenças e as semelhanças entre as duas tradições de pensamento.

Atividade aplicada: prática

1. Elabore um pequeno questionário e entreviste pelo menos três pessoas (entre colegas e familiares) para avaliar a presença de elementos da cultura chinesa nos seus cotidianos. Use as informações recolhidas para redigir um pequeno texto que tematize o caráter dessa presença e sua relação com alguns dos conteúdos abordados neste capítulo.

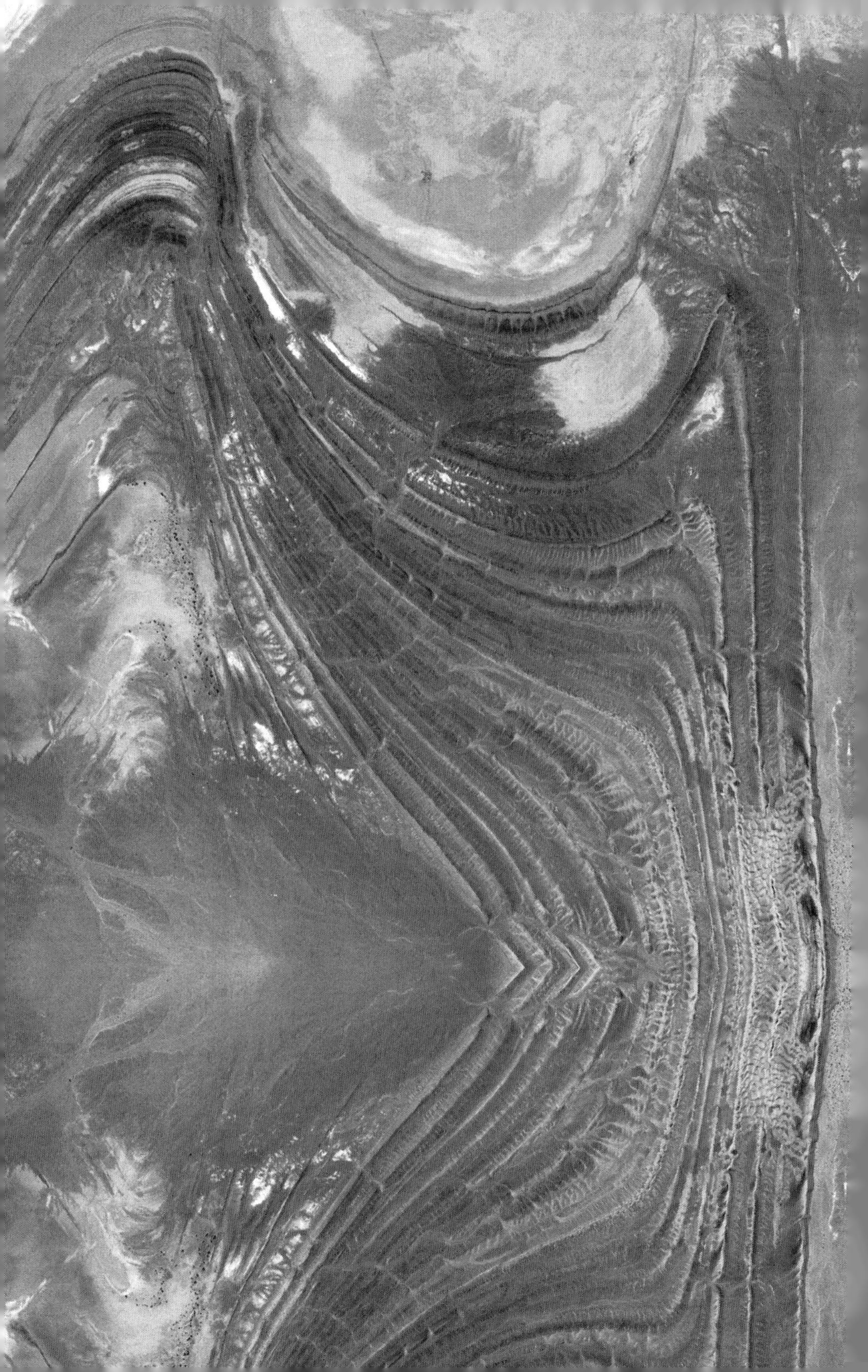

6

Lao-Tsé e Confúcio

Neste último capítulo, iremos estudar a obra de dois dos maiores e mais importantes pensadores chineses da Antiguidade, cuja influência se estende até a contemporaneidade. Veremos que ambos partem da tradição da complementaridade dos opostos tal como sedimentada no *I-Ching*. No entanto, propõem desdobramentos alternativos para as questões mais relevantes, com especial ênfase à ética e à política. Devemos destacar que, nas questões éticas e políticas levantadas por esses pensadores, subsiste uma profunda e complexa cosmologia. Como estudamos essa estrutura metafísica no capítulo anterior, agora podemos compreender a estrutura conceitual das obras monumentais de Lao-Tsé e Confúcio.

Por terem sido contemporâneos, a tradição defende que teria havido um encontro entre os dois pensadores. Sugerimos prestar especial atenção à versão desse diálogo que escolhemos reproduzir. Não é todo dia que temos a oportunidade de "ouvir" dois pensadores dessa grandeza conversando.

Vamos começar nossos estudos pela análise da vida e obra de Lao-Tsé, já que os registros históricos indicam ter ele nascido antes de Confúcio.

6.1
Lao-Tsé (ou Lao-Tzu)

Lao-Tsé (ou Lao-Tzu) é tido por muitos como um dos maiores pensadores da humanidade. Sua obra, *Tao-Te King*, apesar de sucinta, tem atraído a atenção de intelectuais de todas as épocas. O resgate de sua biografia carece de datas precisas. As informações mais relevantes e confiáveis sobre Lao-Tsé provêm de Sima Qian, assim como quase toda a historiografia da China antiga. Wilhelm (20014, p. 11), na sua tradução do *Tao-Te King* para o alemão, nos relata: "Seu nome de família era Li [...]; na juventude, seu nome era Erl (orelha); como erudito, recebeu o nome de Be Yang (Conde Sol) e, após a morte, [...] Lau Dan (literalmente, 'velha orelha comprida', cujo sentido é 'velho professor')".

Figura 6.1 – Imagem lendária de Lao-Tsé sobre um búfalo

Devido ao seu rápido desenvolvimento intelectual, Lao-Tsé chegou a ocupar o cargo de arquivista na corte imperial, que, naquela época, estava instalada na cidade de Lo-Yang. Especula-se que teria sido nesse período que o velho professor encontrou Confúcio. Falaremos mais sobre o episódio adiante.

Para Wilhelm (2004, p. 14), "a maior parte das LXXXI (81) seções do *Tao-Te King* é citada pelos anteriores taoístas mais importantes da época anterior a Cristo, 16 dos quais já encontramos em Lie-Tzu (livro clássico do Taoísmo, editado pelo filósofo de mesmo nome, no século IV a.C)". Isso diz muito sobre o conteúdo e a originalidade da obra. Podemos pensar em Lao-Tzu como um grande erudito do seu tempo. Por ter sido arquivista da corte imperial, teve contato com a maior parte dos textos clássicos de sua época. Resolveu, entretanto, deixar a vida pública e se retirar para as montanhas (como já era costume entre diversos pensadores taoístas) para se dedicar à reflexão sobre os mistérios da existência.

Lao-Tsé se apropriou de provérbios – ditos populares e tradicionais da China antiga –, vários deles derivados de conceitos do *I-Ching*. Mas devemos supor também que tenha lido a obra original, à época compilada sob o nome de *Chou I*. Como salienta Wilhelm (2010, p. 17), Lao-Tzu "conhecia a Antiguidade chinesa [...]. E difundiu seus ensinamentos fazendo referência aos velhos provérbios e explorando-os de forma espontânea". Mas, segundo Wilhelm (2004, p. 17) não podemos acusá-lo de plágio ou desonestidade intelectual na composição do *Tao Te King*, pois, "através de toda a obra, perpassa um espírito unitário tão forte que tudo quanto há nela passou a ser, na verdade, propriedade do autor, seja qual for a sua proveniência".

A partir de determinado momento, a obra de Lao-Tzu passou a ser entendida como oposta ao pensamento confucionista, e a divisão entre as escolas marcou a história posterior da China. Não podemos, entretanto, imaginar uma rivalidade entre os dois grandes. Os relatos do encontro revelam um imenso respeito de Confúcio pelo colega mais velho, por exemplo.

Quanto às distinções entre as duas teorias, podemos antecipar que

> Lao-Tzu não fundou uma escola, como Confúcio. [...] Concentrou-se na observação das grandes interdependências que existem no mundo, e o que viu transformou penosamente em palavras, deixando que os espíritos afins de épocas posteriores seguissem, autonomamente, suas indicações e contemplassem, nos inter-relacionamentos do mundo, as verdades por ele descobertas. (Wilhelm, 2004, p. 18)

Para Lao-Tzu, reproduzir o pensamento e o conhecimento em palavras é um exercício penoso e problemático. Ele chamou a atenção para uma questão muito profunda, que é a dos limites da linguagem ao tratar de conhecimentos intuitivos ou sublimes. Essa é uma questão que problematiza várias vezes em seu texto, como quando afirma: "O Tao que pode ser pronunciado/Não é o Tao eterno./O nome que pode ser proferido/Não é o nome eterno" (Lao-Tzu, 2004, p. 37). A essa reflexão, Wilhelm (2004, p. 22) acrescenta que "toda a metafísica do *Tao-Te King* baseia-se fundamentalmente na intuição, inacessível à fixação rigorosa de noções; Lao-Tzu designa-a com a palavra *Tao* (pronuncia-se "Dau") apenas para dar um nome aproximado".

Não obstante certo conteúdo enigmático ou obscuro de sua obra (atributos também utilizados para se referir a Heráclito, por exemplo), Lao-Tsé conquistou a atenção e a graça não apenas de curiosos sequiosos por segredos místicos, mas de eruditos, intelectuais e homens de Estado. Dessa última categoria, ganham especial destaque os imperadores da dinastia Han do Oeste (206 a.C.-220 d.C.), entre os quais se sobressai a figura de Han Wen Di (197 a.C.-157 a.C.), "cuja maneira pacífica e singela de governar é tida como fruto direto dos ensinamentos do velho sábio" (Wilhelm, 2004, p. 14). Han Gin Di (156 a.C.-140 a.C), filho de Wen Di, deu ao livro o nome de *Tao-Te King*, que significa *livro clássico do sentido e da vida* – nomenclatura mantida até hoje.

A mera tradução no termo *tao* (ou *dao*) por "sentido" ou "caminho" não é nada simples e gera bastante discordância. Há quem alegue, com bons argumentos, que determinados conceitos chineses, entre os quais o *tao*, não são passíveis de serem traduzidos para línguas ocidentais. Mesmo atentos aos limites da linguagem, confiamos na intercomunicação cultural e sua capacidade de gerar mútuo entendimento. Podemos então dizer que *tao* é um termo complexo e polissêmico: tem muitos significados, e precisamos dar sentido à palavra para melhor nos aventurarmos no pensamento chinês. Assim, neste livro, mantemos as duas opções para tradução de *tao*: sentido ou *caminho*, pois ambas nos ajudam a compreender o que ele indica.

Como alerta Wilhelm (2004, p. 17), "o início do *Tao-Te King* já é uma crítica à noção do *Tao*, tomada de modo unilateral como sendo historicamente o 'Caminho dos reis antigos', tal como era costume entre os partidários de Confúcio". Ou seja, a polissemia do termo não surge apenas quando buscamos transpô-lo para uma língua ocidental. Seu sentido já apresenta divergência mesmo entre pensadores chineses. Mas o que de fato está em jogo é o apreço que Confúcio demonstrava pela tradição da moral e dos bons costumes chineses, menosprezada por Lao-Tzu.

Wilhelm (2004, p. 17, grifos do original) comenta a polêmica:

> as noções do *Tao*, traduzido por nós como **sentido**, e de *Te*, traduzido como **vida**, encontram-se, também, nos escritos confucianos em posição de evidência. Neles aparecem apenas sob luz diferente, havendo até, com frequência, uma citação em que se pode observar uma crítica direta praticada pelas duas tendências.

Outra divergência importante diz respeito à apreciação do termo *Li* (que significa "moral", "regras de bons costumes"). Elevado como princípio central de conduta por Confúcio, é, no entanto, considerado um fenômeno de degeneração por Lao-Tzu. Isso fica evidente na passagem XIX, em que este afirma: "abandonem a santidade, joguem fora o saber/e o povo ganhará cem vezes mais./Deixem de lado a moralidade, atirem fora o dever,/e o povo voltará ao dever filial e ao amor" (Lao--Tzu, 2004, p. 55). Essa postura é chamada de *cética* por Wilhelm (2004), no sentido de uma disposição profunda do sábio de duvidar das prescrições de dever, ou mesmo do caráter civilizador de qualquer cultura.

Blofeld (1979, p. 26) aponta que, do ponto de vista taoísta, o objetivo moral com relação ao desejo desmedido (ou paixão) não é a repressão, mas a transcendência pacífica: "Seu método é nunca reprimir a paixão, mas transcendê-la pacificamente". E acrescenta: "O excesso é o verdadeiro inimigo da serenidade; o puritano opõe-se ao Tao tanto quanto o licencioso" (Blofeld, 1979, p. 26). Consideramos que essa análise esteja ajustada à perspectiva moral proposta pelo velho sábio.

De maneira oposta, encontramos convergência no elevado valor dado ao conceito de *wu wei* (não ação) por ambos. Este se refere à conduta ideal a ser tomada pelos governantes. Diz Lao-Tzu: "quando um Grande Soberano governa,/o povo mal sabe que ele existe./Os menos grandes são amados e louvados,/os ainda menores são temidos/ os mais inferiores ainda são desprezados" (Lao-Tzu, 2004, p. 53).

Blofeld (1979, p. 25, grifo do original) destaca que, "se algum vocábulo tem preeminência entre os taoístas é: *serenidade*". Esse ponto de vista é reforçado pela seguinte passagem do *Tao-Te King*: "cria em ti o vazio até o grau mais elevado! Preserva a tua serenidade até o estado mais completo! Depois, tudo pode elevar-se simultaneamente" (Lao-Tzu, 2004, p. 52). Nessa mesma seção, XVI, Lao-Tzu apresenta a busca taoísta pelo retorno ao ser, sobre a qual o sábio assim se coloca: "eu vejo como as coisas evoluem./Todas as coisas, por mais diversas que sejam,/retornam à sua raiz. A retornar à raiz significa serenidade" (Lao-Tzu, 2004, p. 52). E surge mais uma passagem que parece ilustrar a importância que Blofeld (1979) atribui ao termo *serenidade* entre os taoístas: "Serenidade significa voltar ao destino. Voltar ao destino significa eternidade./Conhecimento da eternidade significa clareza" (Lao-Tzu, 2004, p. 52).

Essa passagem nos lembra outra questão que parece bem importante para os taoístas: a busca da eternidade. No taoísmo, essa é uma questão sujeita a mil desentendimentos. Como lemos no trecho anterior, para

Lao-Tzu, a eternidade nada tem a ver com a busca pelo elixir da vida ou impedir a morte física, como parece ter sido a preocupação de muitos monges taoístas (e, sobretudo, a opinião do vulgo) ao longo dos séculos. A colocação de Lao-Tzu surge com uma clareza cristalina: "eternidade significa clareza" – ou seja, alcançar um conhecimento que nos coloque acima das paixões e dos desejos mundanos.

Blofeld (1979, p. 17) chega a afirmar que "Lao-Tzu ensina que o Tao (caminho) não passa de um termo aceitável para o que fora melhor chamado 'o Inominado'. Nada se lhe predica sem com isso comprometer sua integridade".

Vejamos como o próprio Lao-Tzu (2010, p. 40) se refere ao *tao*:

> O *Tao* flui sem cessar./No entanto, na sua atuação, ele jamais transborda./Ele é um abismo; parece o ancestral de todas as coisas./Abranda a sua dureza./Desata seus nós./Modera seu brilho./Une-se com a sua poeira./É profundo, mas como é real!/Não sei de quem possa ser filho./Parece ser anterior a Deus.

Outro conceito muito recorrente na apreciação do *tao* de Lao-Tzu é o de **vazio**, ou vacuidade. Sobre esse assunto, a seção XI é particularmente esclarecedora:

> Trinta raios cercam o eixo./A utilidade do carro consiste no seu nada./Escava-se a argila para modelar vasos: a utilidade dos vasos está no seu nada./Abrem-se portas e janelas para que haja um quarto:/A utilidade do quarto está no seu nada./Por isso o que existe serve para ser possuído/E o que não existe, para ser útil. (Lao-Tzu, 2004, p. 47)

A profundidade desse texto é quase insondável. Só podemos nos aproximar dele com respeito e circunspecção. O método de explanação de Lao-Tzu parece por vezes muito próximo daquele que deu origem aos *koans* dos monges zen-budistas: estão dispostos para causar uma clareza súbita, intuitiva, e não para articular um método de explicação e análise, muito menos para assentar um dogma. É um texto aberto, feito para provocar o pensamento, sem a pretensão de ensinar algo. Talvez por isso tenha permanecido, a despeito de seu tamanho reduzido, tão instigante ao longo de milênios.

6.1.1 Textos de Lao-Tzu

Antes de passarmos à seção que trata do encontro entre Lao-Tzu e Confúcio, propomos a leitura de algumas das seções do *Tao-Te King* para apresentarmos o espírito do texto e convidarmos a uma leitura integral desse clássico da literatura filosófica mundial. Das 81 seções, selecionamos cinco, mantidas no formato de versos ou poemas, como se encontram no original.

> VIII
> O maior bem é como a água.
> A virtude da água está em beneficiar todos os seres sem conflito.
> Ela ocupa os lugares que o homem despreza.
> Portanto, é quase como o *Tao*.
> Para a moradia, o bem se manifesta no lugar.
> Para o pensamento, o bem se manifesta na profundidade.
> O bem da dádiva se manifesta no amor.
> O bem da palavra se manifesta na verdade.
> No governo, o bem se manifesta na ordem.
> No trabalho, o bem se manifesta na competência.
> No movimento, o bem se manifesta na oportunidade de ação.
> Quem não se destacar,
> Ficará por isso livre de críticas. (Lao-Tzu, 2004, p. 44)

XXXIII

Quem conhece os outros é inteligente.

Quem conhece a si mesmo é sábio.

Quem vence os outros é forte.

Quem vence a si mesmo é poderoso.

Quem se faz valer tem força de vontade.

Quem é autossuficiente é rico.

Que não perde o seu lugar é estável.

Quem mesmo na morte não perece, esse vive.

(Lao-Tzu, 2004, p. 69)

LXVIII

O bom líder

não é belicoso

O bom lutador

Não perde a cabeça.

O vencedor hábil

Triunfa sem lutar.

Quem sabe usar bem os homens

Mantém-se abaixo deles.

Essa é a vida que não luta

A força que manipula os homens,

O pólo que se estende até o Céu. (Lao-Tzu, 2004, p. 107)

LXX

Minhas palavras são muito fáceis de compreender
E muito fáceis de pôr em prática.
Mas ninguém no mundo pode compreendê-las
nem praticá-las.
As palavras têm um ancestral.
Os atos têm um senhor.
Porque eles não são compreendidos,
Eu não sou compreendido.
Nisso se baseia o meu valor:
Ser compreendido tão raramente.
Por isso o Sábio se veste com trajes grosseiros,
Mas no seio ele esconde uma joia. (Lao-Tzu, 2004, p. 109)

XLVIII

Quem pratica o estudo aprende mais a cada dia.
Quem pratica o *Tao* diminui a cada dia.
Vai diminuindo e diminuindo
Até finalmente chegar à não ação.
Na não ação, nada fica sem ser feito.
Só podemos conquistar o reino
Se ficarmos sempre livres da ação.
Os atarefados são incapazes
De conquistar o reino. (Lao-Tzu, 2004, p. 87)

6.2
O encontro: Lao-Tzu e Confúcio

Como salienta Wilhelm (2004, p. 12), "Na literatura chinesa, fala-se muito desse encontro dos dois heróis". O autor acrescenta:

> Sobre as conversas ocorridas nessa ocasião, há os mais variados relatos. Todos são unânimes em afirmar que Lao-Tzu se manifesta de maneira bastante depreciativa, em relação aos heróis antigos, que eram ídolos venerados de Confúcio, procurando convencê-lo da inutilidade dos esforços culturais deste, enquanto Confúcio expressa, diante dos seus discípulos, a mais alta consideração ao sábio de inatingível profundidade, comparando-o ao dragão que se eleva às nuvens. (Wilhelm, citado por Lao-Tzu, 2004, p. 12)

Figura 6.2 – Encontro entre Lao-Tzu e Confúcio

Felizmente, em uma versão em português dos *Analectos de Confúcio*, em edição preparada por Múcio Porphyrio Ferreira, encontramos uma descrição muito rica em detalhes do encontro, a qual chega a reproduzir o conteúdo dos diálogos. Mesmo que sob a aura da lenda e do mito, acreditamos ser muito frutífero tomar contato com esse texto. Por isso, faremos a reprodução do evento como ele se encontra descrito na obra.

> Lao Tsé, sábio ilustre, morava às margens do rio Lo. Sua doutrina, "Tao to Tsing" (Laço das Virtudes e do Método), parecia estranha e era incompreendida pelo povo. Por esta razão, o soberano do Estado de Lu decidiu solicitar o concurso de Confúcio, que deveria procurar "o Velho" (assim era o apelido que tinha, devido ao fato de seus cabelos serem brancos desde a juventude) e dele receber conselhos e, se possível, alguns dos segredos que tornavam mais poderosos os membros da Dinastia Chou. Li Tan, nome verdadeiro de Lao Tsé, abandonara a convivência dos homens havia muito e refugiara-se nas montanhas, vivendo em solidão. Tinha na ocasião cerca de setenta anos de idade e morava numa choupana de madeira nas proximidades do Rio Lo.
>
> Levando presentes e companheiros, Confúcio, depois de longa viagem, chegou ao bosque em que residia "o Velho". Para maior fidelidade, transcreve-se aqui a íntegra de uma das versões da entrevista. Todas têm o mesmo sentido embora nem todas usem as mesmas palavras.
> Confúcio: — Meus olhos estão turvos e não posso confiar-me neles. Vejo-te como uma árvore seca, abandonada de todo e a viver solitária.
> Lao Tsé: — Sim, abandono meu corpo enquanto viajo sem parar pelas origens das coisas. Mas que desejas?
> Confúcio: — Venho em busca de uma doutrina que possa melhorar a sorte dos seres humanos; um método para instruí-los e transformá-los.
> O velho sorriu e ajuntou:
> Lao Tsé: — Os animais que se alimentam de ervas procuram por acaso melhorá-las? Os seres que vivem na água se preocupam em que ela seja melhor? E falas-me em melhorar os seres humanos?
> Confúcio: — Eles sofrem e eu queria fazê-los felizes.

Lao Tsé: — Se a alegria e os pesares, se o descontentamento e a satisfação não perturbassem o espírito dos homens, estes se pareceriam então com o universo. A fronteira entre a felicidade e a desgraça desapareceria. Quando os homens compreenderem que o seu bem maior é serem semelhantes a todos os outros seres vivos serão felizes e não poderão perder esse bem: transformar-se-ão sem procurar fixar-se.

Confúcio objetou:

— Por tua virtude, unirias o Céu e a Terra. Mas a palavra pela qual se modifica o espírito, e a nós transmitida pelos sábios antigos, é possível despojar-nos dela?

Lao Tsé: — Quando se trata do homem, com efeito há que considerar que sua carne e ossos perecerão e se dissolverão, ao passo que suas palavras podem ser transmitidas enquanto existirem seres humanos.

Lao Tsé refletiu e continuou:

— Mas sem desembaraçar-nos da palavra, basta praticar o não agir para que nossos verdadeiros talentos por si mesmos se revelem. Se o homem jamais procurasse modificar as coisas, estas não se alterariam por si mesmas; a terra é compacta por sua própria natureza; o sol e a lua, que brilham por si, pretendes modificá-los também?

E acrescentou:

— Para conservar-se branca, a cegonha não precisa lavar-se; nem o corvo, tingir-se de negro. Por que os homens teriam necessidade de estudar e inventar para penosamente modificar-se? De que lhes serviria isso? Seria o mesmo que tocar tambor para fazer ressuscitar um carneiro.

Lao Tsé mudou o assunto e perguntou a Confúcio quais as tradições que estudara. Respondendo este que havia dedicado horas ao estudo do *I-Ching* e o Laço das Mutações, que ancestrais sagrados haviam estudado. Lao Tsé afirmou:

— Esses princípios são a Equidade e a Reciprocidade, admiráveis regras sem dúvida. Certo. Em minha opinião, porém, esses princípios não são admiráveis. Do mesmo modo que os mosquitos, que durante a noite não nos deixam dormir e nos picam, Equidade e Reciprocidade não servem senão para conturbar e irritar o coração do homem. Com estes princípios, transtorna-se o caráter do povo, eis tudo. Não se mudará em nada o seu infortúnio

Indagou Lao Tsé, se Confúcio havia elaborado alguma doutrina e este declarou:

— Desde os vinte e sete anos estou em busca de uma ainda a não encontrei.

"O Velho" disse então:

— Vou dar-te quatro que são universalmente seguidas. A primeira: deixar-se tomar, e os homens deixam tomar-se; é a doutrina que os senhores ensinam. A segunda ordena deixar-se importunar e todos os homens deixam importunar-se; é a doutrina ensinada pela família. A terceira manda acusar-se mutuamente e brigar uns com os outros, e todos os homens acusam-se uns aos outros; é a doutrina da fraternidade. Finalmente, a quarta determina trabalhar sem proveito para transmitir uma instrução vã e transmite-se a instrução; é a doutrina dos letrados. Não se pode delas escapar nem encontrar outras.

Confúcio: — Apesar disto, os sábios elaboraram doutrinas e tu mesmo...

Interrompeu-o Lao Tsé:

— Quando um Sábio chega ao momento de triunfar, ele triunfa. Até que lhe surja a ocasião, permanece sem influência. Da mesma maneira que a melhor semente, quando ainda não germinou, fica escondida debaixo da terra que parece nua.

Levantando cortesmente para acompanhar o visitante, Lao Tsé finalizou:

— Sempre ouço dizer que as pessoas ricas ou poderosas ao despedir-se dos hóspedes lhes oferecem objetos de valor; aquelas que têm apenas ciência proferem palavras preciosas. Não sou rico nem poderoso e roubaria o renome de sábio. Não obstante, posso dizer-te isto: os homens inteligentes, os dotados de visão profunda das coisas, e mesmo aqueles que se avizinham do fim da vida gostam de criticar tudo e todos. Desse modo, porém, colocam em perigo o próprio corpo e atraem sobre si o ódio dos demais. Nada ganha o Sábio que se mistura no meio dos homens, mas pode tudo perder o ministro que o faz.

Confúcio despediu-se e partiu para Lu, na manhã seguinte e durante três dias não disse palavra. Intrigado com o prolongado silêncio cheio de meditação, um discípulo dirigiu-se com perguntas ao Mestre. E este lhe repostou:

Confúcio: — Acabo de ver um homem que alça a grandes alturas os seus pensamentos, que mais se assemelham ao voar de pássaros no azul. De minha parte, gosto de lançar os meus, um a um, como dardos de alabarda, sem errar jamais o alvo. Gosto que meus pensamentos fiéis sigam um caminho sempre rasteado e alcancem sempre a presa. Acabo de ver um homem cujas ideias são tão misteriosas e inacessíveis como um abismo. Gosto que minhas ideias possam ser pescadas na ponta de uma linha e satisfaçam. Dos pássaros, sei que podem voar: é o que os distinguem. Os peixes, sei, podem nadar; os quadrúpedes galopar. Mas, sei também que posso pegar com armadilha o que galopa; com rede, o que nada e, com flechas, o que voa. Com referência aos dragões, ignoro se eles voam com a tempestade ou cavalgam as nuvens na imensa pureza do céu. Vi Lao Tsé como quem contempla um dragão. O queixo caiu-me e não pude respirar. Meu espírito, extraviado, não sabia onde pousar.

Fonte: Ferreira, 1997, p. 16-19.

Assim termina o episódio do encontro entre Confúcio e Lao-Tzu. O texto aborda as principais diferenças entre o pensamento de Confúcio e o de Lao-Tzu. O primeiro tem preocupações éticas e humanitárias.

Busca uma doutrina ou ensinamento capaz de fazer os homens sofrerem menos e serem mais felizes. Lao-Tzu, porém, percebe a humanidade (e suas intrigas) como simples partes da natureza, tendendo a um equilíbrio dinâmico se tivesse a grandeza de se deixar guiar pelo *tao*. Lao-Tzu zomba do interesse na moral e no bom comportamento, pois vê tudo isso com os olhos do *tao*: "Céu e Terra não são bondosos./Para eles, os homens são como cães de palha, destinados ao sacrifício./O Sábio não é bondoso. Para ele os homens são como cães de palha, destinados ao sacrifício" (Lao-Tzu, 2004, p. 41).

Confúcio se estabelece, portanto, como o grande humanista da China Antiga. Comecemos agora a investigar a sua doutrina.

6.3
Confúcio (ou K'ung-Fu-Tzu)

K'ung-Fu-Tzu (mestre Kong), ou *Confúcio*, tornou-se conhecido na Europa a partir do século XVI, após o padre Ricci se tornar o primeiro tradutor de sua obra. Ele foi também o responsável pela latinização do nome para *Confutius*.

Assim como no caso do filósofo anterior, aqui também é imprescindível recorrer ao grande historiador chinês Sima Qian, que apresenta dados biográficos de Confúcio na obra *Arquivos históricos*. A partir dela, ficamos sabendo que Confúcio nasceu em 552 a.C. e cresceu em circunstâncias humildes, no reino de Lu, embora lhe sejam atribuídas origens nobres. Era um grande admirador do duque de Chou, o fundador da dinastia de mesmo nome e responsável por parte do texto do *I-Ching*. Desde muito jovem, interessou-se pelos estudos e cedo (aos 17 anos) conseguiu uma posição como meio-oficial encarregado de guardar um dos silos da capital do reino. Posteriormente, entre 509 a.C. e 494 a.C, na época do duque de Ting, de Lu, tornou-se chefe de polícia de Lu, cargo no qual lhe foram atribuídas importantes vitórias diplomáticas, até alçar o posto de conselheiro do soberano de Lu.

Figura 6.3 – Confúcio (ou K'ung-Fu-Tzu)

Daniel Andis/Shutterstock

A renúncia ao posto, depois de anos de trabalho assíduo, é reveladora da personalidade e da integridade ética de Confúcio. Sob seus conselhos, o reino de Lu prosperava. Os conflitos foram praticamente extintos e o povo não passava fome. Até que o reino rival, de Ch'i, enviou uma delegação das mais belas cortesãs (cantoras e dançarinas) como presente. Apesar da objeção de Confúcio, o soberano de Lu aceitou o presente e se deixou levar pelo prazer proporcionado por aquelas companhias, faltando a três sessões importantes da corte. Confúcio, decepcionado com a volubilidade e inconstância do soberano, resolveu deixar o reino imediatamente.

Essa passagem demonstra a severidade com que Confúcio encarava os preceitos morais e a retidão de conduta. Toda a sua vida foi dedicada à busca de fórmulas morais capazes de colocar os homens no caminho reto, buscando transformá-los naquilo que ele chamava de *chün tzu* ("cavalheiro"). Esse seria o ideal pedagógico de reta conduta que Confúcio perseguia:

> Como o cavalheiro é o caráter ideal, não se deve esperar que um homem possa se tornar um cavalheiro sem muito trabalho ou cultivo, como os chineses dizem. Há um considerável número de virtudes que um cavalheiro deve ter, e a essência dessas virtudes é frequentemente resumida em um preceito. (Lau, 2010, p. 17)

Entre as principais virtudes a serem perseguidas pelos homens e demonstradas por um cavalheiro, constava em primeiro plano a benevolência (*jen*). No livro IV, seção 5, de *Analectos de Confúcio*, encontramos o seguinte provérbio:

> Se o cavalheiro abandona a benevolência, de que modo pode ele construir um nome para si? Um cavalheiro nunca abandona a benevolência, nem mesmo no pouco tempo que se demora para comer uma refeição. Se ele se apressa e tropeça, pode-se ter certeza que é na benevolência que ele o faz. (Confúcio, 2010, p. 78)

O pensador trata a benevolência como um princípio de reciprocidade, muito próximo ao **imperativo categórico** do filósofo alemão **Immanuel Kant**. Confúcio resume o conceito na seguinte fórmula: "Não imponha aos outros aquilo que você não deseja para si próprio" (Confúcio, 2010, p. 117).

Para Confúcio, deve haver convergência entre moral e política. Estas são esferas inseparáveis e indivisíveis. Em sua atuação como reformador social e conselheiro de homens de Estado, Confúcio buscava infundir os princípios morais que levassem a um comportamento virtuoso. Por isso, muitas questões que entendemos como privadas (relativas aos deveres familiares, por exemplo) eram encaradas como princípios éticos para a vida pública ou privada, sem distinção. O mal feito em uma esfera atinge a outra sem distinção.

Em virtude disso, Confúcio insiste e dá ênfase ao conceito de *li*, ou moral formado pelo conjunto de regras que governam as ações em todos os aspectos da vida e pelo repositório dos ideais passados sobre a moralidade, com base nos preceitos de dever filial e da relação entre irmãos. Na introdução de *Analectos de Confúcio*, temos:

> seguindo os passos do Duque de Chou, Confúcio fez do amor natural e das obrigações entre membros da família a base da moralidade. As duas relações mais importantes dentro da família são aquelas entre pai e filho e entre irmão mais velho e irmão mais novo. O amor que alguém dedica aos seus pais é *hsiao*, enquanto o respeito devido ao irmão mais velho é *t'i*. (Lau, 2010, p. 22)

Esse princípio da moralidade como algo que se estende do seio familiar até atingir as mais altas regras da conduta pública é levado ao limite por Confúcio, ao ponto de afirmar que "ser um filho bom e um jovem obediente é, talvez, a raiz do caráter de um homem". (Lau, 2010, p. 22)

As virtudes que dividem a primazia com a benevolência são a inteligência (*chih*) e a coragem (*yung*). Confúcio afirma: "os cavalheiros têm sempre três princípios em mente, nenhum dos quais consegui seguir: o homem benevolente nunca fica aflito; o homem sábio nunca fica indeciso; o homem corajoso nunca tem medo" (Confúcio, 2010, p. 133). Surge, então, uma questão: A sabedoria se adquire ou nascemos com ela? Qual é a precedência? Para dar uma dimensão da importância dessa questão, lembremos que Platão trata do tema em pelo menos três diálogos (*Eutidemo*, *Teeteto* e *Filebo*), além de ter sido assunto de larga reflexão aristotélica.

Confúcio (2010, p. 145-146) assim argumenta:

> aqueles que nascem com conhecimento são os mais elevados. A seguir vêm aqueles que atingem o conhecimento por meio do estudo. A seguir vêm aqueles que se voltam para o estudo depois de terem passado por dificuldades. No nível mais baixo estão as pessoas comuns,

por não fazerem esforço algum para estudar mesmo depois de terem passado por dificuldades".

A dedicação aos estudos seria, então, capaz de levar uma pessoa a alcançar a sabedoria. Ele mesmo se definiu como um diletante: "não nasci com conhecimento, mas, por gostar do que é antigo, apressei-me em buscá-lo" (Confúcio, 2010, p. 94). Com relação ao papel da coragem, o mestre faz a seguinte ponderação: "Um homem benevolente com certeza é corajoso, [...] mas um homem corajoso não necessariamente é benevolente" (Confúcio, 2010, p. 129). A coragem só se torna uma virtude quando está comprometida em fazer o que é certo, pois, para fazer o mal, como matar ou pilhar, também é necessário coragem, mas nesse caso ela não seria um atributo positivo.

Entre as virtudes cardeais de Confúcio encontra-se também a **integridade**, que é expressa pelo conceito *hsin*. Seu significado seria algo como "aquele que tem palavra", ou "aquele cujas palavras estão em harmonia com suas ações". Não é difícil imaginar que o cavalheiro de Confúcio seja, além de benevolente, inteligente e corajoso – um homem íntegro ou um homem de palavra. Sobre esse tema, temos as seguintes palavras de Confúcio: "Ser coerente com as próprias palavras (*hsin*) é ter moral, no sentido de que isso faz com que as palavras dessa pessoa possam ser repetidas" (Confúcio, 2010, p. 67).

A última das virtudes que estamos chamando de cardeais é *ching* (**reverência**), que deve ser distinguida de *kung* (respeito). A primeira diz respeito à virtude; a segunda estaria ligada apenas à aparência e aos bons modos. Sobre a virtude da reverência, Confúcio diz: "Ser respeitoso significa ser observador dos ritos, no sentido de que isso possibilita que se fique longe da desgraça e do insulto" (Confúcio, 2010, p. 67). Em outra passagem, cita: "Se um homem é respeitoso, ele não será tratado com insolência" (Confúcio, 2010, p. 149).

Na mesma passagem do livro XVII, seção 6, encontramos uma verdadeira síntese das quatro virtudes:

> Tzu-chang perguntou a Confúcio sobre benevolência. Confúcio disse: "há cinco coisas, e qualquer um que seja capaz de colocá-las em prática no Império é, com certeza, 'benevolente'". "Posso perguntar que coisas são essas?": Elas são o respeito, a tolerância, a coerência com as próprias palavras, a rapidez e a generosidade. Se um homem é respeitoso, ele não será tratado com insolência. Se é tolerante, ele conquistará o povo. Se é coerente com as próprias palavras, seus semelhantes confiarão nele. Se é rápido, atingirá resultados. Se é generoso, ele será bom o suficiente a ponto de ser colocado em uma posição acima de seus semelhantes. (Confúcio, 2010, p. 148-149)

O filósofo também deu sequência a um preceito criado (ou ao menos formalizado) pelo duque de Chu, a quem admirava. Os soberanos governantes, defendem, recebiam o direito de seu mandato do céu (*t'ien*). E ainda estabeleceu a doutrina de *T'ien Ming* (decreto do céu), expressão que pode ser traduzida em alguns contextos por "destino".

Com relação ao povo, podemos dizer que Confúcio tinha uma postura paradoxal, mas que ganha coerência conforme avançamos no estudo de sua obra. Num primeiro momento, notamos uma visão pejorativa e quase preconceituosa com relação ao povo: "O povo pode ser obrigado a seguir um caminho, mas não pode ser forçado a entendê-lo" (Confúcio, 2010, p. 98). De forma oposta, é importante lembrar que, no confucionismo, a proposta última de governo é o bem-estar do povo (*min*), que começa com a satisfação das necessidades materiais. Esse princípio básico e imutável é reforçado por outra afirmação do pensador: "Dê-lhes comida suficiente" (Confúcio, 2010, p. 118).

Por tudo que foi apresentado, podemos deduzir que Confúcio foi um pensador responsável por "uma filosofia política, que aplicou em seu sistema social os elementos religiosos existentes, sem, no entanto, elaborá-los nos seus outros aspectos; sua atividade era apenas ordenadora" (Wilhelm, 2004, p. 21). Longe de ser um fundador de religião, profeta ou messias, deve ser encarado como pensador humanista comprometido com a reforma social com base na tradição e na ética.

Foi durante a dinastia Han do Oeste que seu método e sua doutrina foram alçados à filosofia oficial da China. Essa posição se manteve até o século XX. Após a Revolução Comunista na China, comandada por Mao Tsé-Tung, as obras confucionistas foram queimadas em praça pública, pois "o marxismo chinês associou a ética confucionista à era imperial, por essa determinar obrigações do súdito para com o imperador, do empregado com o patrão e etc." (Henriques, 1991, p. 77).

Sua obra canônica é formada pelos *Quatro livros*: *O grande ensino* ou *O grande aprendizado*; *A doutrina do meio*; *Analectos de Confúcio*; e *Mêncio*. Infelizmente, não teremos como analisar em pormenor a obra *Mêncio*, que estaria para o confucionismo assim como São Paulo está para o cristianismo. Para quem deseja se aprofundar no tema, é leitura fundamental.

Antes de encerrarmos este capítulo, é importante lembrar que o renome de Confúcio não vem apenas desses livros. Há registros de diálogos com seus alunos e homens de Estado, além da compilação e da edição dos cinco livros clássicos chineses, os quais contêm todas as grandes linhas da sabedoria que lhe precedem.

Síntese

Encerramos nossa aventura pelo pensamento do Extremo Oriente nos aprofundando nas obras de Lao-Tzu e de Confúcio. Analisamos um pouco da história de vida do primeiro, cujo percurso parece ilustrar a trajetória de muitos sábios taoístas, marcada pela erudição, pelo serviço público, beneficiando a comunidade como conselheiros de homens de Estado ou eruditos das cortes imperiais e, ao fim da vida, optando pela reclusão em montanhas cercadas por florestas. É a última etapa de uma vida dedicada à investigação da alma humana e à contemplação dos mistérios da natureza.

A obra de Lao-Tzu, apesar de muito sintética, reflete não apenas a ruminação de diversos textos tradicionais da cultura chinesa, mas também uma postura de análise metafísica profunda, "penosamente" transcrita por meio de reflexões desconcertantemente simples, mas cujo sentido último apresenta-se insondável. Em linhas gerais, podemos resumir a iconoclastia atribuída a Lao-Tzu como uma exortação ao equilíbrio dinâmico presente na própria natureza, da qual a humanidade seria apenas uma pequena parcela.

Em seguida, analisamos a obra daquele que talvez tenha sido o maior humanista chinês de todos os tempos. As reflexões de Confúcio, ainda que baseadas na cosmologia chinesa tradicional, deram especial ênfase às questões éticas. Daí a recuperação, pelo pensador, de alguns conceitos tradicionais, entre os quais a benevolência (*jen*), a moral (*li*), a inteligência (*chih*), a coragem (*yung*) e a integridade (*hsin*). Esses aspectos deixam claro que, além de grande erudito e cultuador da tradição, Confúcio era um reformador ético intimamente comprometido com o destino político de seu povo.

Por fim, fica o convite à leitura direta dos textos *Tao-te King*, de Lao-Tzu, e *Analectos*, de Confúcio. São leituras breves, porém muito ricas, que irão tornar o estudante verdadeiramente capaz de emitir uma opinião sobre seus autores e ter um vislumbre seguro da riqueza e da profundidade do pensamento chinês antigo.

Indicações culturais

Filmes

CONFUCIUS: a batalha pelo império. Direção: Mei Hu. 2011. 125 min.

Romantização da história de Confúcio que tem como mote o evento de seu exílio e sua peregrinação em vários reinos. Disponível em: <https://www.youtube.com/watch?v=MS7QPGj85s8>. Acesso em: 6 fev. 2019.

TAO TE Ching (Animação). Direção de Chih-Chung Tsai. Ano: 1995.

Belíssima animação que evoca de maneira singela e contundente temas fundamentais presentes no pensamento do filósofo e ilustra sua importância para o povo chinês. Disponível em: <https://www.youtube.com/watch?v=MCDkH7wDuXg>.

Atividades de autoavaliação

1. Neste capítulo, apresentamos um pouco da profundidade do pensamento de Lao-Tzu, um dos maiores pensadores chineses de todos os tempos. Acerca da sua postura com relação ao mundo e às coisas humanas, é correto afirmar:
    a) Defendia um dos primeiros messianismos da história, pois acreditava que o imperador era um enviado de Deus na Terra.
    b) Era um defensor virulento da moral e dos bons costumes.

c) Foi o primeiro homem a alcançar a imortalidade após ter êxito na produção do elixir da vida.
   d) Tinha uma postura cética com relação à conduta dos homens e acreditava apenas na tendência harmoniosa das coisas governadas pela natureza.
   e) Não deixou nada escrito.

2. Lao-Tzu não foi o fundador de uma religião, apesar de ser adorado como santo entre os seguidores do taoísmo religioso. Sobre a relação de Lao-Tzu com o taoísmo, é correto afirmar:
   a) Não foi o fundador, mas o reformador do taoísmo, por isso representa para essa religião o mesmo que Zaratustra representa para o mazdeísmo.
   b) A relação de Lao-Tzu com o taoísmo diz respeito aos princípios filosóficos, como a doutrina da impermanência, a relação entre Yin e Yang e uma certa devoção pela harmonia da natureza (*tao*).
   c) Depois de morto, Lao-Tzu foi considerado descendente direto do Imperador Amarelo e adotado como o primeiro papa taoísta.
   d) Não há nenhuma relação entre Lao-Tzu e o taoísmo, por se tratar de um pensador materialista que influenciou diretamente a adoção do comunismo pelos chineses.
   e) Taoísta é todo pensador que nasce na China. Logo, Lao-Tzu é taoísta porque é chinês.

3. Há muita especulação acerca da relação entre Lao-Tzu e Confúcio, dois dos maiores pensadores chineses da história. Quanto às convergências e divergências entre o pensamento de ambos, é correto afirmar:
   a) Lao-Tzu é considerado o grande compilador dos clássicos chineses; já Confúcio foi um pensador mais comprometido com a poesia e a música.

b) Confúcio via Lao-Tzu como um jovem arrogante, que não venerava os ancestrais e cuja doutrina era mais mística que filosófica.
c) Confúcio demonstrou profundo respeito pelo conhecimento de Lao-Tzu, apesar de não concordar com ele em aspectos relativos ao governo dos homens.
d) Lao-Tzu foi quem recomendou ao Imperador Amarelo que contratasse Confúcio, até então um jovem desconhecido, para conselheiro do Império.
e) Confúcio foi o aluno predileto de Lao-Tzu, o mais fiel seguidor e propagador de sua doutrina.

4. Apesar da queima de seus livros levada a cabo pela Revolução Cultural de Mao Tsé-Tung em 1966, Confúcio é ainda hoje considerado um dos pensadores mais influentes da China. Em grande parte, isso é devido ao fato de que:
   a) defendia ideais de vida comunitária e de propriedade coletiva dos meios de produção, que facilmente se fundiram ao comunismo.
   b) foi o responsável pela pesquisa e pela edição de cinco dos maiores clássicos da cultura chinesa.
   c) formulou a doutrina de que a China deve governar o mundo por meio da sua tecnologia e do seu poderio bélico.
   d) além de grande pensador, Confúcio foi um líder militar diretamente envolvido na construção da Grande Muralha.
   e) escreveu seus textos de maneira enigmática, alternando verso e prosa, de forma que até hoje influencia a arte e a cultura chinesas.

5. O pensamento de Confúcio é marcado por um forte caráter ético e moral. Foi com esse objetivo que o filósofo buscou aconselhar os governantes enquanto peregrinava pela China. Neste capítulo, vimos que a sua doutrina tem como base:

a) os princípios de organização de um exército, por isso sua obra-prima se chama *A arte da guerra*.

b) as estratégias da conquista amorosa, por isso escreveu seu pensamento em formato de poemas, de forma a seduzir seus leitores.

c) a organização familiar, salientando que as virtudes cardeais provinham da relação entre pai e filho e irmão mais velho e irmão mais novo.

d) a relação comunitária entre os cidadãos, o que o levou a ser rapidamente aceito pelo governo comunista chinês.

e) o princípio da não violência, da passividade e da busca da harmonia por meio da obediência.

Atividades de aprendizagem

Questões para reflexão

1. Leia novamente a seção XLVIII dos textos de Lao-Tzu e trace um paralelo entre o seu conteúdo e o importante conceito de *wu wei* (não ação). Explore os desmembramentos éticos presentes no pensamento do filósofo.

2. Neste capítulo, encontramos uma narração acerca do encontro entre Lao-Tzu e Confúcio. Releia o trecho e escreva um pequeno texto que saliente as convergências e divergências entre os pensadores.

Atividade aplicada: prática

1. Faça uma pesquisa sobre a influência de Confúcio no desenvolvimento das artes marciais chinesas, salientando o papel estrutural das ideias do filósofo no código de honra presente nessas artes.

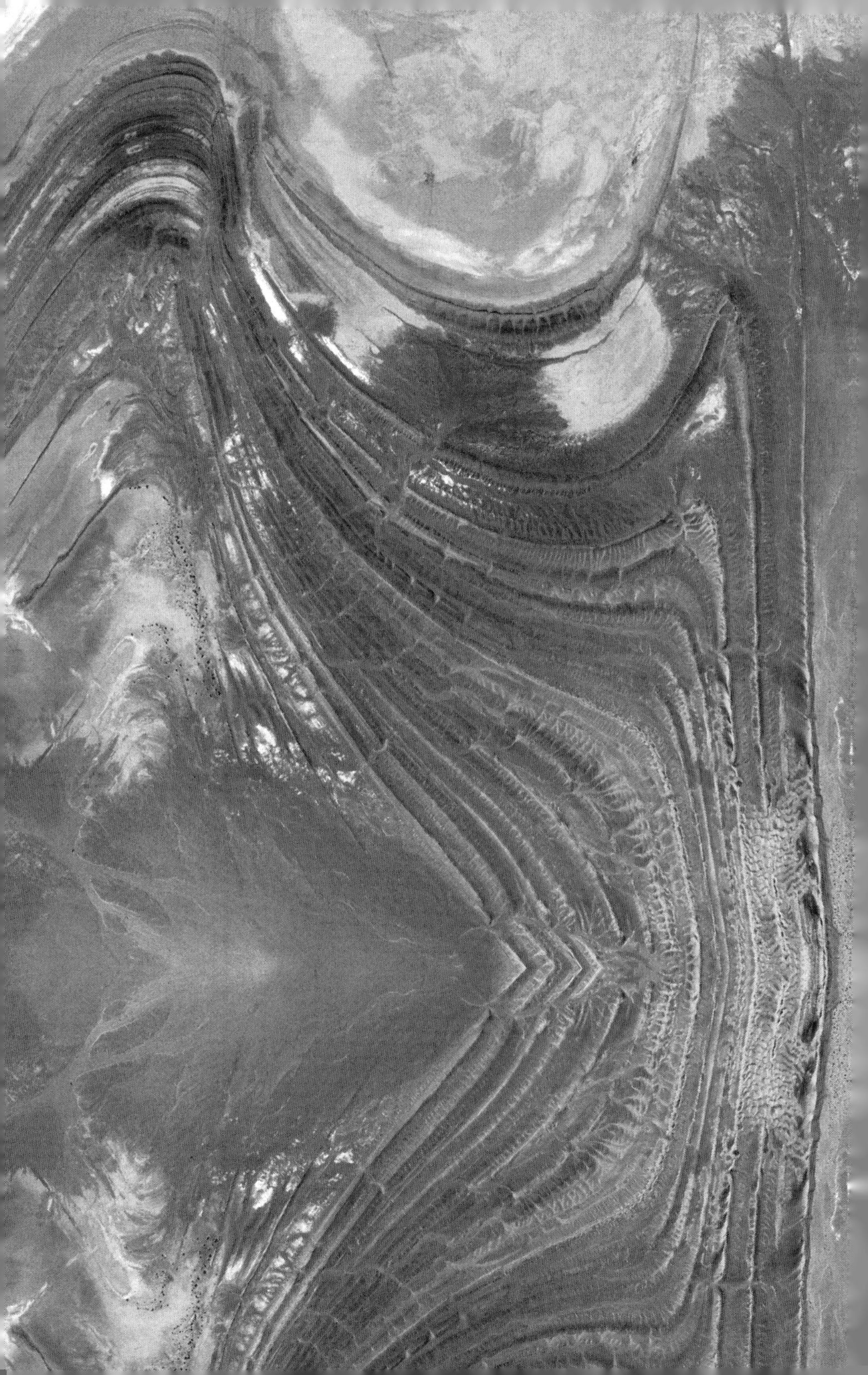

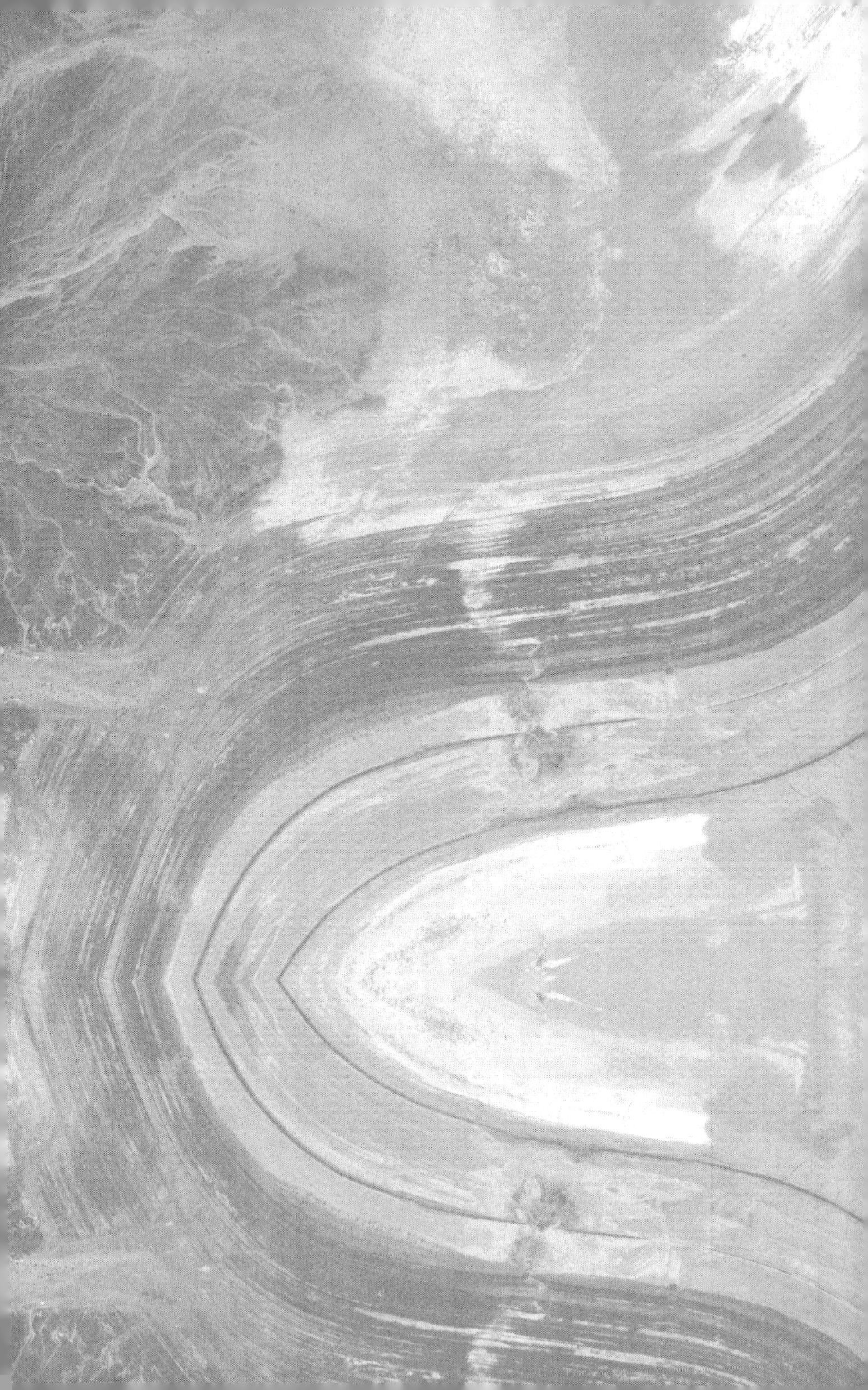

considerações finais

O *pensamento do Extremo Oriente: uma introdução filosófica* retratou algumas das mais importantes escolas do hemisfério oriental. Em uma região em que filosofia e religião confluem harmoniosamente, nossa análise levou em consideração as matrizes da fé e do saber. Com base na compreensão de conceitos fundamentais, pudemos avançar pelo exame das questões éticas, da teoria do conhecimento e da cosmologia. Portanto, replicamos em nosso estudo a organização teórica das correntes: das questões gerais às derivações; dos grandes sistemas aos preceitos para a vida cotidiana. Você pôde perceber ainda que qualquer corpo doutrinário é devoto da época em que é desenvolvido. Para multiplicar as possibilidades de leitura e reflexão, desenvolvemos também uma contextualização histórica e cultural das origens e dos desdobramentos de cada uma das escolas, com um resumo da biografia dos seus pensadores mais representativos.

Essa jornada começou problematizando os marcos adotados para traçar as coordenadas tradicionais de divisão do globo terrestre entre um polo ocidental e um oriental. Observamos que o surgimento da filosofia na Grécia Antiga e a laicização do pensamento político representam o rompimento incontornável entre as duas tradições. Com base na obra do filósofo francês Henri Bergson, abordamos a teoria da mística como matriz de pensamento nos dois hemisférios. Depois, apontamos as colocações de Hegel quanto à impossibilidade da filosofia no Oriente. Por fim, estudamos a crítica cultural demolidora de Said sobre os preconceitos implícitos no conceito de *orientalismo*.

Começamos nossa apresentação das correntes de pensamento mais importantes do Oriente com um estudo sobre o monoteísmo ético de Zaratustra, que conduziu nosso olhar para a religião iraniana tradicional. Ligada à cultura ariana presente no Planalto do Irã, posteriormente foi o substrato cultural do Império Persa. Você pôde perceber então que diversos elementos pioneiramente elaborados por Zaratustra foram incorporados ao monoteísmo cristão, o que melhor evidencia a importância de conhecermos a obra desse grande pensador e reformador religioso.

Na continuação da nossa jornada, debruçamo-nos sobre a vasta e complexa cultura indiana. Por meio de um levantamento histórico sobre a ocupação humana na Índia, correlacionamos a chegada dos arianos à posterior estruturação da sociedade em varnas, resultando na codificação religiosa sedimentada nos *Vedas*. Essa matriz de pensamento, o hinduísmo, tem vários desdobramentos e escolas, e o conteúdo dos *Vedas* funciona como um grande rio do qual tais escolas filosóficas e religiosas seriam ramificações ou afluentes.

É nesse sentido, inclusive, que propusemos ser o budismo e o jainismo desdobramentos críticos do hinduísmo, do qual extraíram conceitos fundamentais, como o *karma* e a doutrina das reencarnações. No entanto, o budismo e o jainismo propõem desdobramentos ético-metafísicos distintos, profundamente divergentes do hinduísmo e entre si.

Por fim, fizemos uma incursão pelos apectos mais tradicionais do pensamento chinês – sua estrutura mítica e seus marcos metafísicos essenciais. Dissecamos os conceitos de Yin e Yang, que embasam a cosmologia chinesa e têm uma relação muito peculiar com a natureza. Esperamos ter deixado claras as repercussões relativas a essa forma alternativa de investigar a realidade.

Finalmente, no último capítulo investigamos a obra dos dois mais eminentes e importantes pensadores chineses da Antiguidade, Lao-Tzu e Confúcio. Gigantes do pensamento oriental, escritores que aliam rigor teórico a uma qualidade literária irretocável, é impossível passear pela filosofia chinesa sem enxergar a enorme sombra que projetam sobre a sabedoria coletiva do "Reino do Meio".

Conhecer o pensamento oriental é um projeto para toda a vida. Irã, China, Índia... Países extensos e superpopulosos. Culturas milenares, diversas, ricas e, acima de tudo, muito complexas. Como lembra o intelectual palestino Edward Said, durante muito tempo o Ocidente estigmatizou e reduziu a cultura oriental para se posicionar como a residência única da humanidade mais sofisticada. É hora de superarmos esse preconceito. O exercício da humildade nos libertará para que bebamos da fonte de um conhecimento único. Estabelecer pontes com o Oriente poderá nos tornar humanos melhores – mais sábios e mais éticos. Afinal, assim como temos em nós a essência do Yin e do Yang, também somos formados por um caldo de cultura temperado pelas especiarias vindas do Oriente.

referências

ABE, P. Nishida Kitaro: o fundador da filosofia no Japão. **Projeto Phronesis**, 19 abr. 2011. Disponível em: <https://projetophronesis.wordpress.com/2010/04/19/nishida-kitaro-o-fundador-da-filosofia-no-japao/>. Acesso em: 14 out. 2018.

AGATHÃO, M. (Org.). **Buda**: aquele que despertou. São Paulo: Martin Claret, 1995. (Coleção Mensagens Espirituais).

AZEVEDO, M. N. de. **O olho do furacão**: um panorama do pensamento do Extremo Oriente. São Paulo: Pensamento, 1993.

BECK, L. A. The Story of Oriental Philosophy. New York: The New Home Library, 1928. Disponível em: <https://www.fadedpage.com/showbook.php?pid=20160821>. Acesso em: 14 out. 2018.

BERGSON, H. As duas fontes da moral e da religião. Tradução de Nathanael C. Caixeiro. Rio de Janeiro: J. Zahar, 1978.

BIANCHINI, F. A origem da civilização indiana no vale do Indo-Sarasvati: teorias sobre a invasão ariana e suas críticas recentes. In: GNERRE, M. L. A.; POSSEBON, F. (Org.). **Cultura oriental**: língua, filosofia e crença. João Pessoa: Ed. da UFPB, 2012. p. 57-108. v. 1.

BLOFELD, J. Taoísmo: o caminho para a imortalidade. São Paulo: Pensamento, 1979.

BREUIL, P. du. Zoroastro: religião e filosofia. Tradução de Noé Gertel. São Paulo: Ibrasa, 1987.

CARTER, R. God and Nothingness. **Philosophy East & West**, v. 59, n. 1, jan. 2009.

CARUS, P. **Evangelho de Buda**. Tradução de José Carlos Calazans. Lisboa: Ésquilo, 2007.

CHENG, A. **História do pensamento chinês**. Tradução de Gentil Avelino Titton. Petrópolis: Vozes, 2008.

CONFÚCIO. **Os Analectos**. Tradução de Caroline Chang. São Paulo: LPM, 2010.

_____. _____. Tradução de Giorgio Sinedino. São Paulo: Unesp, 2012.

CONZE, E. **Budismo**: sua essência e desenvolvimento. Tradução Elza Bebiano. Rio de Janeiro: Civilização Brasileira, 1973.

COOPER, J. C. **O taoísmo**: o caminho do místico. Tradução: Celina Muniz de Souza. São Paulo: M. Fontes, 1988.

DHINGRA, B. L'enseignement de la philosophie orientale. Paris: Unesco, 1967. Disponível em: <http://unesdoc.unesco.org/images/0000/000080/008022FB.pdf>. Acesso em: 14 out. 2018.

DUARTE, A. **Vidas em risco**: crítica do presente em Heidegger, Arendt e Foucault. Rio de Janeiro: Forense Universitária, 2010.

ELIADE, M. **História das crenças e das ideias religiosas**. Tradução de Roberto Cortes de Lacerda. Rio de Janeiro: J. Zahar, 2010. v. 1: da Idade da Pedra aos mistérios de Elêusis.

____. O sagrado e o profano. Tradução de Rogério Fernandes. São Paulo: Martins Fontes, 1992.

EMBREE, A. T. (Ed.). **The Hindu Tradition**. New York: Modern Library; Vintage Books, 1972.

FERREIRA, M. P. (Org.). **Confúcio**: vida e doutrina – Os Anacletos. 6. ed. São Paulo: Pensamento, 1997.

GONÇALVES, R. M. (Ed.). **Textos budistas e zen-budistas**. São Paulo: Cultrix, 1995.

GORMAN, P. **Pitágoras, uma vida**. Tradução de Rubens Rusche. São Paulo: Cultrix/Pensamento, 1993.

GOSVĀMI, S. D. **Introdução à filosofia védica**: a tradição fala por si mesma. Tradução de Antonio Irapuam R. Tupinambá e Márcia R. Borges. São Paulo: Bhaktivedanta Book Trust, 1986.

GRANET, M. **A civilização chinesa**. São Paulo: Ferni, 1979. (Grandes Civilizações Desaparecidas).

HEGEL, G.W.F. **Introdução à história da filosofia**. Tradução de Antonio Pinto de Carvalho. São Paulo: Nova Cultural, 1991. (Coleção Os Pensadores).

HEIDEGGER, M. O tempo da imagem do mundo. In: ____. **Caminhos de floresta**. Tradução de Irene Borges-Duarte et al. Lisboa: Calouste Gulbenkian, 2002.

____. **Ser e tempo**. Tradução de Fausto Castilho. São Paulo: Ed. da Unicamp; Petrópolis: Vozes, 2012.

HENRIQUES, A. R. **Introdução ao orientalismo**. Porto Alegre: Est, 1991.

HESSE, H. **Sidarta**. Rio de Janeiro: Record, 1982.

HUBY, J. **História das religiões**. Tradução de Antônio Pinto de Carvalho. São Paulo: Saraiva, 1956. v. 3.

I-CHING: o livro das mutações. Tradução do chinês para o alemão, introdução e comentários de Richard Wilhelm. Prefácio de C. G. Jung. Introdução à edição brasileira de Gustavo Alberto Corrêa Pinto. Tradução para o português de Alayde Mutzenbecher e Gustavo Alberto Corrêa Pinto. São Paulo: Pensamento, 2006.

IKEDA, D. **Budismo**: o primeiro milênio. São Paulo: Record, 1977.

____. **El Buda viviente**. Buenos Aires: Emecé, 1982.

____. **O Buda vivo**. Tradução de Ruy Jungmann. São Paulo: Record, 1978.

JAIN, J. C. **Jainismo**: vida e obra de Mahavira Vhardamana. Tradução de Jandyra Waters e Gabriela Bosshard. São Paulo: Palas Atena, 1982.

JUNG, C. G. **Psicologia e religião oriental**. Tradução de Dom Mateus Ramalho Rocha. São Paulo: Círculo do Livro, 1992.

JURADO, A.; BORGES, J. L. **Buda**. Tradução de Cláudio Fornari. São Paulo: Bertrand Brasil, 1985.

KHARISHNANDA, Y. **O evangelho de Buda**: vida e doutrina de Sidarta Gautama – o inspirador do budismo. Tradução de Cinira Riedel de Figueiredo. São Paulo: Pensamento, 1978.

LAO-TZU. **Tao-Te King**: o livro do sentido e da vida. Tradução de Margit Martincic. São Paulo: Pensamento/Cultrix, 2004.

____. ____. São Paulo: Pensamento, 2010.

LAU, D. C. Introdução. In: CONFÚCIO. **Os Analectos**. Tradução de Caroline Chang. São Paulo: LPM, 2010. p. 5-39.

MACIEL, C. **Geração em transe**. São Paulo: Nova Fronteira, 1996.

McINTOSH, J. **The Ancient Indus Valley**. New Perspectives. Santa Barbara (California): ABC-CLIO, 2007).

MICHELAZZO, J. C. Ser e Sunyata: os caminhos ocidental e oriental para a ultrapassagem do caráter objetificante do pensamento. In: LOPARIC, Z. (Org.). **A Escola de Kyoto e o perigo da técnica**. São Paulo: DWW, 2009. p. 112-154.

MONDADORI, A. **Buda**. São Paulo: Abril Cultural, 1970.

MONJA COEN ROSHI. **Quatro nobres verdades**. 2003. Disponível em: <https://www.monjacoen.com.br/textos/textos-da-monja-coen/137-quatro-nobres-verdades>. Aceso em: 5 jun. 2019.

MOURREAU, J.-J. **A Pérsia dos grandes reis e de Zoroastro**. São Paulo: Ferni, 1978.

NIETZSCHE, F. W. **O nascimento da tragédia, ou helenismo e pessimismo**. Tradução de J. Guinsburg. São Paulo: Companhia das Letras, 1992.

NISHIDA, K. **An Inquiry into the Good**. New Haven: Yale University Press, 1990.

PLATÃO. **A República**. Tradução de Carlos Alberto Nunes. 3. ed. Belém: UFPA, 2000.

POCESKI, M. **Introdução às religiões chinesas**. Tradução de Márcia Epstein. São Paulo: Ed. da Unesp, 2012.

PRABHUPĀDA, A. C. B. S. **Bhagavad-Gītā**: como ele é. [s.l.]: The Bhaktivedanta Book Trust, 2014.

SADHANA, S. S. S. **Vedas, uma introdução**: a jornada interior. Tradução de Organização Sri Sathya Sai do Brasil. 2. ed. Andhra Pradesh: Publication Division Andhra Pradesh, 2010.

SAID, E. W. **Orientalismo**: o Oriente como invenção do Ocidente. Tradução de Tomás Rosa Bueno. São Paulo: Companhia das Letras, 1990.

SCHURÉ, E. **Os grandes iniciados**. Tradução de Rui Siqueira. São Paulo: Livros do Mundo Inteiro, 1973. v. 2.

THE UNIVERSITY OF TEXAS AT AUSTIN. University of Texas Libraries. Perry-Castañeda Library Map Collection. China Maps. **China (Administrative Divisions)**. 2007. Disponível em: <http://legacy.lib.utexas.edu/maps/china.html>. Acesso em: 28 jun. 2019.

TINÔCO, C. A. **O pensamento védico**: uma introdução. São Paulo: Ibrasa, 1992.

VERNANT, J.-P. **As origens do pensamento grego**. Tradução de Isis Borges B. da Fonseca. 10. ed. São Paulo: Bertrand Brasil, 1998.

WERNER, C. La philosophie grecque et la pensée de l'Orient. **Revue de Théologie et de Philosophie**, p. 109-117, 2017. Disponível em: <http://doi.org/10.5169/seals-380333>. Acesso em: 14 out. 2018.

WILHELM, R. **A sabedoria do I-Ching**: mutação e permanência. Tradução de Alayde Mutzenbecher. 10. ed. São Paulo: Pensamento, 1995.

_____. Introdução ao I-Ching. In: I-CHING: o livro das mutações. Tradução do chinês para o alemão, introdução e comentários de Richard Wilhelm. Prefácio de C. G. Jung. Introdução à edição brasileira de Gustavo Alberto Corrêa Pinto. Tradução para o português de Alayde Mutzenbecher e Gustavo Alberto Corrêa Pinto. São Paulo: Pensamento, 2006. p. 3-15.

_____. Introdução. In: LAO-TZU. **Tao-Te King**: o livro do sentido e da vida. Tradução de Margit Martincic. São Paulo: Pensamento/Cultrix, 2004. p. 11-33.

XAVIER, R. (Trad.). **Os Upanishadas**: comentários aos Vedas. São Paulo: Livros do Mundo Inteiro, 1972.

ZIERES, O. **Pequena história das grandes nações**: China. Tradução de Elisa Perdigão Henriques. São Paulo: Círculo do Livro, 1985.

ZIMMER, H. **Filosofias da Índia**. Tradução de Claudia Giovani Bozza. São Paulo: Palas Athenas, 1986.

bibliografia comentada

PRABHUPĀDA, A. C. B. S. **Bhagavad-Gītā**: como ele é. [s.l.]: The Bhaktivedanta Book Trust, 2014.
Pérola da literatura indiana, esta obra sintetiza e fundamenta grande parte do pensamento hindu tantos em seus aspectos religiosos quanto éticos e metafísicos. O texto é de uma profundidade conceitual venerável e de uma análise da psicologia humana das mais precisas, cuja atualidade só pode nos causar espanto e admiração. A obra foi brilhantemente traduzida para

o português, e essa edição conta, além do texto original em sânscrito, com uma tradução rigorosa e precisa de cada verso acrescida de comentários que facilitam a compreensão pelo leitor leigo.

BREUIL, P. du. **Zoroastro**: religião e filosofia. Tradução de Noé Gertel. São Paulo: Ibrasa, 1987.

Trata-se da melhor obra em português sobre o pensamento, a filosofia e a ética do profeta iraniano. Cumpre um papel teórico estratégico, pois preenche uma lacuna considerável nos estudos orientais, que raramente contemplam a importância histórica de Zaratustra, com o devido rigor e comprometimento. O livro destaca o desdobramento religioso posterior, merecendo especial destaque a influência de Zoroastro sobre o Império Persa e sobre vários aspectos do monoteísmo cristão.

IKEDA, D. **O Buda vivo**. Tradução de Ruy Jungmann. São Paulo: Record, 1978.

Daisaku Ikeda é um dos mais eminentes budistas japoneses. Nessa obra, realiza um estudo minucioso de Sidarta Gautama. É um relato límpido e leve dos aspectos mais relevantes de sua trajetória de vida, com ênfase na mensagem ética, metafísica e cosmológica, além de outras questões filosóficas.

LAO-TZU. **Tao-Te King**: o livro do sentido e da vida. São Paulo: Pensamento, 2010.

Esse livro de pequena extensão contém uma vastidão filosófica insondável, pois sintetiza grande parte do pensamento da Antiguidade chinesa em aforismos ou poemas. Apresenta considerações das mais profundas acerca do substrato metafísico sobre o qual se desenrola a existência da humanidade, ou seja, sobre qual é o lugar do homem no cosmos e qual é o papel do conhecimento na elevação espiritual. Além disso, trata de diversos outros temas que, a despeito da antiguidade da obra, permanecem extremamente atuais.

SAID, E. **Orientalismo**: o Oriente como invenção do Ocidente. Tradução de Tomás Rosa Bueno. São Paulo: Companhia das Letras, 1990.

Nessa obra magistral do palestino Edward Said, a produção textual sobre o Oriente Próximo feita na Europa é dissecada, revelando implicações culturais e interesses político-econômicos. Esse livro marca o início dos estudos pós-coloniais na contemporaneidade, área das mais proeminentes dos estudos culturais. A obra faz uso conceitual do pensamento do filósofo francês Michel Foucault para analisar o Oriente como invenção do Ocidente. É um dos livros mais relevantes relacionados ao tema da *filosofia oriental*, a despeito de seu recorte histórico e temático estar mais ligado à "moda oriental" que assolou a Europa em meados do século XIX.

apêndices

Em seguida, apresentaremos dois apêndices de pesquisadores contemporâneos do autor deste livro, que se dispuseram a complementar este projeto com outros temas relativos à filosofia oriental. Suas contribuições vêm abrilhantar esta pequena e modesta obra. O professor Marcos Antônio de França nos traz instigantes apontamentos sobre a Filosofia árabe, região que ocupou por muitos anos o posto de principal imagem do Oriente para os pensadores europeus.

A Escola de Kyoto, uma das mais importantes do Japão, é analisada pelo professor Murilo Luiz Milek, que faz uma incursão nas influências alemãs sobre essa importante corrente filosófica oriental. Milek analisa conceitos do Zen japonês, como o de *sunyata*, relacionando ao tema do niilismo e da angústia em Nietzsche, Kierkgaard, Schopenhauer e Heidegger.

Apêndice 1

A perspectiva ilusória: um olhar sob o tapete da história

Autor: Marcos Antônio de França

1. Introdução

Há bem pouco tempo, quase nada se sabia sobre o pensamento árabe, sua filosofia, seus costumes. *Pensamento*, nesse caso, não se resume simplesmente a um modo de pensar, mas, e acima de tudo, àquilo que se estende pelo amplo espectro do que fundamenta uma cultura: o seu saber. O continente europeu, e por consequência todos que seguiram as diversas linhas de pensamento surgidas na Europa, devem muito ao pensamento e à filosofia vinda do Oriente. Quando mencionamos *Oriente*, não nos referimos ao que primeiramente nos vem à mente, como China, Japão ou Índia. Contradizendo a suposição de alguns modernos, remetemo-nos ao Oriente que se encontra próximo à Grécia, ou seja, à antiga Pérsia. Alfarabi, Ibn Sina (Avicena), Ibn Hushd (Averróis) são herdeiros de uma filosofia do eu que superava em muito qualquer outra na Idade Média e influenciaram profundamente o pensamento ocidental do século XII ao XIV. Poderíamos dizer que foram os responsáveis pelo salto intelectual que se deu principalmente na Universidade de Paris.

Essa influência veio na contramão da produção filosófica e científica do Ocidente cristão. Os ocidentais leram Aristóteles através dos olhos árabes, mesmo sem o filtro das monografias de Boécio ou os aportes dos padres gregos, percebendo então, um Aristóteles não cristão, por exemplo. É claro que não era puro ou limpo de religiosidade, porém se valia muito mais do realismo físico e científico do que o puramente religioso. Esse modo de pensar acabou libertando gradativamente as ciências dos grilhões da teologia e, em consequência disso, puderam os pensadores ocidentais "dar um *up*" em suas especulações.

No plano filosófico e científico ocidental, Roger Bacon, São Boaventura e Duns Scott foram influenciados diretamente por Avicena, que lhes proporcionou uma nova forma de elevação extática, em contraponto à de Santo Agostinho. Já Alberto Magno, Tomás de Aquino e tantos outros foram tomados contra ou a favor por Averróis (1128-1198). No entanto, o campo de influência da cultura islâmica na Idade Média nos conduz para além das ciências e da filosofia. Remete-nos às artes, à arquitetura, à gastronomia e aos costumes, coisas que passaram despercebidas ou foram propositadamente varridas para baixo do tapete da história, mas que deixaram vestígios bem nítidos na escolástica europeia. Agora, vamos recuperar um pouco dessa história e tentar fazer justiça aos que tanto nos deram.

Inicialmente, vamos nos manter no campo da filosofia, que é nossa área mais afim, para depois avançarmos sobre o modo de pensar específico, condensado em um fazer determinado. Esse corpo teórico será o ápice de toda uma cultura, expandindo-se para além das fronteiras ilusórias que limitam o mundo árabe.

2.
Al-andaluz

Em 711 d.C., os exércitos mouros do norte da África, sob o comando do general Al Tarik[1], cruzaram o Estreito de Gibraltar e, com a ajuda dos judeus que ali habitavam, tomando Córdoba e Toledo. Iniciava-se assim a invasão árabe no continente europeu. Com os árabes, chegavam também a cultura, a língua e a filosofia. Esse é o momento que mais nos interessa agora, pois o Al-andaluz é a porta de entrada do pensamento árabe na Europa.

Ao se fundamentar no Islã, a nação árabe absorveu em seu pensamento a herança helênica que recebeu, diferentemente do Ocidente, que, depois da queda do Império Romano e da instalação do domínio visigodo, restringiu a vida intelectual, bibliotecas, escolas etc. para o interior de mosteiros e abadias, nos territórios de domínio árabe. A fórmula era simples e lógica: Deus (Alá) é belo e perfeito. Da perfeição só pode emanar perfeição. O ignorante é imperfeito, logo, ele ofende a Deus, pois Deus não cria imperfeição. Portanto, o ignorante tem que sair do estado de imperfeição no qual se encontra e retornar para o estado a que pertence. E isso só se dá pela educação.

Em cada lugar onde o domínio árabe se instalava, ou seja, em cada território que era conquistado, em cada cidade – e isso se dava geralmente com a ajuda da população local –, era dever daquele que ia governar construir uma mesquita, um hospital público, uma escola (madraça) pública, uma biblioteca pública e um observatório astronômico. Foi assim nos grandes centros da Península Ibérica, o Al-andaluz. Cidades como Toledo e principalmente Córdoba experimentaram um

---

1 O *Estreito de Gibraltar* recebeu esse nome em homenagem ao general Al Tarik. Gibrán-al-Tarik = Monte de Tarik.

incremento na vida cultural e social nunca antes visto. Ali se produziu, até o século XIII, ciência, arte e, principalmente, filosofia.

No Al-andaluz, desde o início do domínio, começou-se a traduzir textos, inicialmente do árabe para o hebraico e, logo em seguida, do árabe para o latim. Assim, os europeus puderam finalmente ter acesso a toda a obra de Aristóteles, sua lógica e metafísica. Essas traduções, iniciadas no século VIII, foram escritas até o século XIII de nossa era. Havia verdadeiras oficinas de tradução, nas quais trabalhavam juntos árabes, judeus e cristãos, visto que uma das marcas do domínio árabe era a liberdade de religião. Isso se devia ao fato de que, para os árabes, existia uma clara divisão entre a filosofia (*Falsafa*) e a religião (*Kalan*). Os *falsifas* eram os filósofos e os *mutakalimun*, os teólogos. Houve quem tomasse a cargo a tentativa de conciliação, mas permaneceu a cisão por muito tempo. Fé e razão eram coisas que deveriam se encontrar, porém não deveriam se subjugar uma a outra, e isso proporcionou um solo fértil para o desenvolvimento das ciências e da filosofia. Não era diferente no Ocidente muçulmano. No Al-andaluz, processavam-se avanços em todos os campos da vida cultural e intelectual; um dos grandes expoentes que ali viveu foi justamente Ibn Rushd ou *Averróis*, como os latinos o chamaram.

3
Falsafa

Diferentemente dos ocidentais, que tiveram notícias dos textos gregos por meio de escassos fragmentos vindos dos padres e patriarcas da igreja cristã oriental, os árabes leram Aristóteles e Platão em sua quase totalidade. No princípio da *translatio estudiorum*, expressão usada por Alain Delibera para denominar o período que vai do século VI ao XI de nossa era, começou-se a traduzir Platão. Desse filósofo, foram traduzidas partes de *República*, *Político* e *Timeu*, mas essa empreitada logo foi abandonada porque Platão era considerado pouco prático para um povo que iniciava um percurso histórico. Assim, na obra de Aristóteles, encontrou-se o receiturário para o desenvolvimento técnico que se precisava. Suas obras lógicas, *Organon*, *Física*, *De anima* e *Metafísica*, condiziam muito mais com os propósitos dos árabes do que os ideais platônicos. Portanto, o povo árabe traduziu tudo o que encontrou de Aristóteles e de outros filósofos antigos.

Esses textos serviram de fundamento para a *Falsafa* árabe, que primava por uma divisão das ciências e também um aprimoramento técnico em áreas específicas, como matemáticas e lógica silogística. Cabe explicar que *Falsafa* não equivale ao termo *filosofia* dos gregos, ou seja, não é a tradução da palavra; é apenas uma transliteração. *Falsafa* pretende apenas se repetir sonoramente ao termo *filosofia*, assim como vários outros termos que foram apenas transliterados, como *falasifas*.

A *Falsafa*, por si só, dava à filosofia herdada dos gregos um sentido puramente prático e aplicado. O exemplo mais marcante se refere ao avanço que a óptica recebeu nas mãos dos *falasifas*. No Oriente, destacaram-se pela ordem: Al-Kindi (801-873), Alfarabi (872-950) e Ibn Sina ou Avicena (980-1037); no Ocidente, Al-andaluz Ibn Rushd ou Averróis.

Um *falasifa* se destacava por ser versado nas diversas ciências, como a gramática, a lógica, as matemáticas, a medicina e o direito. Assim, foram desenvolvidas diversas áreas de conhecimento, as quais alcançaram o máximo de rigor. Avicena, por exemplo, era médico; prática e compreensão são marcas profundas de todo o seu pensamento e qualquer um que não entenda isso acaba por naufragar num mar de obscuridade. No desempenho de seu ofício, o que era cobrado a todo o instante era justamente a alteridade. Essa marca do filósofo tem sua origem no pensamento de suas referências mais caras: Hipócrates e Galeno. Como médico, Avicena não considerava a medicina como uma mera ciência. Vê o seu fazer como uma "arte", que, como todas as artes, requer muito mais que simples teorizações. Uma arte consiste em uma união perfeita entre a teoria e a prática. Nosso filósofo é mais do que um simples pensador de maneiras administrativas; é, acima de tudo, um homem que necessita de diagnósticos certeiros e que só se efetivam na prática, ou seja, é um artista eminentemente empírico. Sua obra *Cânon de Medicina* foi lida e usada nas universidades europeias até o século XVIII como manual básico.

Já Averróis foi um jurista por exelência e um ativista político no Al-andaluz. Por essa razão, foi perseguido e exilado em Marraquexe, onde faleceu. Todos os seus livros foram banidos das bibliotecas e queimados em praça pública. Graças ao zelo de seus discípulos, cópias das suas obras foram levadas em segredo para o Egito e hoje estão sendo traduzidas. Averróis deixou como herança para os ocidentais a totalidade da obra de Aristóteles e alguns outros filósofos ânticos em forma de comentário. Por isso, para a Idade Média ocidental, ele era conhecido como *o comentador* e tido como autoridade máxima no que se referia aos aspectos filosóficos.

4.
Arquitetura

Os arabescos predominavam na arquitetura árabe. Suas sinuosidades calculadas mostram o apego pelo belo e pela perfeição geométrica que compunha uma arquitetura baseada numa cosmologia muito apurada. Nas mesquitas e nos palácios, predominavam linhas que casavam a geometria e a óptica para produzirem efeitos impressionantes. O que se pretendia é um jogo de altos relevos geometricamente calculados para que o conjunto da construção causasse um efeito de movimento. Um jogo de luz, cor e cálculo. Assim, o expectador que visualizava um teto, por exemplo, se sentia participando da obra. Um dos exemplos mais belos dessa arquitetura se encontra no Palácio de Alhambra, em Sevilha, na Espanha.

5.
Resumo

De forma sucinta, procuramos mostrar alguns aspectos da herança que os árabes transmitiram para o Ocidente. Infelizmente, a história acabou por varrer a memória daqueles que se esforçaram para implementar avanços significativos nos vários campos do saber humano. A sanha do eurocentrismo desacerbado cegou os olhos dos povos, e o que temos de notícias hoje de determinados povos é apenas um arremedo midiático que pretende forjar uma imagem, a maioria das vezes, negativa em relação a outras culturas. Nesse "barco" entram os árabes, os africanos e uma gama enorme de civilizações que brilharam no seu tempo. Não foram os gregos que inventaram o alfabeto nem os europeus que inventaram a pólvora ou o macarrão. Estamos no tempo e na hora de rever a história e, se possível, dar crédito a quem tem direito.

A seguir, deixamos uma bibliografia básica para quem quiser buscar mais informações:

ATTIE FILHO, M. **Falsafa**: a filosofia entre os árabes. São Paulo: Attie, 2016.

LIBERA, A. de. **Pensar na Idade Média**. Tradução de Paulo Neves. São Paulo: Ed. 34, 1999.

6.
Bibliografia

ATTIE FILHO, M. **Falsafa**: a filosofia entre os árabes. São Paulo: Attie, 2016.

EURÍPEDES. **As bacantes**. Tradução de Mário da Gama Kury. São Paulo: Zahar, 1993.

GORMAN, P. **Pitágoras**: uma vida. São Paulo: Círculo do Livro, 1993.

LIBERA, A. de. **Pensar na Idade Média**. Tradução de Paulo Neves. São Paulo: Ed. 34, 1999.

SCHURÉ, E. **Os grandes iniciados**. Tradução de Rui Siqueira. Rio de Janeiro: Livros do Mundo Inteiro, 1973. v. 2.

Apêndice 2

Escola de Kyoto

Autor: Murilo Luiz Milek

1.
Contexto histórico

A Era Edo, entre 1600 e 1868, representou um fechamento do Japão para o mundo, na qual o país se isolou como um império de feudos militarizados. Durante o século XIX, a situação geopolítica nipônica era angustiante: os Estados Unidos da América promoviam uma expansão econômica e territorial pelo Oceano Pacífico. França e Inglaterra faziam o mesmo no Sudeste Asiático. E os vizinhos Rússia e China eram (ainda são) países gigantescos e com enorme potencial econômico e militar.

Uma questão se impunha à tradicional sociedade japonesa: Como salvaguardar o legado da milenar cultura diante do colonialismo ocidental que galopava pela Ásia? A angústia aumentava na medida em que os japoneses se davam conta de que apenas determinação e honra jamais venceriam canhões e rifles. Era necessário aposentar a espada e modernizar o país. Porém o Japão não dispunha de matéria-prima suficiente, e o desenvolvimento de conhecimento técnico para a produção dos meios de resistência exigiria um tempo que o país não tinha.

O prazo parecia cada vez mais curto. Diante da urgência existencial de salvar sua história, sua tradição, sua identidade, o país decidiu abrir as portas ao mundo, estabelecendo e fortalecendo seu comércio com o Ocidente – principalmente com a Inglaterra, maior potência militar e comercial da época. Ao mesmo tempo, teve início o esforço japonês em fazer a crítica da cultura ocidental. O objetivo era, com base na teoria, melhorar a compreensão desse modo de vida. Foi um momento tenso, em que o país tomou a decisão de mudar dois séculos e meio de comportamento geopolítico antiocidental para tentar salvar sua identidade. A guinada pode ser sintetizada na frase de Sakuma Shozan, eminente político e cientista do final da Era Edo: "Técnica ocidental, moral oriental" (Moreno, 2012, p. 37). Esse será um dos principais lemas da Era Meiji, iniciada na metade do século XIX, que marcou a reabertura do Japão para o mundo.

Nesse contexto de angústia e grandes questionamentos sobre sua identidade, junto com o forte interesse pela compreensão do Ocidente, a filosofia europeia da época parecia perfeita às necessidades nipônicas. A época dos fundamentos do existencialismo contemporâneo estava a pleno vapor com Nietzsche, Schopenhauer e Kierkegaard e suas questões sobre angústia, niilismo e subjetividade. Ao mesmo tempo, a crítica social dos pensadores anarquistas e comunistas florescia, mas, por ser contrária aos interesses da forte hierarquia social japonesa, acabou por não penetrar na cultura daquele país.

Foi nesse estado de coisas do final do século XIX que se formou Kitaro Nishida, fundador da Escola da Kyoto no início do século XX. O pensador tinha como uma de suas principais metas comunicar na linguagem da filosofia europeia a experiência da tradição moral do zen-budismo japonês. Também fez uma crítica da civilização ocidental baseada na metafísica objetificante, daí a familiaridade com Nietzsche e o tema do *niilismo*, reforçado pelo fato de que um dos conceitos principais do zen-budismo, o de *sunyata*, ser traduzido por "vazio" ou "nada".

Muitas gerações de pensadores se seguiram à Escola de Kyoto, aprofundando o diálogo com o pensamento ocidental. Na primeira metade do século XX, diversos alunos de Nishida partiram para a Europa a fim de aprofundar seus estudos e, assim, tomaram contato com o pensamento do eminente filósofo alemão Martin Heidegger; vários o conheceram pessoalmente e se tornaram alunos dele. Esse diálogo entre Japão e Alemanha no começo do século passado pode ser visto, também, pela ótica da Segunda Guerra Mundial, em que ambos países fizeram parte do Eixo com a Itália, o que facilitou o intercâmbio entre as nações.

Heidegger e Nishida protagonizaram também episódios polêmicos por conta da guerra: o pensador alemão tornou-se reitor da Universidade de Freiburg por Hitler, chegando a filiar-se ao Partido Nacional Socialista e a fazer discursos em apoio ao Füher. Um ano depois, porém, entregou o reitorado e foi impedido de publicar pelo próprio governo nazista. Nishida, durante a guerra, era acusado por intelectuais conservadores de ser antinacionalista. Após a guerra ocorreu o contrário: foi tachado de nacionalista por intelectuais de esquerda e parcialmente responsabilizado pela formação do espírito imperialista do Japão do início do século passado. Não podemos nos aprofundar nas polêmicas sobre os envolvimentos dos pensadores na trama bélica do começo do século, mas podemos adicionar o nacionalismo como mais um elemento de construção do escambo intelectual entre Japão e Alemanha. Por hora, gostaríamos de frisar que Heidegger, de certa forma, sintetizou o que o Japão viu de interessante no pré-existencialismo do século XIX, na forma de sua proposta de desconstrução da história da ontologia tradicional e suas noções de *ser*, *nada* e *angústia*, muito próximas das noções de *sunyata* e de *Grande Dúvida* do zen-budismo. Nesse sentido, o presente texto pretende explorar o paralelo dessas noções orientais e ocidentais que ressoam por meio da Escola de Kyoto.

2.
Referencial teórico

Robert E. Carter, estudioso da filosofia de Nishida, aproxima a noção de *nada (nothingness)* do zen-budismo do *nada* tal como Mestre Eckhart o teria pensado: não como negação da existência, mas como abertura necessária para que esta seja de fato, além de ser em meio ao campo positivo do nada em que se torna possível o encontro entre eu e o outro, homem e Deus, ser e o próprio nada. Na trilha de Carter, o pesquisador brasileiro José Carlos Michelazzo tenta pensar a aproximação entre Heidegger (fortemente influenciado por Eckhart) e Keiji Nishitani, representante do que poderíamos chamar de *segunda geração* da Escola de Kyoto, que dá prosseguimento aos trabalhos de Nishida e Hajime Tanabe. Será com base nesse quadro referencial teórico que tentaremos expor os conceitos paralelos de *ser/nada/sunyata* e de *angústia/Grande Dúvida*, que representam essa possível interação entre Ocidente e Oriente em filosofia.

3.
A questão do ser

A principal questão da filosofia de Heidegger é o sentido de *ser*. É sabido também que existem, pelo menos, duas formas de compreender o tratamento que o autor dá para tal questionamento.

Uma delas é que a questão representa a fase inicial de seu pensamento, em que o autor relaciona o *ser* ao ente que nós mesmos somos, como existentes, que o autor chama de *ser aí (dasein)*. De acordo com *Ser e tempo*, sua principal obra, fundamentada numa analítica existencial desse ente, esse *ser* seria privilegiado para tratar com a questão do *ser*, já que em seu próprio ser reside, essencialmente, a possibilidade de se relacionar com o *ser* em geral. Isso significa que o ente que nós mesmos somos está sempre em relação com o *ser*, isto é, esse ente pode dizer o que as coisas são, quem são os outros e quem ele mesmo é, segundo o sentido de *ser* em geral, de acordo com certas coordenadas fornecidas pelo mundo que fazem com que esse ente compreenda e se faça compreensível para si e para os demais. O meio no qual se dá esse contexto de significados, e a partir do qual o *ser aí* é, será o tempo.

Conforme os modos como o tempo se faz aparecer (se temporaliza), poderemos construir nossa forma de **ser no mundo**. Porém, ao cabo de sua investigação de *Ser e tempo*, Heidegger se depara com um obstáculo em sua empreitada pelo sentido de *ser* em geral: a linguagem da metafísica tradicional. Por ter sido forjada para tratar com os entes por uma metafísica que confunde *ser* com *ente*, tal linguagem não poderia expressar o sentido de *ser* em geral, o que fez o autor repensar seu proceder. Não partiu mais do *ser aí* para o tempo e, então, para o *ser*, mas tentou partir do tempo como épocas do *ser* para o *ser aí*, explorando a *historicidade*. Nessa segunda fase de seu pensamento, o autor alemão chamou a atenção para o que ele considera um grande perigo para o homem: a possibilidade de redução de toda forma de pensamento ao pensamento técnico (época da imagem do mundo). Calculista, previsível e redutora de tudo e de todos no nível de objetos, a era da técnica foi identificada por Heidegger como a última fase do desenvolvimento da metafísica moderna, em que esta se torna dominante em escala planetária. Se tal redução acontecesse, a possibilidade de acesso do homem a sua essência mais própria seria vedada, já que esse pensamento é a continuidade mais radical do esquecimento do *ser* em prol do ente, transformando a humanidade em recursos humanos (Duarte, 2010), da mesma forma que a água vira um recurso hídrico, ou partes significativas da natureza são reduzidas a reservas energéticas etc.

Com esse resumo grosseiro de parte do pensamento heideggeriano, podemos destacar que o sentido de *ser*, para o pensador, está intimamente ligado ao tempo. É por meio do tempo que o sentido de *ser* se manifesta, seja na dinâmica do *ser aí* em sua existência e viver cotidianos, seja nos grandes acontecimentos e épocas do humano. A ideia de abertura que mencionamos rapidamente em Eckhart também deve ser destacada: é em meio a essa abertura que a relação entre o ente que somos e o *ser* se dá; dessa abertura pode-se dizer, enquanto tal, *nada*. Mas é justamente nesse nada que a verdade do ser poderá se manifestar como aparecimento (*Alétheia*).

Tal *nada*, do qual fala o pensador alemão em *Ser e tempo*, não significa uma mera operação de negação do conjunto dos existentes, ou a aniquilação material de toda a realidade (Nunes, 2012, p. 115). Com o termo *nada*, Heidegger designa o que é absolutamente indeterminado (Heidegger, 2012, p. 521), isto é, em não havendo definições prévias e sentidos historicamente consolidados a respeito de determinada experiência, dizemos que não experimentamos propriamente *nada*. Porém, o que experimentamos quando experimentamos *nada* nesse sentido é justamente a realidade na forma de seu puro aparecer, antes de qualquer projeção e interpretação do homem; é a verdade de nosso *ser*, que podemos expressar de forma imprópria, recorrendo a concepções prontas, recobrindo o aparecimento com o passado, ou nos arriscar a dizê-la por nós mesmos de forma autêntica, fazendo com que ela se temporalize como *novo*, como *porvir*. Originalmente, dessa forma, *ser* e *nada* são noções contíguas e intimamente relacionadas no pensamento heideggeriano.

4.
Angústia

Pode o autor falar de algo como o nada em um sentido positivo? Como se pode provar a existência de algo como... nada? O nada, bem como o ser, não é ente nenhum, portanto não pode ser comunicado com base em parâmetros de linguagem preestabelecidos sem que a experiência ela mesma se perca, autêntica ou inautenticamente. Como provar que algo que não se vê, não se toca e não se define, existe? Por meio de seu efeito. Heidegger, na analítica existencial de *Ser e tempo*, argumenta que todos nós nos abrimos de formas distintas ao nosso ser em nossa vida cotidiana, e essa distinção se dá por conta de nossas disposições, nossos humores. Tal fenômeno em si não é nem um pouco complexo de se compreender. Todos tendemos a ver o mundo e a nos comportar de uma maneira ou de outra, a depender de nosso humor no dia a dia. Se estamos alegres, poucas coisas conseguem afetar nossas vidas cotidianas negativamente; na tristeza, qualquer acontecimento negativo, por menor que seja, deixa tudo pior. Assim, nossa relação com o modo como tudo nos aparece no dia a dia, ou seja, nosso comportamento, se regula pelo nosso humor. Heidegger vai destacar algumas dessas disposições como responsáveis por nos revelar nosso *ser* de tal ou tal forma, mas a disposição mais fundamental que o autor vai destacar é a da angústia.

Nessa disposição, que atinge o *ser aí* "do nada", "nada" propriamente o afeta. No entanto, todo o mundo, tal como é constituído por conceitos e significados historicamente sedimentados nos quais nos apoiamos, tanto para fins pragmáticos do dia a dia quanto para compreendermos a nós e ao mundo para nós, é subitamente retirado de nós e "nadificado". A dimensão simbólica e fundamental da existência é desarticulada, de tal forma que temos de nos haver com o mundo, mas sem qualquer familiaridade com este. Nada do que sabíamos sobre esse lugar pode nos ajudar a compreendê-lo.

A angústia nos põe diante da absoluta indeterminação de nossa existência concreta. Diante da absoluta indeterminação só se pode dizer dela... *nada*. Porém, não se pode dizer que nada há, mas o que há depende do *ser aí* para dizer seu *ser*, para expressar o que é aquilo que aparece. Já na alegria, tudo, todo ente e toda a dimensão simbólica se harmonizam, tudo parece possuir um sentido compreensível pelo *ser aí*; ou no medo, em que todo sentido, todas as definições, toda dimensão simbólica parecem se regular de acordo com a proximidade ou a distância do objeto aterrorizante. Na angústia, tudo perde o sentido e a verdade do ser, que aparece e exige o *ser aí* como lugar de sua manifestação. Caberá a este fazê-lo acontecer de forma própria ou imprópria, criando ou reproduzindo definições, noções, significados, enfim, sentidos já existentes.

Daí toda importância da experiência da angústia na economia do tratado que busca o sentido de ser em geral. Ao mesmo tempo, toda importância da crítica à ontologia tradicional, ou à história da metafísica que confunde ser e ente, não toma a verdade como o aparecimento ou desvelamento do real a partir da verdade do ser, mas como mera adequação entre um juízo e os atributos do ente. Por fim, esquece o ser em prol do ente, produzindo não apenas um vazio geral de sentido, compreendido como *niilismo*, mas a vedação da busca de um sentido de ser para o homem em troca de sua cada vez maior aceitação como mero ente, reificado, alienado e gerido pelo raciocínio técnico como um recurso produtivo qualquer.

5.
A Grande Dúvida

A crítica do modo de ser ocidental pela nascente Escola de Kyoto já seria motivo suficiente para o interesse japonês em Heidegger e sua crítica da história da metafísica. Porém a noção de *sunyata*, por sua imbricação entre ser e nada, tornava mais fácil aos iniciados no zen-budismo japonês compreender a noção de ser de Heidegger. O paralelo se torna mais forte quando observamos a noção de *Grande Dúvida* desse mesmo Zen. É ela a responsável por abrir a compreensão dos indivíduos para a experiência da *sunyata*.

Grande Dúvida é o nome que recebe a experiência radical da quebra do nosso modo de vida cotidiano, pragmático, absorvido pelas necessidades do dia a dia, quando algum acontecimento inesperado, um susto, a perda de algo ou alguém querido ou próximo, uma grande calamidade ou sofrimento, nos leva a questionar radicalmente nossa existência e revela sua ausência de fundamento. O abismo que se abre nos força a "dar um passo atrás". A Grande Dúvida não é um mero estranhamento, um simples desconforto causado pela frustração de uma expectativa, mas ela seria o próprio fundamento da existência.

Em Grande Dúvida só há o ente que somos e a nadidade radical que *sunyata* representa. Assim como na angústia, todas as relações de sentido com que estamos familiarizados desaparecem e a verdade do ser se mostra. Na Grande Dúvida do zen-budismo, nenhuma forma previamente estabelecida de expressar o real dá conta desse real. Nesse sentido, a angústia, tal como Heidegger a caracteriza, e a Grande Dúvida do zen-budismo, tal como Nishitani a retoma, expressam o momento de encontro do homem com o fundamento último de sua existência.

Essa abertura, expressa por Heidegger e Eckhart como o nada necessário ao encontro com ser, vai em direção à noção de *sunyata*, como vazio e como ser ao mesmo tempo.

6.
Sunyata

A noção de *sunyata*, central para o pensamento da Escola de Kyoto e para Nishitani, nasceu no budismo com o próprio Buda, mas foi mais profundamente trabalhada com o filósofo budista Nagarjuna. Quando tal noção chegou à China, foi depurada pelo pensamento taoísta, que já possuía noções de *vazio* e de *não ação* muito próximas à da *sunyata*, o que facilitou sua compreensão. E foi desse encontro entre budismo e taoísmo que nasceram as bases do zen-budismo japonês.

A noção de *sunyata* incorpora em si uma profunda crítica à ideia de conhecimento tal como o Ocidente assumiu com a modernidade. Na base da intuição do *sunyata* reside uma atitude que rejeita a possibilidade de se alcançar e exprimir um verdadeiro conhecimento sobre as coisas. Estas, por si só, não possuem um fundamento imutável, eterno e seguro, estando sujeitas ao tempo e à corrupção mundana tanto quanto nós. Entretanto, também não possuímos uma substância de tal ordem que nos diferencie de fenômenos transitórios, que estamos sempre a nomear de *eu*, *consciência*, *homem* etc. Isso não significa que o ente que somos deve entregar-se ao desespero de uma existência vazia, pelo contrário; devemos antes perceber que não existe tal divisão entre sujeito e objeto e que, essencialmente, nós e o mundo formamos um único todo.

A ideia é não permitir que o pensamento recaia nas noções substancialistas e egoístas, mas consiga compreender o fluxo, o movimento no qual o mundo está dado desde sempre, o devir. Esse fluxo, movimento, devir, ao qual não se podem aplicar noções prontas, já que estas representam ideias prontas e acabadas, tentam traduzir o móvel com o imóvel; é o fundamento último do real para o zen-budismo, e a isso se referem os pensadores japoneses como *nadidade absoluta*. Essa compreensão do ente que somos não subjetivista por parte do zen-budismo facilitou o entendimento da noção de *ser aí* pela Escola de Kyoto, bem como a ideia de que não se pode expressar o fundamento último da realidade por este não ser nada de objetivo nem ente nenhum, mas fluxo, ação, movimento, mudança, devir etc., ajudou à Escola de Kyoto a interpretar mais propriamente a noção de *ser* de Heidegger.

7.
Conclusão

É interessante retermos que a filosofia heideggeriana serviu de ferramenta de interpretação para a Escola de Kyoto a respeito do modo de ser ocidental, bem como para a crítica desse modo de ser. Vale também a observação de que o encontro entre essas formas de pensamento se deu de forma diferente do que em outros lugares, pois, em nenhum momento, o pensamento japonês, ou seu modo de fazer filosofia, foi colonizado pelo modo ocidental de pensar. Os japoneses deixaram entrar aquilo que os ajudava a pensar sua realidade naquele momento e continuaram a interpretar a si e ao mundo a partir de suas bases, formando assim um pensamento autêntico.

O pensamento da Escola de Kyoto, bem como o de Heidegger, continuam com certa vitalidade a respeito de questões contemporâneas. Os questionamentos de ambos sobre a metafísica ocidental se refletem fortemente no atual estágio do modo de vida, cada vez mais globalizado, dirigido pela técnica. Numa primeira aproximação, ambos os pensamentos parecem prescrever uma atitude meramente contemplativa da realidade, com base na angústia ou na Grande Dúvida. Mas de nenhuma forma se trata, para Heidegger ou para a Escola de Kyoto, de defender uma mera contemplação vazia em prol de uma fruição subjetiva. A atitude dos dois é clara: dar um passo atrás diante da voracidade técnica, escutar e compreender a técnica originária (*techné*) da realidade (*physis*). Esse mesmo passo atrás é necessário para que compreendamos a realidade antes de sua construção como formada pela dualidade **sujeito/objeto**. A atitude que se pode prescrever, tanto de Heidegger quanto da Escola de Kyoto, diante do atual cenário de dominação técnica, mais do que uma atitude crítica, é a de como proceder uma crítica verdadeira da técnica.

Trata-se de defender-se da objetificação, deixando as coisas serem o que são e se desenvolverem a partir de si, sem reificá-las. E, ao mesmo tempo, deixar-se ser o que se é, seja como ser no mundo, seja como parte do devir, com o cuidado de não recair em um subjetivismo, sem egoísmo, conduzindo-se com esses cuidados até o interior do pensamento técnico em sua essência. São pensamentos sobre a serenidade, sobre a modéstia, sobre o desprendimento diante de um mundo que nos solicita a todo momento. Não se trata de uma defesa da pobreza como necessidade material ou mesmo como signo de uma vida sem o mínimo para que seja vivida dignamente; pelo contrário, trata-se de um comportamento que exige a reflexão sobre o que realmente significa ser necessário para que o modo de ser do homem possa ser vivido ricamente.

8.
Bibliografia

DUARTE, A. **Vidas em risco**: crítica do presente em Heidegger, Arendt e Foucault. Rio de Janeiro: Forense Universitária, 2010.

HEIDEGGER, M. **Ser e tempo**. Campinas: Ed. da Unicamp; Petrópolis: Vozes, 2012.

MORENO, L. Y. K. **Tikashi Fukushima**: um sonho em quatro estações – estudo sobre o MA no processo de criação do artista nipo-brasileiro. 223 f. Dissertação (Mestrado em Estética e história da Arte) – Universidade de São Paulo, São Paulo, 2012.

NUNES, B. **Passagem para o poético**: filosofia e poesia em Heidegger. São Paulo: Loyola, 2012.

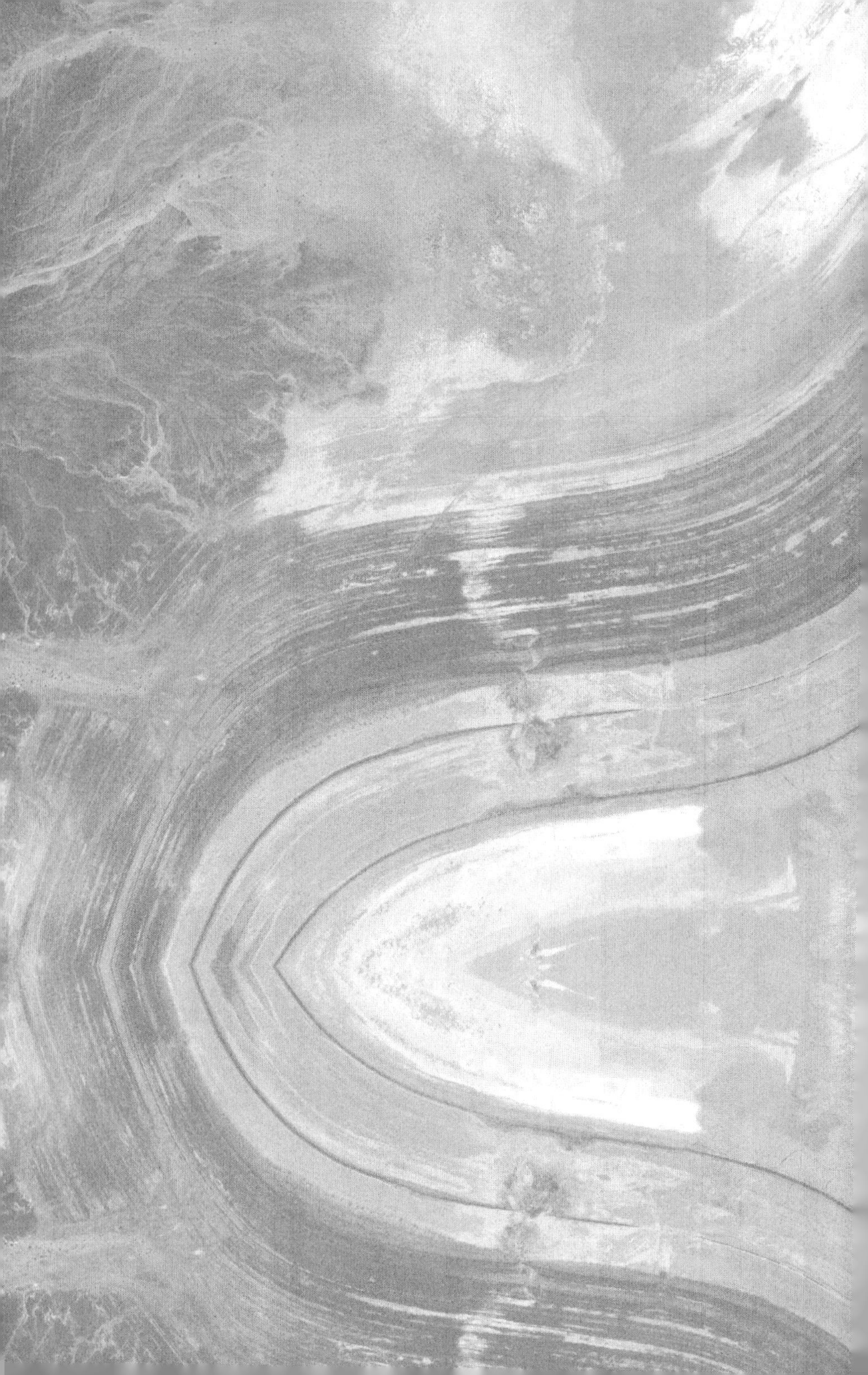

respostas

CAPÍTULO 1

1. e
2. b
3. d
4. b
5. b

CAPÍTULO 2

1. c
2. a
3. c
4. b
5. c

CAPÍTULO 3

1. b
2. c
3. b
4. b
5. c

CAPÍTULO 4

1. c
2. b
3. b
4. c
5. c
6. b

CAPÍTULO 5

1. c
2. c
3. b
4. c
5. c

CAPÍTULO 6

1. d
2. b
3. c
4. b
5. c

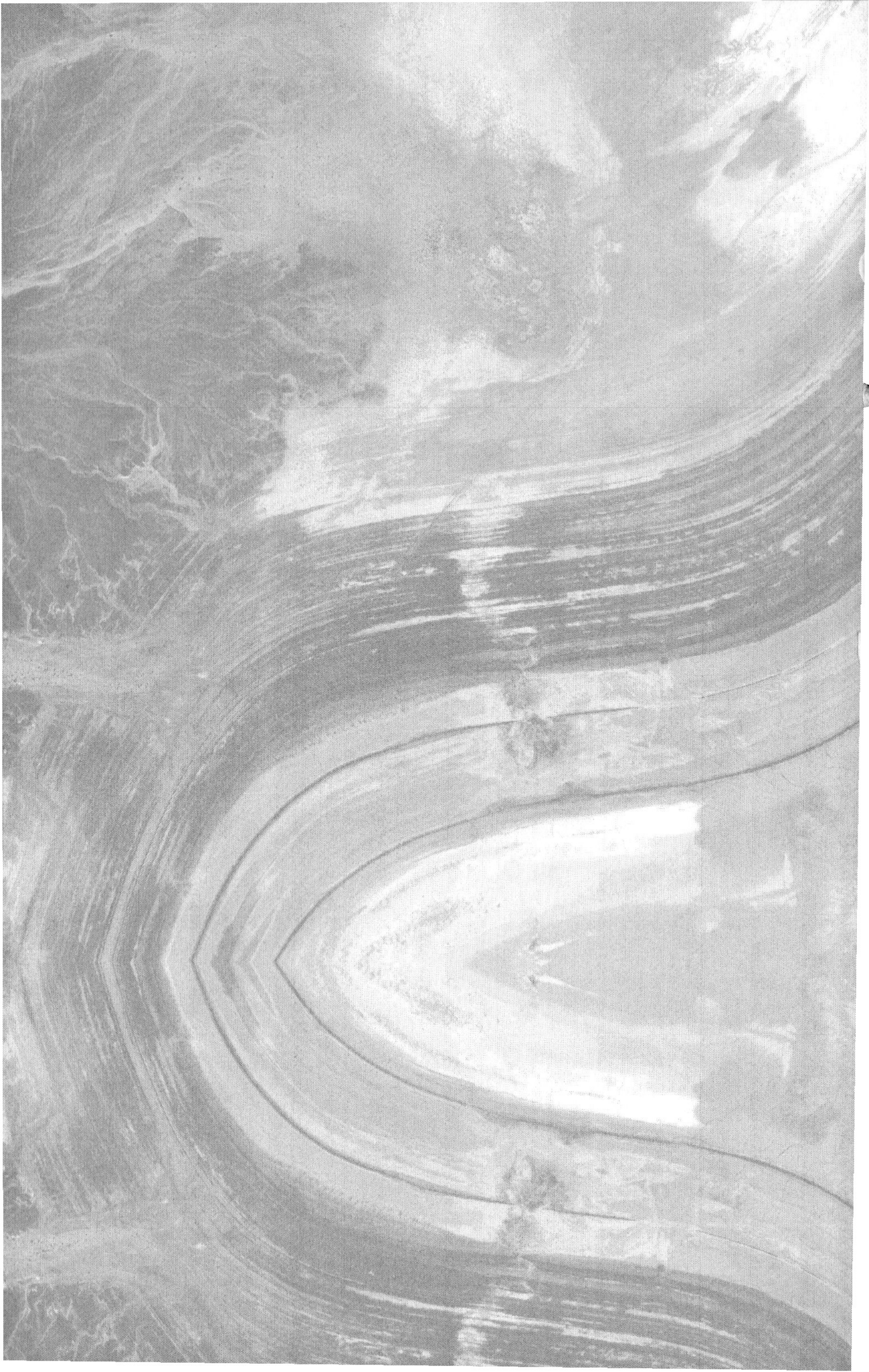

sobre o autor

Gustavo Fontes é graduado em Filosofia pela Universidade Federal de Pernambuco (UFPE). Como trabalho de conclusão de curso, apresentou o texto intitulado "Modernidade e América Latina: um convite à reflexão crítico-criativa", fortemente inspirado nos marcos teóricos da filosofia da libertação de Enrique Dussel. É mestre em Filosofia pela Universidade Federal do Paraná (UFPR), programa em que elaborou a dissertação "O mau selvagem: antropofagia oswaldiana e pensamento tupinambá", na qual buscou estabelecer um diálogo crítico entre antropologia e filosofia, com o pensamento de Oswald de Andrade como eixo teórico. Atualmente, é doutorando em Filosofia pela UFPR, e sua tese versa sobre o pensamento ameríndio e suas implicações políticas e metafísicas relativas aos diálogos com a filosofia ocidental e a estrutura econômico-jurídica que subjaz aos Estados modernos. Sua trajetória intelectual está ligada ao pensamento latino-americano e a uma especial atenção às filosofias outras, não eurocêntricas. Este livro é um resultado desse percurso e sua realização foi tão instigante quanto desafiadora. Também escritor de literatura, em 2011 publicou o livro *Efemérides: contos e poemas*.